本书出版受到中国博士后科学基金第十批特别资助（资助编号：2017T100125）

混合所有制企业员工持股制度研究

A STUDY ON THE EMPLOYEE STOCK OWNERSHIP PLAN OF MIXED OWNERSHIP ENTERPRISE

许英杰 石 颖◎著

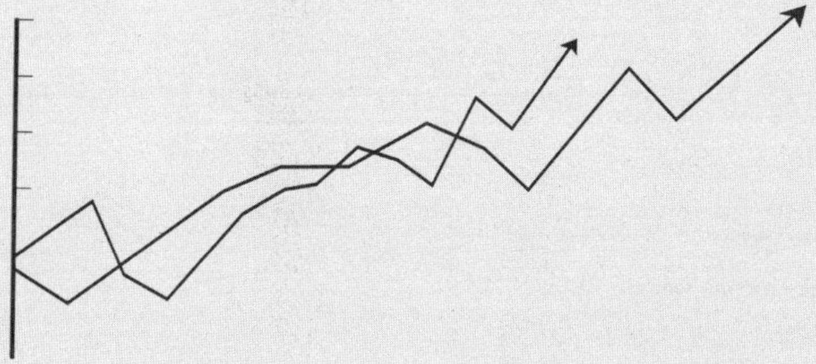

经济管理出版社
ECONOMY & MANAGEMENT PUBLISHING HOUSE

图书在版编目（CIP）数据

混合所有制企业员工持股制度研究/许英杰，石颖著. —北京：经济管理出版社，2017.11
ISBN 978-7-5096-5446-0

Ⅰ. ①混…　Ⅱ. ①许…②石…　Ⅲ. ①混合所有制—企业—股份制—研究—中国
Ⅳ. ①F279.246

中国版本图书馆 CIP 数据核字（2017）第 261113 号

组稿编辑：申桂萍
责任编辑：赵亚荣
责任印制：黄章平
责任校对：董杉珊

出版发行：经济管理出版社
（北京市海淀区北蜂窝 8 号中雅大厦 A 座 11 层　100038）
网　址：www. E-mp. com. cn
电　话：（010）51915602
印　刷：北京晨旭印刷厂
经　销：新华书店
开　本：720mm×1000mm/16
印　张：14.5
字　数：236 千字
版　次：2017 年 11 月第 1 版　2017 年 11 月第 1 次印刷
书　号：ISBN 978-7-5096-5446-0
定　价：68.00 元

前 言

推进混合所有制企业员工持股制度是中共十八届三中全会做出的重大战略部署，也是党和国家当前和今后一段时期全面深化改革和全面深化国有企业改革的工作重点之一。为了给党和国家制定科学的混合所有制企业员工持股制度政策提供理论支撑，从而推动我国混合所有制企业员工持股制度实践，笔者就混合所有制企业员工持股制度问题开展了全面、深入的研究，以期构建符合我国国情的混合所有制企业员工持股制度体系。为此，笔者对混合所有制企业员工持股制度概念、发展历程、现状、政府政策、发达国家经验、我国典型实践以及制度体系构建进行了全面、深入的研究。

在混合所有制企业员工持股制度概念方面，笔者将混合所有制企业员工持股制度看作是混合所有制企业和员工持股制度两个关键词的结合，是指在混合所有制企业中所推行的员工持股制度。其概念可以被界定为，在保护国有资产安全的前提下，以混合所有制企业为基本对象的，以混合所有制企业员工为目标群体的资金募集机制、利益分享机制、长期激励机制和公司治理的参与机制，通过使员工持有混合所有制企业的股份，实现员工的劳动提供者和资本所有者的双重身份，从而使员工不仅能够通过提供劳动获得工资，也使员工作为资本提供者而取得混合所有制企业的未来收益权以及经营决策权。

在我国混合所有制企业员工持股制度发展历程方面，笔者将我国混合所有制企业员工持股制度的发展分为四个阶段，分别为集资型混合所有制企业员工持股阶段（1984~1993 年）、正规型混合所有制企业员工持股阶段（1993~2002 年）、激励型混合所有制企业员工持股阶段（2003~2012 年）和综合型混合所有制企业员工持股阶段（2013 年至今）。其中，集资型阶段推进员工持股制度的主要目的是从内部员工募集资金，解决公司生产运营过程中的资金缺口问题，主要开展企业是早期进行股份制试点的国有企业；正规型阶段不仅聚焦于募集资金发展生产，更重要的是通过推动员工参与员工持股制度设计提高员工的收入，提升员工工作的积极性；激励型阶段更加注重形成对于员工持股制度的参与人员的长期激励，以管理层为核心目标群体；综合型阶段开启于中共十八届三中全会，“混合所有制”和“企业员工持股制度”首次结合在一起，混合所有制企业员工持股制度成为我国混合所有制企业改革乃至全面深化国有企业改革的重要“助推器”。

在混合所有制企业员工持股制度现状方面，改革开放以来，我国整体国民经济中混合所有制经济成分不断提升。从量的角度来看，混合所有制经济已经成为我国国民经济的重要组成部分。以规模以上工业企业为研究样本，2014 年，混合所有制规模以上工业企业数量占所有规模以上工业企业数量的比例已经达到将近 30%，混合所有制规模以上工业企业资产总额占所有规模以上工业企业资产总额的比例将近五成，混合所有制规模以上工业企业营业收入总额占所有规模以上工业企业营业收入总额的比例超过 40%（41.43%），混合所有制规模以上工业企业利润总额占所有规模以上工业企业利润总额的比例达到 43.36%。从质的角度来看，不仅我国没有进行混合所有制改革的国有企业存在巨大的改革和发展空间，而且我国已经推进混合所有制改革的混合所有制企业也依然存在极大的改革空间。聚焦到我国混合所有制企业员工持股制度，我国整体处于较低水平，1998 年我国上市混合所有制企业员工持股数量相对最高，涉及股份有 51.70 亿股，之后就一直处于下降态势，截至 2011 年，通过混合所有制企业员工持股制度持有的股份再次降低为 0.01 亿股；从企业数量来看，我国上市混合所有制企业推进员工持股制度的企业也处于较低水平。

在混合所有制企业员工持股制度政策方面，2013 年、2014 年和 2015 年，党中央和国务院分别通过了《中共中央关于全面深化改革若干重大问题的决定》(2013)、《国务院关于进一步促进资本市场健康发展的若干意见》(2014) 和《中共中央、国务院关于深化国有企业改革的指导意见》(2015) 三个政策文件，分别提出关于“混合所有制企业员工持股制度”的政策主张，标志着混合所有制企业员工持股制度的顶层设计已经基本完成。2014 年，中国证监会发布《关于上市公司实施员工持股计划试点的指导意见》(2014)，标志着在党中央和国务院的顶层设计指导下，以上市公司为主体的员工持股制度试点工作开启；2016 年，国务院国资委发布《关于国有控股混合所有制企业开展员工持股试点的意见》，标志着以中央企业为主体的员工持股制度试点工作正式开启。

在发达国家推进员工持股制度经验方面，笔者认为，发达国家推进员工持股制度整体处于领先地位，但是，由于不同国家的基本国情不同，发达国家推进员工持股制度也并非千篇一律，而是具有自身的特色。美国在推进员工持股制度的过程中特别注重通过税收优惠政策激励企业实施员工持股制度，在企业员工持股制度的具体操作方面，美国企业也往往结合自身财务状况相机抉择；英国将员工持股制度的推进同英国的国有企业改革结合在一起，再通过发挥国有企业员工持股制度的示范和引领效应，带动所有的英国企业开展员工持股制度；日本推进员工持股制度将高层管理人员排除在制度的设计之外，更倾向于最大限度地减少政府对于企业推进员工持股制度的干预等。

在我国混合所有制企业员工持股制度典型实践方面，随着中国证监会于2014年发布了《关于上市公司实施员工持股计划试点的指导意见》，我国上市混合所有制企业开始不断推进员工持股制度实践的试点工作。通过对东部地区的典型企业山东黄金、中部地区的典型企业海螺水泥、西部地区的典型企业西宁特钢以及东北地区的典型企业东北制药的混合所有制企业员工持股制度实践进行研究，笔者发现，我国员工持股制度设计同质化有余、探索性不足。

在混合所有制企业员工持股制度体系方面，笔者基于相关研究，提出了包括前置部分、主体部分以及后置部分三个层面的混合所有制企业员工持股制度框架。其中，前置部分是指混合所有制企业员工持股制度的基本目标和基本原则，它标识了混合所有制企业员工持股制度设计所致力于实现的目标以及坚持的基本原则，这是混合所有制企业推进员工持股制度的基本立足点，统领了我国混合所有制企业员工持股制度设计的基本内容；主体部分标识了我国推进混合所有制企业员工持股制度的基本内容，包括实施范围界定、资金来源、股份来源、期限和规模、股权管理等内容；后置部分标识了混合所有制企业员工持股制度的组织程序。

目　录

第一章 导 言

员工持股制度是以企业员工为目标群体的资金募集机制、长期激励制度、利益分享机制和公司治理的参与机制，通过使员工持有企业的股份，实现员工的劳动提供者和资本所有者的双重身份，从而使员工不仅能够通过提供劳动获得工资，而且也使员工作为资本提供者而取得公司的未来收益权以及公司经营决策权（张孝梅，2016；任婷钰和王彩霞，2015）。在欧美国家，员工持股制度在100年前就已经在一些公司中零星推行（黄速健和余菁，2015）；在我国，山西票号也于19世纪首创了具有员工持股制度意义的顶身股制度（梁慧瑜，2007）。但是，尽管如此，我国现代意义上的员工持股制度的探索、推行仅是改革开放以后的事情了。2013年11月，中共十八届三中全会通过的《中共中央关于全面深化改革若干重大问题的决定》中明确指出“允许混合所有制经济实行企业员工持股制度，形成资本所有者和劳动者利益共同体”，标志着员工持股制度在我国走过近30年的发展历程之后，再次走到改革的前沿（黄群慧等，2014），混合所有制企业员工持股（Diversified-Ownership Enterprises Employee Stock Ownership Plan，DESOP）制度研究也成为学术研究的热点和混合所有制企业开展实践的关键点。

第一节 研究背景和研究意义

我国传统的经济体制是建立在生产资料公有制基础之上的高度集中的计划经济体制（李少宇，1984），随着我国经济体制改革不断经历内部引入市场机制改革、发展有计划的商品经济、建立社会主义市场经济体制、完善社会主义市场经济等阶段（白永秀和吴振磊，2008），我国不断由高度集中的计划经济过渡到充满活力的社会主义市场经济。转轨经济的基本制度背景、社会主义市场经济的核心目标导向决定了我国员工持股制度自始至终具有鲜明的中国特色，以中国情况研究混合所有制企业员工持股制度也具有重要的意义或价值。

一、研究背景

（一）员工持股制度在我国发展曲折

我国的改革开放是从农村开始的，1984 年，我国开始推进城市经济体制改革。当年，国家体制改革委员会开展了连续 10 天的中国城市经济体制改革试点工作座谈会，在座谈会发布的《城市经济体制改革试点工作座谈会纪要》（国家体改委，1984）[①] 中，“允许职工投资入股、年终分红”作为我国城市经济体制改革的重要内容之一首次被提出，标志着我国员工持股制度开始正式推行。从 1984 年开始，到 2016 年，我国员工持股制度政策和实践的开展已经走过了 30 余年的历程；从人的成长阶段角度来看，我国员工持股制度的推进也已经进入了而立之年，然而，我国员工持股制度的推进并非一帆风顺。1993 年，国务院办公厅对股份制国有企业发行内部员工股的不规范做法进行了制止，标志着我国员工持股制度推进 10 年之后，第一次经历了暂停；1998 年，我国证监会再次喊停股份有限公司发行内部职工股（中国证监会，1998）[②]，之后，我国员工持股制度经历了连续 5 年的蛰伏期；尽管 2003 年，我国新一轮以股权激励为主要内容的员工持股制度开始推行，从而重启了我国的员工持股制度实践，但是，2008 年，随着国务院国资委《关于实施〈关于规范国有企业员工持股、投资的意见〉有关问题的通知》的发布，我国员工持股制度的推行再次经历暂停。可以说，尽管我国员工持股制度的推行经历了较长的发展历程，但是我国员工持股制度的推行较为曲折。

---

① 国家体改委. 国家体改委关于印发“城市经济体制改革试点工作座谈会纪要”的通知［EB/OL］. 法律教育网，http：//www.chinalawedu.com/news/1200/22016/22017/22038/2006/3/ga8913422161836002134880.htm，1984-5-10/2016-11-22.

② 中国证监会. 关于停止发行内部职工股的通知［EB/OL］. 中国证券监督管理委员会，http：//www.csrc.gov.cn/pub/newsite/flb/flfg/bmgf/fx/sf/201012/t20101231_189535.html，1998-11-25/2016-11-23.

（二）员工持股制度没有引起政策层面、学术层面和实践层面的重视

从制度经济学的角度来看，由于任何制度的成功推行均需要具备一定的条件和环境，因此，脱离制度环境去推行任何制度必然遭遇困难。员工持股制度也是一样，员工持股制度的推行也需要特定的制度环境相适应。员工持股制度开始于西方发达国家，源起于以私有制为基础的资本主义。与之不同，我国是社会主义国家，在改革开放之初，我国的社会主义经济是建立在生产资料公有制的基础之上，即使随着我国改革开放的推进，非公有制经济成分不断提升，公有制经济成分不断降低，但是，我国公有制经济的影响力和控制力均不断加强，所以，我国推行员工持股制度的背景与西方国家完全不同。具体来看，1984 年，我国开启城市经济体制改革，部分国营企业通过股份制试点的形式由完全的国有、国营改制为既包括公有制经济又包括非公有制经济的混合所有制企业，而在此过程中，员工持股制度的引入表明我国员工持股制度的推行最初就是在混合所有制企业中，所以，可以说我国员工持股制度同混合所有制经济相伴而生。离开了国有企业的改制引入非公有制经济成分，在单一公有制经济的条件之下，不可能存在员工持股制度；只有在我国国有企业改革、改制的过程中，引入非公有制经济成分。从产权或所有制的角度来看，我国纯粹的国有、国营企业改制为混合所有制企业，员工持股制度在这类改制国有企业中的引入，为我国员工持股制度戴上了混合所有制企业的“帽子”，这也是本书在党和国家政策文件尚没有提出“混合所有制经济”“混合所有制企业员工持股制度”关键字的情况之下，提出混合所有制企业员工持股制度的合理之处。

不过，即便如此，我国员工持股制度的混合所有制企业制度背景最初并没有引起决策层、学术界以及企业管理实践层面的足够重视。作为一个新颖的企业管理改革、研究和实践，无论是决策层面，还是学术层面，抑或是实践层面，我国注重员工持股制度的学习、吸收、引入有余，结合我国国情进行创新性发展不足，笔者认为，这可能是我国员工持股制度在推进过程中一波三折的原因所在。

（三）开展混合所有制企业员工持股制度研究既是当前党和国家的政策导向，更是总结我国员工持股制度实践的需要

2013 年，中共十三届三中全会首次提出“允许混合所有制经济实行企业员工持股制度”，这不仅标志着员工持股制度再次走到改革的前沿（黄群慧等，

2014)，更标志着员工持股制度走到了我国改革的“最前沿”。2015 年，党中央和国务院分别相继发布了《中共中央、国务院关于深化国有企业改革的指导意见》(2015)[①]和《国务院关于国有企业发展混合所有制经济的意见》(2015)[②]两个政策文件，对我国混合所有制企业推进员工持股制度提出了指导性意见，标志着我国混合所有制企业员工持股制度顶层设计基本完成，不仅我国混合所有制企业开展员工持股制度实践成为党和国家的政策导向，而且相关研究也成为党和国家的政策导向。鉴于开展混合所有制企业员工持股制度研究对于推进我国相关政策的制定以及实践具有重要的影响和指导作用，所以，开展该研究领域成为当前国内员工持股制度研究的重要方向和领域。

不仅如此，正如上述所言，我国员工持股制度已经经历了 30 余年的历程，期间经历了三次员工持股制度政策和实践波折。在推进混合所有制企业员工持股制度的顶层设计已经基本完成的背景之下，如何从我国前期的政策和实践中汲取经验和教训也是进一步推进我国混合所有制企业员工持股制度的重要组成部分。因此，开展混合所有制企业员工持股制度研究也是总结我国员工持股制度实践的需要。

二、研究意义

开展混合所有制企业员工持股制度研究具有极大的理论意义和实践意义。从理论层面来讲，本书不仅能够进一步深化员工持股制度理论研究，从而形成混合所有制企业推进员工持股制度基本机制框架，而且通过全面梳理中国混合所有制企业员工持股制度的发展历程，能够形成我国制度推进的基本脉络。从实践意义的角度来看，开展混合所有制企业员工持股制度研究，一方面能够为党和国家全面深化国有企业混合所有制改革和混合所有制企业开展员工持股制度研究提供有力支撑，另一方面能够推进我国混合所有制企业更好地开展员工持股制度设计和实践。不仅如此，通过开展混合所有制企业员工持股制度研究，还能够助力我国

---

① 中共中央、国务院. 关于深化国有企业改革的指导意见 [EB/OL]. 新华网，http: //www.sh.xinhuanet.com/2015-09/14/c_134620921.htm，2015-09-14/2016-11-25.

② 国务院. 关于国有企业发展混合所有制经济的意见 [EB/OL]. 中国共产党新闻网，http: //theory.people.com.cn/n/2015/0925/c49154-27632822-2.html，2015-09-25/2016-11-25.

国有企业全面深化改革。

（一）理论意义

1. 深化员工持股制度理论研究，形成混合所有制企业推进员工持股制度体系

尽管混合所有制广泛地存在于资本主义国家和社会主义国家，但是资本主义国家的混合所有制经济，与我国在社会主义初级阶段的混合所有制经济存在本质的不同（程恩富和谢长安，2015）。在资本主义国家，混合所有制经济是资本主义基本矛盾的产物，所以，无论是西欧国家莱茵模式的资本主义，还是英美盎格鲁·萨克逊模式的资本主义，它们的混合所有制经济均具有相同的特征；然而，在我国，混合所有制经济却是在我国经济体制改革的进程中，特别是在不断深化对公有制实现形式的认识上而提出的。因此，尽管从某种意义上讲，西方国家的员工持股制度和实践也可以称为混合所有制企业员工持股制度和实践，但是，由于制度背景的不同，基于我国制度背景开展员工持股制度研究，尤其是开展混合所有制企业员工持股制度研究是对员工持股制度理论研究的进一步深化。

结合我国的基本制度背景，开展混合所有制企业员工持股制度研究，能够形成具有中国特色的混合所有制企业员工持股制度的基本理论依据、基本原则以及其他制度设计，这些均构成了我国混合所有制企业推进员工持股制度的基本机制框架。因此，开展以我国为制度背景的混合所有制企业员工持股制度研究在深化员工持股制度理论研究的同时，也就形成了我国混合所有制企业推进员工持股制度的基本机制框架。

2. 全面梳理中国混合所有制企业员工持股制度的发展历程，形成我国混合所有制企业员工持股制度的基本脉络

我国混合所有制企业员工持股制度起源于 1984 年，至今已有 30 余年的发展历程，期间经历了多次暂停。所以，在当前党中央和国务院已经对发展混合所有制企业员工持股制度做出顶层设计的背景下，全面梳理中国混合所有制企业员工持股制度的发展历程，总结经验、汲取教训，具有重要意义。然而，通过对以往的研究进行总结，笔者发现，以往关于我国混合所有制企业员工持股制度发展历程的研究成果，不是“零敲碎打”地描述发展历程，从而缺乏研究的系统性，就是缺少混合所有制企业的基本情景，单纯研究我国员工持股制度发展历程。所以，全面开展我国混合所有制企业员工持股制度的发展历程研究就成为开展我国

混合所有制企业员工持股制度研究的重要组成部分。为此，在本书中，笔者全面梳理了我国的发展历程，从而形成了我国混合所有制企业开展员工持股制度的基本脉络，填补了系统性研究我国混合所有制企业员工持股制度发展历程的空白。

（二）实践意义

1. 全面探索我国混合所有制企业发展状况和混合所有制企业员工持股制度推进情况，为党和国家全面深化国有企业混合所有制改革和开展员工持股制度研究提供有力支撑

对事物基本情况的科学把握是认识事物，并推进事物发展的前提或基础。当前，我国处于全面深化国有企业改革的进程之中，而推进国有企业混合所有制改革是全面深化国有企业改革的重要组成部分，其中，混合所有制企业员工持股制度研究是基本内容之一。所以，明确我国混合所有制企业的现状以及我国混合所有制企业员工持股制度推进的基础情况就成为推进我国国有企业混合所有制改革以及开展员工持股制度研究的前提或基础。

在本书中，笔者不仅对我国混合所有制企业员工持股制度发展的基础历程进行了全面的研究，而且基于相关数据，也对我国混合所有制企业的发展现状以及开展员工持股制度的推进情况进行了深入的研究，从而科学把握我国混合所有制企业的发展现状以及我国混合所有制企业员工持股制度的推进状况，为党和国家全面深化国有企业混合所有制改革和开展员工持股制度研究提供有力的支撑。

2. 厘清员工持股制度、混合所有制企业员工持股制度基本逻辑，推进我国混合所有制企业更好地开展员工持股制度设计和员工持股制度实践

从混合所有制企业员工持股制度推进实践的角度来看，尽管我国混合所有制企业员工持股制度实践已经推进了30余年的历程，但是毋庸讳言的是，不论是我国混合所有制企业管理从业人员，还是更广泛范围内的我国企业管理从业人员，对于员工持股制度、混合所有制、混合所有制企业员工持股制度等基本概念以及相关概念之间的基本逻辑理解仍然不够，这也构成了我国混合所有制企业推进员工持股制度的障碍之一。可以想象，在对员工持股制度、混合所有制、混合所有制企业员工持股制度一知半解的情况之下就贸然推进员工持股制度实践，即使不必然导致推进工作失败，也必然增加失败的概率。所以，对相关基本概念进行全面、科学、深入的澄清对于推进我国混合所有制企业员工持股制度具

有重要的意义。

为此，在本书中，笔者对员工持股制度、混合所有制企业、混合所有制企业员工持股制度等基本概念以及相关概念之间的逻辑进行了全面的梳理，从而推进我国混合所有制企业更好地开展员工持股制度设计和员工持股制度实践。

3. 建立起混合所有制企业员工持股制度同全面深化国有企业改革之间的联系，助力我国国有企业全面深化改革

混合所有制企业员工持股制度不是孤立存在的，但从“混合所有制企业员工持股制度”这一名词本身就可以看到，混合所有制经济、员工持股制度以及混合所有制企业员工持股制度之间具有千丝万缕的联系。从政策层面来看，党和国家新一届领导集体开启了全面深化改革的大门，作为全面深化改革的重要组成部分，全面深化国有企业改革对于建立健全我国社会主义市场经济制度、全面建成小康社会至关重要。

混合所有制改革是全面深化国有企业改革的重要组成部分，而混合所有制企业员工持股制度的推行又是推进混合所有制经济改革的基本内容之一。于是，开展混合所有制企业员工持股制度研究同全面深化国有企业改革具有重要的内在联系。为此，在本书中，通过开展混合所有制企业员工持股制度研究，能够建立起同全面深化国有企业改革之间的联系，从而助力我国国有企业全面深化改革。

第二节　基本概念和理论基础

混合所有制企业员工持股制度是本书所聚焦的核心问题，尽管员工持股制度在发达国家的实践中无论是内涵还是外延均较为清晰，但是混合所有制企业员工持股制度却是一个相对较新的提法或术语。由于中国的混合所有制经济与资本主义国家的混合所有制经济在内涵和外延方面存在质的不同（程恩富和谢长安，2015），在中国的制度背景之下，混合所有制企业员工持股制度更是一个具有中国特色的提法或术语，因此，科学理解和把握混合所有制企业员工持股制度这一提法或概念就显得至关重要。这不仅关系到本书研究对象的界定，更关系到在实

践中如何科学理解和指导政策、实践。为了更好地理解在中国制度背景之下的混合所有制企业员工持股制度，笔者从构成混合所有制企业员工持股制度的基本概念和理论基础入手，对混合所有制企业员工持股制度进行分析，以便更好地理解中国制度背景之下的员工持股制度。

一、基本概念

混合所有制企业员工持股制度由两个关键词构成，分别为混合所有制企业和企业员工持股制度。又鉴于混合所有制企业是混合所有制经济的微观方面，所以，在基础概念部分，笔者对混合所有制经济、混合所有制企业、员工持股制度以及混合所有制企业员工持股制度进行了全面的分析，以便更好地理解混合所有制企业员工持股制度，为混合所有制企业员工持股制度研究打下坚实的基础。

（一） 混合所有制经济

1. 以往混合所有制经济的类别

无论是在国外，还是在国内，均有关于混合所有制经济的提法。在国外，汉森在研究19世纪末期资本主义国家经济的时候就提出：19世纪末期以后大多数资本主义国家已经不再是单一的、纯粹的私人资本主义经济，而是同时存在着“社会化”的公共经济，因而称为公私“混合经济”（郭飞，2014）。显而易见，从所有制的角度来讲，在汉森看来，19世纪末期的资本主义已经具有混合所有制经济的特征了。拉费和雅克（1995）也提出对于混合经济的理解，“混合经济是纯社会主义和纯资本主义的混合形式，在很大程度上看来是理论上针对计划经济中极端干涉主义明显失败和自由思潮鼓吹国家退却、鼓吹私有化和鼓吹接触管制而提出的具有双重意义的预防措施……混合经济首先就是这样一种经济，国家在经济上的作用，不论如何具体发挥，对市场来说都是很大的”。在国内，“混合所有制经济”的概念最早见诸于党和国家政策文件是在1993年11月召开的中共十四届三中全会通过的《中共中央关于建立社会主义市场经济体制若干问题的决定》（江泽民，1993）[①]，《决定》明确提出“财产混合所有的经济单位越来越多”，

① 江泽民. 中共中央关于建立社会主义市场经济体制若干问题的决定［EB/OL］. 人民网，http：//www.people.com.cn/GB/shizheng/252/5089/5106/20010430/456592.html，1993-11-14/2016-11-21.

这种财产混合所有的经济单位就是混合所有制单位或混合所有制企业。尽管无论是在西方资本主义国家，还是在以我国为代表的社会主义国家，均具有关于混合所有制经济的提法和实践存在，但是资本主义国家的混合所有制经济和社会主义国家的混合所有制经济具有质的不同。程恩富和谢长安（2015）认为，在资本主义国家，混合所有制经济产生于资本主义自由竞争之后的历史阶段，是伴随着垄断的出现而出现的，是资本主义基本矛盾的产物；而我国的混合所有制经济是随着我国经济体制改革的进程，特别是对于公有制实现形式认识的不断深化而提出的，从广义上讲，社会主义初级阶段的基本经济制度本身就是一种全社会范围的混合所有制经济。

2. 以往混合所有制经济的概念

对于混合所有制经济的概念，从党和国家政策文件角度来看，中共十八届三中全会通过的《中共中央关于全面深化改革若干重大问题的决定》（习近平，2013）[①] 当中提出的关于混合所有制经济的理解不仅是最新的概念，而且也是充分体现党和国家最高决策层最新理解的概念。《决定》所提出的“国有资本、集体资本、非公有资本等交叉持股、相互融合的混合所有制经济，是基本经济制度的重要实现形式”实质上就隐含了对于混合所有制经济的定义，即“国有资本、集体资本、非公有资本等交叉持股、相互融合的”经济。从学术研究的角度来看，不同的学者也对混合所有制经济的理解提出了自己的看法。程恩富和谢长安（2015）认为，既然混合所有制是财产属于两个以上不同性质的所有者构成的一种所有制，所以，就可以从宏观和微观两个层面来理解混合所有制经济。从微观层面来看，混合所有制企业是不同所有制性质的投资主体共同出资建立的企业；从宏观层面来看，混合所有制经济实质是在一个国家或地区的所有制结构中，包含国有、集体、合作、个体、私营、外资等多种所有制形式及其经济。黄速建（2014）认为，可以从整体国民经济的所有制结构和企业的产权结构两个层面来理解混合所有制经济。从前者的角度来看，混合所有制经济既包括国有和集体所有等公有制经济成分，也包括其他非公有制经济成分，从而表现为以公有制经济

① 习近平. 中共中央关于全面深化改革若干重大问题的决定［EB/OL］. 新华网，http：//news.xinhuanet.com/house/tj/2013-11-14/c_118121513.htm，2013-11-14/2016-11-20.

为主体，多种所有制经济共同发展的格局；从后者的角度来看，混合所有制经济是指在企业的产权结构中，除了具有国家所有或集体所有的成分之外，还具有其他的非公有制成分，从而在企业层面形成了国有资本、集体资本和非公有资本交叉持股、相互融合的状况。季晓南（2014）也认为，当前对于混合所有制经济存在广义和狭义两种理解，广义的理解是把混合所有制经济界定为不同所有制的资本之间的融合，即混合所有制经济既可以是公有资本与非公有资本的融合，也可以是国有资本与集体资本的融合；从狭义的角度来看，混合所有制经济是指公有资本与非公有资本的融合，公有资本之间或非公有资本之间的融合不能视为混合所有制经济。在他看来，根据中央关于坚持和完善基本经济制度的论述，将混合所有制经济界定为公有资本与非公有资本的融合，更符合基本经济制度的本质规定和内在要求。李维安（2014）认为，现代企业制度只要不存在所有权歧视，天然就是混合所有制，因此关键是要看混合所有制里面“装什么药”。

3. 本书对混合所有制经济的认识

笔者比较赞同黄速建（2014）对于混合所有制经济的定义，认为混合所有制经济是不同经济成分相混合的经济形态，既可以从整体国民经济的宏观角度来理解，也可以从单个企业的微观角度来理解。从整体国民经济的宏观所有制角度来看，混合所有制经济是指在国民经济中既存在国有经济和集体经济等公有制经济成分，又存在私有经济、外资经济等非公有制经济成分；从单个企业微观产权结构的角度来看，混合所有制经济是指在企业中既存在国有产权或集体产权等公有产权，又存在外资产权或私有产权等非公有产权的经济。如此一来，混合之后的混合所有制经济就不仅能够盘活国有资本，从而提高社会资源的配置效率，推进国民经济的持续增长，而且对于发挥市场在资源配置过程中的决定作用，减少行政部门对于资源配置过程的干预也具有重要意义；不仅能够推进各种所有制经济取长补短，取得公平参与市场竞争的地位，而且还能够通过员工持股制度的推行，调动员工的积极性；同时，混合所有制经济的推行也能够推动市场的调节、资产重组的进程。不过，需要指出的是，混合所有制经济与混合经济也是两个不同的概念，混合经济是一个比混合所有制经济更加宽泛的概念，混合经济既包括混合所有制经济所体现出的所有制结构，也包括市场调节和政府调节的调节结构（程恩富和谢长安，2015）。

（二）混合所有制企业

1. 以往混合所有制企业概念探讨

对于混合所有制企业的定义，不同的学者具有不同的理解。谢军（2013）认为“混合所有制企业是不同所有制性质归属的资本在同一企业中‘混合’而形成的企业产权组织形态，包括国有、集体、个体、私营、外资及其他社会法人产权等产权形式间的联合或融合”。朱效平（2008）认为，混合所有制企业是出资人属于不同所有制投资主体的企业，这些不同的出资人包括国有性质的出资人、集体性质的出资人、个体性质的出资人、私营性质的出资人以及外资性质的出资人等；在笔者看来，单一性质的出资人显然构不成混合所有制企业，只有当不同性质的资本“混合”之后，形成一个企业的统一的资本，从而使相应企业成为不同所有制资本的“融合”，这一企业才称为混合所有制企业。吴志斌（2014）将我国的混合所有制企业分为三个基本类型，分别为公有制内部之间混合而形成的混合所有制企业——这种类型的混合所有制企业是由国有企业和集体企业重组而形成的，公有制形式同私有制或外资经济的联合而形成的混合所有制企业，公有制与个人所有制组合而生成的混合所有制企业。崔大勇（2015）认为，混合所有制企业是由公有制资本（国有资本、集体资本）同非公有制资本（民营资本、境外资本）共同参股组建而形成的企业形式。

显而易见，对于以往关于混合所有制企业的概念研究而言，主要存在两个方面的问题：一方面，以往关于混合所有制企业的定义比较静态，已有的概念定义往往仅将企业所有权结构的现状作为定义混合所有制企业的依据；另一方面，就混合所有制企业术语本身而定义混合所有制企业，没有建立起混合所有制企业与混合所有制经济之间的联系。因此，进一步完善关于混合所有制企业的定义必须在以往概念定义的基础上，将混合所有制企业形成的动态过程以及同混合所有制经济之间的联系建立起来。

2. 以往混合所有制企业建设探索

在关于混合所有制企业建立的动态过程方面，谢军（2013）从层级性的角度来看待混合所有制企业中国有产权同其他非国有产权之间的混合，他将这些不同层级的混合所有制企业分别称为混合所有制企业Ⅰ、混合所有制企业Ⅱ和混合所有制企业Ⅲ等，其中，混合所有制企业Ⅰ属于第一个层次，由国有产权同其他所有制产权首次融合而成；混合所有制企业Ⅱ是通过混合所有制企业Ⅰ作为投资主体，通过对外投资于其他所有制产权再次融合而形成的；混合所有制企业Ⅲ及以后的不同级别的混合所有制企业是依次按照该规则而形成的。厉以宁（2014）将混合所有制企业建立和发展的路径分为四个类型，分别为现有的国有企业走向混合所有制经济、非公有资本控股或参股混合所有制企业、国有企业推进员工持股制度，以及界定不同行业的国有企业功能，并提出针对性的改革措施。在关于混合所有制经济和混合所有制企业之间的联系方面，由于混合所有制企业和混合所有制经济之间的差异仅为名词的不同，形容词则相同，所以混合所有制企业和混合所有制经济在混合所有制层面必然也具有联系。

3. 本书对混合所有制企业的认识

基于资本主义国家的混合所有制经济同社会主义国家的混合所有制经济具有质的不同的判断（程恩富和谢长安，2015），结合已有研究对于混合所有制企业的定义，笔者认为，混合所有制企业是混合所有制经济的微观方面，是产权结构中既包括国有产权或集体产权等公有产权，又包括私营经济、外资经济、个体经济等非公有产权，而公有产权又占控股地位的企业法人，混合所有制企业既可以在已有单一公有产权企业的基础上引入非公有资本之后而形成，也可以是单一公有产权企业同单一非公有产权企业共同出资组建而形成，还可以是混合所有制企业引入其他资本或同其他资本共同出资组建而形成。可见，从静态角度来看，笔者对于混合所有制企业的定义充分地体现了混合所有制企业必然包括公有制经济成分和非公有制经济成分的特征；从动态角度来看，笔者对于混合所有制企业的定义充分地体现了混合所有制企业的形成过程；从同混合所有制经济之间的关系的角度来看，混合所有制企业是混合所有制经济的构成成分，混合所有制经济的微观定义更多地就是混合所有制企业；不仅如此，为了体现资本主义和社会主义混合所有制经济之间的区别，笔者在混合所有制企业的定义中特别指出，混合所有制经济必须是公有制经济成分处于控股地位的企业法人。

（三）员工持股制度

1. 以往对于员工持股制度概念的探讨

员工持股制度又称员工持股计划，对于员工持股制度的定义，仁者见仁，智者见智。张孝梅（2016）认为，员工持股制度是员工通过持有股票而享有企业部分所有权及未来收益权的利益分享机制和拥有经营决策权的参与机制，是一种长期激励制度。在笔者看来，员工持股制度具有四个方面的特征，分别为参与主体的限制性、参与主体的广泛性、管理的特殊性以及激励的长期性。所谓参与主体的限制性，是指员工持股制度的参与人员必须是企业的在岗职工；所谓参与主体的广泛性，是指员工持股制度的参与主体必须是多数员工参与，即非高管高薪员工的普遍参与；所谓管理的特殊性，是指员工持股制度不是员工直接持股制度，而是委托第三方机构代表员工行使股权；所谓激励的长期性，是指员工持股制度的目的是建立对员工的长效激励机制，从而形成企业和员工利益的一致性。

任婷钰和王彩霞（2015）认为，员工持股制度是一种使员工成为企业股份所有者，并对实行员工持股制度的企业在税收方面给予特别优惠的员工收益机制。在她们看来，员工持股制度的推行要避免绝对化和平均化的趋势，对包括员工持股制度的参与比例、员工持股制度的资金来源、员工持股制度的参与权问题、员工持股制度的股份来源、员工持股制度的持股期限、员工持股制度的风险防范以及员工持股制度的信息披露等要进行严格的限定。其中，在员工持股制度的参与比例方面，笔者基于员工持股制度本质上是一种福利计划的制度，建议坚持全员持股。在员工持股制度的资金来源方面，笔者建议采取员工现金薪酬购买、企业给予一定的补贴；采取非杠杆性员工持股制度，员工使用预期的劳动报酬来进行支付；实施杠杆性员工持股制度，政府给予适当的税收、利率优惠，企业统一以员工持股制度名义向银行贷款，员工使用工资和分红归还贷款；股东自愿赠予股份；直接采用股份支付；盈余公积金中提取六种方式进行。在员工持股制度的管理权方面，笔者认为，以美国为代表的大部分国家所实行的有管理权的员工持股制度较以德国为代表的无管理权的员工持股制度而言效果更好，建议赋予参与员工持股制度的员工参与管理的权利。在员工持股制度的期限方面，笔者建议员工持股制度的推行应当具有严格的期限限制，设置具有一定长度的锁定期限，并保证在信息敏感期不得买卖股份。在员工持股制度的推行方面，笔者建议为了推进员工持股制度更好的推行，我国税收优化政策和银行支持政策以及风险防范政策也应该适时跟上。

朱斌、马晔华和张新安（2000）认为，员工持股制度可以定义为公司内部员工认购本公司的股份，之后将所认购的股份委托给某一法人机构进行托管和运营，作为员工的受托人，该法人机构代表参与员工持股制度的员工进入董事会参与公司治理，并按照股份享受公司利润分配的新型产权组织形式。在笔者看来，员工持股制度的内容或步骤包括五个方面：首先，推行员工持股制度的公司需要确定向内部正式员工出售股份的数额和价格；其次，基于员工的工资、员工的工作所在的岗位以及员工的工作业绩，开展在参与员工持股制度的员工之间的股权分配；再次，员工获得所分配的股份之后，将所持有的股份委托给专门的法人机构进行托管和管理；又次，作为参与员工持股制度员工委托的法人机构，通过公司治理机制参与公司的管理和运营，从而形成公司利润到法人机构再到购股员工的利润分享路径；最后，参与员工持股制度的员工所持有股票具有一定的锁定期，锁定期结束，具备相应的条件之后，员工可以将所持有的股票进行出售。

孔锦和徐永翃（2015）认为，员工持股制度是以公司内部员工为目标群体的制度安排，在这种制度安排中，公司内部员工凭借自己作为公司劳动者的身份认同，通过购买公司的部分股票，来同时作为公司的股东享受公司产权权益。

罗智渊（2011）在对以往关于员工持股制度的定义进行分析的基础上，认为员工持股制度的定义需要体现出以下几个方面的基本特点，分别为：从目标群体来看，参与员工持股制度的对象必须为企业内部的员工；从持股员工的分布来看，参与员工持股制度员工的范围具有广泛性，能够覆盖绝大多数员工；从参与员工持股制度员工的权益来看，不仅具有企业的剩余索取权，而且也具有依托股权参与公司治理的权利；从股权持有的时间限制来看，员工持股制度不仅要求参与的员工具有一定的工作年限，而且员工一旦参与便不能随意退股。在此基础上，笔者给出员工持股制度的定义，即企业内部员工持有本公司的股份，依托股东的身份获取企业的利益，并参与企业的经营管理，在条件具备的情况之下，可以退出的股权激励制度。

张翔鹏（2001）将员工持股制度看作一种新型的企业的产权组织形式，以及企业参与制度的重要内容之一；在笔者看来，员工持股制度正是以某种形式赋予包括企业经营管理者在内的所有制员工全部或部分的股份，从而使企业的员工成为所在企业的股权的持有人，并以此参与所在企业的公司治理的一整套的企业管理制度。

赵振元（2005）认为，员工持股制度是指企业内部员工出资认购本公司部分股权，并将所认购的股权委托给持股组织作为社团法人托管运营和集中管理，并以员工持股管理委员会（或理事会）作为社团法人进入董事会参与公司管理的一种新型股权形式。

显而易见，尽管员工持股制度早在20世纪中期就已经提出，并且在美国已经推行，但是对于员工持股制度本身的概念不仅不同的学者具有不同的理解，而且随着时间的推移以及不同国家的推行，员工持股制度的概念本身也在经历不同的演进。因此，不同国家、不同时期的学者对员工持股制度基本概念的理解具有一定的差异无可厚非。

2. 以往员工持股制度的内容和相关概念

究其原因，以往对于员工持股制度的理解具有一定的差异可能存在两个方面需要澄清的地方，第一个方面就是员工持股制度本身涵盖多种内容，第二个方面就是同员工持股制度相关的一些概念可能造成相互之间边界界定模糊，具体如下。

在员工持股制度所涵盖的内容方面，比较有代表性的是厉以宁（2014）对于员工持股制度内容的看法，在他看来，员工持股制度应该包括四种基本的形式，分别为作为产权激励制度的员工持股制度、普惠性质的员工持股制度、企业发行新股中规定的一定比例的员工股以及国有企业下属集体企业的员工持股制度。其中，作为产权激励制度的员工持股制度的主要目标群体是公司的高层管理人员、高层技术开发人员以及其他对企业做出巨大贡献的人员；普惠性质的员工持股制度的目标群体包括同企业具有劳动合同关系的所有员工；企业发行新股中规定一定比例的员工股的目标群体既可以是企业已有的员工，也可以是新进入企业的员工；国有企业下属集体所有制企业员工持股是由群众集资而建立。张翔鹏（2001）在研究不同形式和目标的员工持股制度之后，也将员工持股制度划分为不同的类型，在笔者看来，员工持股制度既可以是以企业内部的一般内部员工为目标群体的公司产权制度设计，也可以是以高层管理者为目标群体的股权激励制度设计。

在员工持股制度的一些相关概念的界定方面，厉以宁（2014）认为，在实践中，我国普遍存在对于员工持股制度的一些误区，比如，部分人员将员工持股制度的好处着重放在短期效益上，随意进行股票的抛售；部分人员仅将员工持股制度同员工福利挂钩，并没有建立起员工持股制度同工作绩效改进之间的关系；部分人员直接将员工持股制度作为一种福利，为了做到“旱涝保收”竟然在企业赚钱时享受分红，在企业赔钱时股转债，按固定利率领取利息；还有人员将基于员工持股制度设立员工持股会作为增加员工影响力的手段，不适当地影响企业决策。张孝梅（2016）根据对我国员工持股制度的研究，对三个概念进行了区分，即 20 世纪 80 年代我国在一些企业中所实行的“内部员工持股制度”、20 世纪 90 年代我国在一些企业中所实行的“管理层持股”以及员工持股制度。在笔者看来，20 世纪 80 年代我国在一些企业所实行的“内部员工持股制度”因为主要目标是为了筹集资金发展生产而不能称为员工持股制度；而 20 世纪 90 年代的“管理层持股”纵然不是为了筹集资金的需要，而是为了对管理层实施激励的目的，也不能称为员工持股制度，因为“管理层持股”导致了由于一级市场和二级市场的价差而产生的抛售持股股票的问题。

3. 本书对于员工持股制度的认识

基于以往学者对于员工持股制度概念的研究以及不同学者对于员工持股制度内容的界定和员工持股制度相关概念的区分，笔者将员工持股制度的概念界定为：以企业员工为目标群体的资金募集机制、利益分享机制、长期激励机制和公司治理的参与机制，通过使员工持有企业的股份，实现员工的劳动提供者和资本所有者的双重身份，从而使员工不仅能够通过提供劳动获得工资，而且也使员工作为资本提供者而取得公司的未来收益权以及公司经营决策权。

可以从以下几个方面来理解笔者对于员工持股制度的定义。首先，从目标群体来看，员工持股制度的目标群体是同企业建立正式劳动合同关系，签订劳动合同的内部员工。这些企业的内部员工既可以是企业的普通员工，也可以是企业的各个级别的管理者，还可以是企业的技术管理人员。其次，员工持股制度内含着四类不同类型的机制，分别为募集资金机制、利益分享机制、长期激励机制和公司治理参与机制。所谓募集资金机制，是指通过员工持股制度的推行，推进员工持股制度的企业直接或间接获取了公司开展运营活动的资金；所谓利益分享机制，是指通过员工持股制度，公司内部员工获取了公司的股权，这些股权使参与员工持股制度的企业获取了公司的剩余索取权，从而为员工分享公司的利润打下了坚实的基础；所谓长期激励机制，一方面，从参与员工持股制度的条件来看，参与的员工必须符合一定的条件，包括员工在企业中已经工作了较长的时间，另一方面，从参与员工持股制度的存续期来看，员工参与员工持股制度之后，股权具有一定的存续期，通过员工持股制度获取股票的流动性无论是从时间还是对象来看，均较低；所谓公司治理参与机制，是指员工持股制度通过委托专业机构或组织代为管理员工股，根据现代公司治理机制的设计以及我国公司治理相关法律法规参与到公司的治理之中。再次，从员工持股制度的结果来看，员工持股制度使参与的员工既是企业的劳动提供者，也是企业的资本所有者，从而实现了员工的劳动提供者和资本所有者的双重身份，进而使员工不仅能够通过提供劳动获得工资，而且也能够通过提供资本而获取公司的资本收益。最后，还需要指出的是，由于所持股权受到流动性的限制，因此，员工在参与员工持股制度的过程中，公司需要给予一定的购股优惠，缺乏相应优惠的员工持股制度还不能称为成熟的员工持股制度。

（四）混合所有制企业员工持股制度

1. 以往对于混合所有制企业员工持股制度概念的探讨

正是由于企业员工持股制度的推行对于企业的经济效益具有积极的影响（张小宁，2002；孔锦和徐永翃，2015），因此，伴随着我国国有企业改革和改制进程，员工持股制度就一直受到我国推进国有企业改革的政策制定者、关注国有企业改革的学者以及具体实施国有企业改革的实践层的关注。在学术层面，作为这种对于员工持股制度关注的重要方面，探讨员工持股制度的概念、探索结合中国国情的员工持股制度的概念就成为其中的重要组成部分。

在对混合所有制企业员工持股制度概念的探讨中，张孝梅（2016）对混合所有制改革背景之下我国员工持股制度的定位进行了探讨，笔者认为，在我国混合所有制改革背景之下，员工持股制度可以定位为两个层面：一方面，员工持股制度是经济新常态和国企改革的应有之义；另一方面，员工持股制度是国企产权结构多元化和治理结构优化的必然途径。在笔者看来，员工持股制度不仅可以加速经济发展向创新驱动转换，而且“混合所有制改革”和“员工持股制度”本身就是国有企业全面深化改革的两大亮点。凌克（1998）在对国外员工持股制度实践和国内员工持股制度实践进行研究之后，提出两点重要共识，即员工持股制度既是人类创造的共同财务，又是社会主义公有制的一种有效实现形式；实行员工持股制度既应该遵循世界各国推行员工持股制度的一般做法，学习和借鉴别人的成功经验，又应该从中国国情和本企业实际出发，建立具有自己特色的内部员工持股制度。石宏伟（2015）对我国员工持股股权交易制度的现状进行了详细研究，认为由于实践经验不足、法规政策和企业文化限制等因素，我国员工持股股权交易制度存在一系列问题，为此，需要设定优化股权结构的股权交易目标，节约股权交易成本与提升股权交易效能等。张衔和胡茂（2015）在对我国员工持股制度的发展历程进行回顾以及对员工持股制度的理论逻辑进行研究的基础上，对我国员工持股制度发展陷入困境进行了反思，他们提出，在我国基本的制度背景之下，认识和推进员工持股制度，需要“坚持平等持股；员工持股制度与员工参与相结合；科学设计激励机制；通过内部管理机制的建立和外部环境建设，防止借‘员工持股制度’之名侵害利益相关者的利益；加强员工持股制度的法律法规建设；建立政府对员工持股制度的鼓励与监督机制”，这些其实就是对于我国混合所有制企业员工持股制度特殊性的基本认识或把握。刘雨青和傅帅雄（2015）以南昌研究院为案例，全面研究了混合所有制企业推行员工持股制度的持股比例、股权分配和退出机制、“三会”决策机制、成效等内容；笔者认为，在混合所有制中，管理人员和技术骨干持股，有利于股权结构优化，避免国有资本“一股独大”，可以在国有资本、民营资本及员工持股制度之间形成项目的利益制衡，这些充分反映了笔者对于我国混合所有制企业员工持股制度特殊性的认识。

显而易见，在我国，关于员工持股制度特殊性的研究，尤其是对于在我国制度背景之下的员工持股制度研究已经引起了国内学者的注意，部分学者对于我国基本制度背景之下的员工持股制度的认识也颇有见地。由于我国员工持股制度的推行是从混合所有制企业中开始的，最近关于员工持股制度特殊性的探索也大多存在于我国混合所有制企业的员工持股制度。所以，这些对于员工持股制度的认识也就是对于混合所有制企业员工持股制度的认识。不过，尽管如此，由于对于混合所有制企业本身的认识还没有引起多数学者的重视，因此，对于混合所有制企业员工持股制度的理解也就存在了不足之处，这也是以往关于混合所有制企业员工持股制度认识的重要缺失之一。为此，对混合所有制企业员工持股制度进行再理解也就成为开展混合所有制企业员工持股制度研究的基础或前提。

2. 本书对于混合所有制企业员工持股制度的认识

由于混合所有制企业员工持股制度是“混合所有制企业”和“员工持股制

度”两个关键词的结合，所以，在对混合所有制企业和员工持股制度进行界定之后，笔者自然就可以得到关于混合所有制企业员工持股制度的定义。笔者认为，所谓混合所有制企业员工持股制度，是指在混合所有制企业中所推行的员工持股制度。从范围界定的角度来看，混合所有制企业员工持股制度的范围仅为本书所界定的混合所有制企业，即产权结构中既包括国有产权或集体产权等公有产权，又包括私有经济、外资经济、个体经济等非公有产权，而公有产权又处于控股地位的企业法人；从员工持股制度的角度来看，混合所有制企业员工持股制度的员工持股制度内容即为本书所界定的员工持股制度概念。因此，混合所有制企业员工持股制度也就可以界定为，在保护国有资产安全的前提下，以混合所有制企业为基本对象的，以混合所有制企业员工为目标群体的资金募集机制、利益分享机制、长期激励机制和公司治理的参与机制，通过使员工持有混合所有制企业的股份，实现员工的劳动提供者和资本所有者的双重身份，从而使员工不仅能够通过提供劳动获得工资，而且也使员工作为资本提供者而取得混合所有制企业的未来收益权以及混合所有制企业的经营决策权。

显而易见，该混合所有制定义不仅充分考量了混合所有制企业的基本概念或范围界定，也将员工持股制度的基本内涵纳入其中，更重要的是，将“保护国有资产安全”“防止国有资产流失”纳入概念的定义之中，这也充分反映出笔者所定义的混合所有制企业员工持股制度，充分体现了我国社会主义混合所有制企业和资本主义混合所有制企业之间质的不同。

二、理论基础

员工持股制度兴起于美国，所以，对于员工持股制度方面的理论基础研究也往往集中于美国（杨欢亮，2003）。不过，随着员工持股制度的研究和实践在全球范围内的传播，各国也均结合自己的国情和理解提出了对于员工持股制度的理论理解。所以，在本部分，笔者将以美国相关员工持股制度理论为主，对员工持股制度的理论基础进行全面的梳理和分析。

（一）双因素理论

路易斯·凯尔索（Louis O. Kelso）是美国的经济学家和律师，他是员工持股制度的最早提出者（剧锦文，2000），作为支撑其主张的依据，他提出双因素理论的员工持股制度理论。在凯尔索看来，社会的财富是由资本和劳动两个要素创造的，无论是只有物质资本的投入而没有人力资本的投入，还是只有人力资本的投入而没有物质资本的投入，均不能创造任何的财富或利润（厉以宁，2014），所以，社会财富在资本和劳动之间进行分配毋庸置疑。但是，随着经济的发展、工业化的不断推进，资本在社会财富的创造过程中所发挥的作用越来越大，所以，从分配的视角来看，在经济制度不做出调整的情况下，资本在社会财富的分配过程中所占有的份额越来越多，劳动在社会财富的分配过程中所占有的份额越来越少，从而导致社会出现贫富差距拉大的困境。为了扭转贫富差距拉大的困境，作为应对之策，凯尔索提出，要创造一种制度，使劳动者也持有一定数量的资本，成为企业资本的所有者和自己劳动的所有者，从而使劳动者不仅能够获得自己劳动的工资，而且也能够获得资本的资本收益。

在凯尔索看来，使劳动者也成为公司的资本所有者首先需要解决购买公司股权的资金问题，由于劳动者并没有太多的储蓄，因此必须进行制度的创新。为此，凯尔索提出，要允许员工通过贷款的方式获取公司股权，从国家层面，要制定相应的税收优惠政策等。

（二）分享经济理论

分享经济理论是由美国经济学家、麻省理工大学经济学教授魏茨曼（1988）提出的，他认为，从微观角度来看，在企业固定工资制度下，无论企业的经济效益是好是坏，员工的工资均保持固定不变，这种工资制度割裂了员工的努力同企业效益之间的联系，降低了企业工作的激励。在这种工资制度下，当宏观经济环境变差的时候，企业必然降低生产。生产活动活跃程度的降低，减少了生产过程所需要的生产资料的投入，也降低了生产活动过程中对于人力资源的投入，从而导致裁员现象的发生。裁员现象的发生不仅是一个经济事件，从社会角度来看，就因生产活动活跃程度降低而产生的裁员现象即为一种社会问题。为了积极应对失业问题，应对因此而产生的社会问题，政府部门推出救济政策，而这又带来了通货膨胀的风险，从而导致失业问题和通货膨胀问题并存的滞胀问题出现，这也是魏茨曼（1988）从微观视角对美国20世纪80年代所经历的滞胀问题的解释。为了解决滞胀问题，从微观角度来看，就需要建立员工工资同企业效益之间的联系，实施企业利润分享计划，使企业劳动者也能享受到企业的盈利。如此一来，在企业经济效益好的时候，企业员工的工资也随之提升；在企业经济效益差的时候，企业员工的工资也做出降低的调整，从而保证了整体的社会就业，不至于导致宏观经济出现滞胀问题。

（三）民主公司理论

作为员工持股制度的理论基础之一，民主公司理论提出于 20 世纪 80 年代。Ellerman（1983）认为，在一般的公司中，公司和员工之间是雇用和被雇用的关系；但是，在民主的公司中，公司和员工之间则不是雇用和被雇用的关系，而是成员关系。成员关系决定了公司中的员工不仅是劳动提供者，也是员工民主自治管理的主体。如此一来，在这种类型的经济制度下，民主的公司就需要赋予员工在公司中的选举权和剩余索取权。

在我国，我国著名的经济学家、管理学家蒋一苇（1991）研究员所提出的“经济民主论”和“职工主体论”是中国版的“民主公司理论”。蒋一苇指出，企业经济民主的核心是处理企业同员工之间的关系；员工是否处于主体地位区分了社会主义企业和资本主义企业。为此，他主张，在企业中，应当努力实现员工同生产资料的直接结合，从而使员工成为企业的主人，推进员工对企业财产和企业积累的关心。如此一来，通过员工持股制度，实现员工作为劳动提供者同企业资本的结合，从而突破员工作为企业主人的产权障碍。作为企业的主人，员工持股制度提高了员工对于企业财产和企业积累的关心，统一了员工的利益和企业的利益。

（四）资产专用性理论

Williamson（1975）是交易费用经济学理论框架的开创者，资产专用性理论正是交易费用经济学基本理论框架的核心概念之一。所谓资产的专用性，主要是指“假定在一项资产的生产价值不变的条件下，如果改变这项资产的既定用途，重新投资于其他用途或者使这项资产的使用者发生变更，如果这些变化具有高成本或者无法实施，那么具有这种特征的资产就是专用性资产，这种特性就是资产专用性”（孙毅，2013）。Williamson（1983）将企业的专用性资产分为四个基本的类别，分别为专用性的场所或场地、专用性的实物资产、专用性专项资产以及专用性人力资本。其中，专用性人力资本就成为员工持股制度的理论基础之一。

从专用性人力资本的角度来看，一个企业的人员无论放在哪个企业，其生产价值是不变的，但是，如果将特定的人员从特定的岗位转移到其他岗位，或者从一家企业转移到另一家开展其他生产的企业，那么显而易见，特定人员在特定岗位上所形成的显性知识或隐性知识不能发挥作用，也就是说这种工作岗位或者工作单位的改变是一种高成本的行为，人力资本是企业的专用性资产。专用性资产提高了员工在特定企业的特定岗位上的生产效率，但是，与此同时，这也为员工施加了极大的风险。一方面，一旦雇用该员工的企业基于特定因素的考虑决定终止雇佣关系，那么，员工就面临转变工作的难度；另一方面，从企业的角度来看，一旦员工由于更好的归宿而决定辞职，那么对于企业也是损失或者风险。所以，为了建立起更加稳固的雇用和被雇用关系，既然员工对于企业来说是一种专用性资产，而这种专用性资产既是员工主动“投资”的产物，也是企业“投入”的产物，所以，就需要建立起一种机制，形成更加牢固的企业和员工之间的关系。这也为企业通过员工持股制度形成员工和企业的命运共同体提供了依据，员工持股制度成为一种合意的建立起员工和企业之间更加牢固关系的制度安排。

（五）利益相关方理论

利益相关方理论是由美国经济学家 Freeman（1984）首次提出的，笔者认为，那些在企业的运营过程中对企业运营产生正面或者负面影响的个人或组织，或者受到企业运营活动正面或负面影响的个人或组织统称为企业的利益相关方。企业的利益相关方构成了公司，离开了企业的利益相关方的支持、拥护和参与，企业的运营活动必然遭受困难，甚至根本就不能正常运营。所以，从某种程度上讲，企业不仅是股东的企业，更是包括股东在内的更广泛的企业利益相关方的企业（布莱尔，1999）。所以，从利益相关方的角度来看，无论是在公司治理设计方面（刘芳，2012），还是在公司的日常运营过程之中，均需要引入利益相关方的参与，实现利益相关方的利益和企业的利益的和谐统一。

员工是企业最重要的利益相关方之一，从企业员工对于企业运营活动所产生的影响层面来看，企业的员工对于企业的运营活动直接或间接造成正面或者负面的影响；从企业员工受到企业运营活动的影响层面来看，企业的运营活动对企业的员工造成直接或间接的正面或者负面的影响。所以，对于企业而言，必须在企业和员工之间进行制度设计，形成企业和员工之间的利益共同体，从而保证企业和员工之间利益的一致性，实现企业的运营活动促进员工利益的提升而且运营的日常行为又推进企业运营活动的正向循环。作为企业和员工之间利益共同体机制设计的重要举措之一，员工持股制度无疑是重要的内容（张孝梅，2016）。通过在公司的产权结构中引入员工股权的内容，使企业和员工之间的关系不仅是雇主和雇员之间的关系，更是股东和企业之间的关系，企业和员工之间的利益一致性得到进一步提升，从而形成了企业和员工之间利益的进一步一致。

第三节　研究内容和研究方法

为了更好地推进混合所有制企业员工持股制度研究，笔者安排了八章，使用了五种研究方法，以期科学、规范地开展混合所有制企业员工持股制度研究，为我国推进混合所有制企业员工持股制度政策的制定、研究的推进和实践的发展尽绵薄之力。

一、研究内容

为了全面开展混合所有制企业员工持股制度问题研究，笔者安排了八章，分别为“导言”“中国混合所有制企业员工持股制度发展历程”“中国混合所有制企业员工持股制度现状”“中国混合所有制企业员工持股制度政策”“发达国家推进员工持股制度经验借鉴”“中国混合所有制企业员工持股制度典型实践”“中国混合所有制企业员工持股制度体系构建”“主要结论、政策建议”，具体如下（见表 1–1）。

表 1–1　混合所有制企业员工持股制度研究主题、内容

章节	基本主题	核心内容
第一章	导言	研究背景、研究意义、基本概念、理论基础、研究内容、研究方法、重点难点、主要创新等
第二章	中国混合所有制企业员工持股制度发展历程	中国混合所有制企业员工持股制度发展历程划分，包括集资型混合所有制企业员工持股阶段、正规型混合所有制企业员工持股阶段、激励型混合所有制企业员工持股阶段以及综合型混合所有制企业员工持股阶段

续表

章节	基本主题	核心内容
第三章	中国混合所有制企业员工持股制度现状	中国混合所有制企业员工持股制度现状，包括中国混合所有制企业现状和中国混合所有制企业员工持股制度发展现状
第四章	中国混合所有制企业员工持股制度政策	中国混合所有制企业员工持股制度政策，包括党中央和国务院层面政策以及国务院国资委和证监会相关政策，并对相关政策进行了评析
第五章	发达国家推进员工持股制度经验借鉴	分别对美国、英国以及日本推进混合所有制企业员工持股制度进行了研究，并对这些国家推进混合所有制企业员工持股制度进行了比较分析
第六章	中国混合所有制企业员工持股制度典型实践	分别选择中国东部地区、中部地区、西部地区和东北地区的混合所有制企业推进员工持股制度的典型实践进行评析
第七章	中国混合所有制企业员工持股制度体系构建	对于中国混合所有制企业推进员工持股制度体系进行全面的规划
第八章	主要结论、政策建议	归纳我国混合所有制企业员工持股制度的基本结论，提出进一步推进我国混合所有制企业员工持股制度的政策建议

在第一章“导言”部分，笔者对混合所有制企业员工持股制度研究的研究背景、研究意义、基本概念、理论基础、研究内容、研究方法、重点难点、主要创新等进行了全面的阐述，主要目的是提出研究问题、澄清概念理解、打下理论基础、指明研究内容和使用的研究方法，并对研究的重点和难点以及主要的创新进行说明。

在第二章“中国混合所有制企业员工持股制度发展历程”部分，笔者将中国混合所有制企业员工持股制度发展历程划分为四个阶段，分别为集资型混合所有制企业员工持股阶段、正规型混合所有制企业员工持股阶段、激励型混合所有制企业员工持股阶段以及综合型混合所有制企业员工持股阶段，并从各个阶段的混合所有制企业员工持股制度的推进、主要特征和面临的主要问题、为应对出现的问题我国政策当局所出台的相应的政策以及不同阶段所遭受的暂停进行了全面的分析（不包括第四个阶段），以便从混合所有制企业员工持股制度的角度对我国1984年以来的混合所有制企业员工持股制度的政策制定、实践推进进行全面的梳理和总结，为吸收经验、汲取教训，从而进一步推进我国混合所有制企业员工持股制度向前发展服务。

在第三章“中国混合所有制企业员工持股制度现状”部分，由于混合所有制企业员工持股制度是在混合所有制企业中所推行的员工持股制度，所以，在对我国混合所有制企业员工持股制度的发展历程进行分析的基础上，笔者着手对我国当前混合所有制企业员工持股制度的现状进行研究。要全面把握我国混合所有制企业员工持股制度的现状，必然绕不过我国混合所有制企业的发展现状。为此，在本章中，笔者分为两个主题，分别对我国混合所有制企业的发展现状以及我国混合所有制企业员工持股制度的发展现状进行了全面的分析。

在第四章"中国混合所有制企业员工持股制度政策"部分，由于在员工持股制度的推进过程中，无论是从西方国家的经验，还是我国前期推进混合所有制企业员工持股制度的实践来看，重要的一点就是国家政策在其中发挥着重要的作用。为此，在本章中，笔者对我国推进混合所有制企业员工持股制度的政策措施进行了全面的梳理，包括对党中央和国务院层面相关政策以及国资委和证监会相关政策进行了梳理。通过对我国推进混合所有制企业员工持股政府政策进行评析，从而对我国推进混合所有制企业员工持股制度的逻辑进行总结，进而推进我国政策制定更好地完善，最终实现对我国混合所有制企业员工持股制度实践推进的积极效果。

在第五章"发达国家推进员工持股制度经验借鉴"部分，鉴于员工持股制度起源于西方国家，所以，纵然西方国家和我国的国情具有质的不同，它们在推进员工持股制度过程中的经验和教训也具有值得我国开展混合所有制企业员工持股制度过程中可以借鉴的地方。为此，在本章中，笔者在对我国混合所有制企业员工持股制度的发展历程、现状和政策进行全面分析之后，也对西方典型国家的员工持股制度实践进行了分析，美国是世界上经济规模最大的资本主义国家，英国是第一个发达国家，而日本是处于东方的西方国家，所以，笔者在此分别选择美国、英国以及日本推进企业员工持股制度的实践进行研究。

在第六章"中国混合所有制企业员工持股制度典型实践"部分，笔者首先基于国家统计局的标准，将我国的经济区域划分为东部地区、中部地区、西部地区和东北地区四大区域，之后，每一个经济区域分别选择一家典型的开展员工持股制度的混合所有制企业作为案例，对我国混合所有制企业开展员工持股制度的实践进行了分析和总结，以便从我国的混合所有制企业员工持股制度实践中总结经验，从而更好地推进我国混合所有制企业员工持股制度的发展。

在第七章“中国混合所有制企业员工持股制度体系构建”部分，笔者试图结合我国混合所有制企业员工持股制度发展历程、现状、政府政策、发达国家经验以及我国典型实践，总结出推进我国混合所有制企业员工持股制度的体系。为此，在本章中，笔者首先对于得出我国混合所有制企业员工持股制度体系的技术路线或路径思路进行了阐述，之后，结合先前研究，提出了中国混合所有制企业员工持股制度体系的基本框架。在基本框架的基础之上，笔者对不同的内容进行了详细的阐述。

在第八章“主要结论、政策建议”部分，这是本书的结尾章节，按照惯例，笔者对于本书所得出的主要结论、进一步推进我国混合所有制企业员工持股制度的政策建议进行了分析和说明。

二、研究方法

在本书中，笔者分别选择了五种类型的研究方法，分别为文献研究方法、比较研究方法、案例研究方法、统计分析方法和规范分析方法，具体如下（见表 1-2）。

表 1-2　混合所有制企业员工持股制度研究涉及的研究方法

编号	研究方法	涉及章节
Ⅰ	文献研究方法	第一章　导言 第二章　中国混合所有制企业员工持股制度发展历程 第四章　中国混合所有制企业员工持股制度政策 第五章　发达国家推进员工持股制度经验借鉴
Ⅱ	比较研究方法	第五章　发达国家推进员工持股制度经验借鉴 第六章　中国混合所有制企业员工持股制度典型实践
Ⅲ	案例研究方法	第六章　中国混合所有制企业员工持股制度典型实践
Ⅳ	统计分析方法	第三章　中国混合所有制企业员工持股制度现状
Ⅴ	规范分析方法	第七章　中国混合所有制企业员工持股制度体系构建 第八章　主要结论、政策建议

（1）在文献研究方法方面，在本书中，第一章“导言”部分对于混合所有制企业员工持股制度相关概念和理论基础的研究、第二章“中国混合所有制企业员工持股制度发展历程”部分对于我国混合所有制企业员工持股制度所经历的四个

阶段的研究、第四章“中国混合所有制企业员工持股制度政策”部分对于国家层面和地方层面我国混合所有制企业员工持股制度政策的研究以及第五章“发达国家推进员工持股制度经验借鉴”部分对于三个国家的员工持股制度经验研究均使用了文献研究方法。

(2) 在比较研究方法方面，在本书中，第五章“发达国家推进员工持股制度经验借鉴”中对于美国推进员工持股制度经验、英国推进员工持股制度经验和日本推进员工持股制度经验进行了比较分析，第六章“中国混合所有制企业员工持股制度典型实践”分别对东部地区、中部地区、西部地区以及东北地区混合所有制企业员工持股制度的典型实践进行了比较研究。

(3) 在案例研究方法方面，在本书中，第六章“中国混合所有制企业员工持股制度典型实践”部分主要应用了案例研究方法，分别对典型东部地区混合所有制企业开展员工持股制度实践的案例、典型中部地区混合所有制企业开展员工持股制度实践的案例、典型西部地区混合所有制企业开展员工持股制度实践的案例以及典型东北地区混合所有制企业开展员工持股制度实践的案例进行了研究。

(4) 在统计分析方法方面，在本书中，第三章“中国混合所有制企业员工持股制度现状”部分主要应用了统计分析方法，通过数据资料，笔者分别对于我国混合所有制企业的发展现状以及我国混合所有制企业员工持股制度的发展现状进行了统计分析。

(5) 在规范分析方法方面，在本书中，第七章“中国混合所有制企业员工持股制度体系构建”和第八章“主要结论、政策建议”均使用了规范分析方法，将价值判断引入本书的分析过程之中，以便更好地推进中国混合所有制企业开展员工持股制度。

第四节 重点难点和主要创新

混合所有制企业员工持股制度研究是一项内容庞杂的系统性工程，不仅在一个课题中不能穷尽所有涉及混合所有制企业员工持股制度问题，而且即使是在一本专著之中也不可能穷尽所有涉及混合所有制企业员工持股制度问题，尤其是在以往缺乏开展混合所有制企业员工持股制度研究的背景之下。因此，在本书中，笔者不仅对我国混合所有制企业员工持股制度问题的重点进行了研究，而且也将一些难啃的“硬骨头”纳入其中，较以往的研究本书也具有相应的创新之处。

一、重点难点

在本书中，笔者不仅对一些问题进行了重点研究，而且也不规避难点，以期形成较为系统的推进我国混合所有制企业员工持股制度的研究成果。

（一）研究重点

本书的重点包括以下几个方面。

第一，对我国混合所有制企业的发展历程进行研究。尽管已有的研究对于我国员工持股制度的发展历程进行了研究，但是，结合我国混合所有制经济改革，将员工持股制度放在混合所有制企业的限定之下进行系统研究依然是一个含蓄开垦的“处女地”。为此，基于混合所有制的基本情景，对我国混合所有制企业员工持股制度进行研究就成为本书的重点之一。

第二，对我国混合所有制企业员工持股制度现状进行研究。在我国混合所有制企业员工持股制度的研究中，注重说理有余，而深入分析相关数据得出精准性结论不足。所以，当前多数关于混合所有制企业员工持股制度的研究即使得出具有逻辑一致性的结论，也往往由于缺乏相关数据的支撑而使可接受性大大降低。在本书中，笔者基于数据资料，不仅对我国混合所有制企业员工持股制度的现状进行了详细的分析，而且也对构成混合所有制企业员工持股制度的重要关键词——混合所有制企业——的现状也进行了详细的统计分析。

第三，对我国混合所有制企业员工持股制度政策进行研究。无论是从国际层面来看，还是从国内层面来看，员工持股制度的推进往往不单单是一个经济问题，更是一个政策性很强的问题。为了推进员工持股制度的发展，各国纷纷出台了相应的政策举措，比如税收政策、上市公司挂牌政策等。在混合所有制企业员工持股制度研究中，较其他国家推进员工持股制度而言，由于我国混合所有制企业员工持股制度涉及混合所有制企业改革、全面深化国有企业改革乃至全面深化改革进程，因此，在当前阶段，推进我国混合所有制企业员工持股制度研究的政策性深度和广度有过之而无不及。

第四，对发达国家推进员工持股制度的经验进行研究。员工持股制度起源于发达资本主义国家，这些国家推进员工持股制度具有一定的经验，也遭遇了一定的困境，如何吸取经验、汲取教训，是构建我国混合所有制企业员工持股制度体系的重要组成部分。所以，在本书中，笔者将美国推进员工持股制度经验、英国推进员工持股制度经验以及日本推进员工持股制度经验也纳入其中。

第五，对中国混合所有制企业员工持股制度典型实践进行研究。我国的员工持股制度的最早引入即是在混合所有制企业中引入，所以，尽管我国混合所有制企业推进员工持股制度经历了三次暂停，但是经过 30 余年的发展，我国也涌现出了大量的关于混合所有制企业员工持股制度的典型经验。为此，对这些混合所有制企业员工持股制度的典型经验进行总结就成为构建完善的混合所有制企业员工持股制度体系的重要内容之一。

（二）研究难点

本书的难点包括以下两个方面。

一方面，精准研究混合所有制企业员工持股制度是本书的难点之一。我国员工持股制度是从我国混合所有制企业开始的，我国混合所有制企业开展员工持股制度也是我国员工持股制度实践的重要组成部分。但是，即便如此，以往关于混合所有制企业员工持股制度的研究往往对于员工持股制度的一般性研究较多，对于混合所有制企业这一特殊性涉足较少。在缺乏以往系统性的关于混合所有制企业员工持股制度研究的情况之下，全面开展混合所有制企业员工持股制度的研究就成为本书的难点之一。

另一方面，构建混合所有制企业员工持股制度体系是本书的难点之一。形成特定的混合所有制企业员工持股制度体系不仅是制定科学的混合所有制企业员工持股制度政策的重点，也是企业成功开展员工持股制度实践的关键。然而，无论是政策层面，还是学术研究层面，抑或是企业推进员工持股制度实践层面，对于员工持股制度体系的构建或使用往往“零敲碎打”，并且繁杂。如何在繁杂的各种类型的员工持股制度体系中分析、归纳出统一性的混合所有制企业员工持股制度体系是本书的难点。

二、主要创新

本书的创新之处主要体现在两个方面：一是首次系统研究了混合所有制企业员工持股制度；二是构建了系统性的混合所有制企业员工持股制度体系。

在首次系统研究混合所有制企业员工持股制度方面，中共十八届三中全会之后，在党和国家相关政策的引导下，在混合所有制企业背景之下研究员工持股制度问题已经成为我国学术界研究的重要领域，并涌现出了大量的研究文献。但是，鉴于混合所有制企业员工持股制度是一个系统性的研究领域，所以，以往的研究往往显得“零敲碎打”。在本书中，笔者不仅从混合所有制企业员工持股制度的角度对我国员工持股制度的发展历程进行了重新梳理，而且也在混合所有制企业的情景之下，对我国混合所有制企业员工持股制度的现状、政策、典型实践等问题进行了详细的研究，这在我国混合所有制企业员工持股制度研究领域尚属首次。

在构建系统性的混合所有制企业员工持股制度体系方面，尽管以往政策层面推进员工持股制度政策、学术界开展员工持股制度研究的成果以及企业层面推进员工持股制度实践过程中均对员工持股制度体系进行了涉足，但是，缺乏系统性和科学性的问题依然存在。在本书中，笔者基于混合所有制企业员工持股制度理论基础，我国混合所有制企业员工持股制度发展历程、现状、政策，发达国家推进员工持股制度经验以及我国典型实践，构建了更具科学性、系统性的混合所有制企业员工持股制度体系。

本章小结

本章包括四节，对于混合所有制企业员工持股制度的研究背景和研究意义、基本概念和理论基础、研究内容和研究方法以及重点难点和主要创新进行了全面的分析。

在第一节“研究背景和研究意义”部分，笔者分析了开展混合所有制企业员工持股制度研究的基本背景，认为员工持股制度在我国推行已经经历了较长的历程，但是发展历程较为曲折；员工持股制度同混合所有制经济相伴而生，但是没有引起政策层面、学术层面和实践层面的重视；所以，开展混合所有制企业员工持股制度研究既是当前党和国家的政策导向，更是总结我国员工持股制度实践的需要。开展混合所有制企业员工持股制度研究具有一定的理论意义和实践意义。在理论意义方面，笔者认为，通过开展研究，能够深化员工持股制度理论研究，形成混合所有制企业推进员工持股制度体系；全面梳理中国的发展历程，形成我国混合所有制企业员工持股制度的基本脉络。在实践意义方面，笔者认为，开展员工持股制度具有三个方面的实践意义，分别为：全面探索我国混合所有制企业发展状况和员工持股制度推进情况，为党和国家全面深化国有企业混合所有制改革和混合所有制企业开展员工持股制度研究提供有力支撑；厘清员工持股制度、混合所有制企业员工持股制度基本逻辑，推进我国混合所有制企业更好地开展员工持股制度设计和员工持股制度实践；建立起混合所有制企业员工持股制度同全面深化国有企业改革之间的联系，助力我国国有企业全面深化改革。

在第二节“基本概念和理论基础”部分，笔者分别对混合所有制企业员工持股制度所涉及的混合所有制经济、混合所有制企业、员工持股制度三个概念进行了系统性研究，分别探讨了以往关于三个基本概念的学术研究成果，并分别提出了笔者对于三个概念的看法。最后，结合笔者对于混合所有制经济的理解、对于混合所有制企业概念的认识以及对于员工持股制度的认识，最终提出了本书对于混合所有制企业员工持股制度的认识，即在混合所有制企业中所推行的员工持股制度。在员工持股制度的理论基础方面，结合以往关于员工持股制度的理论基础研究，笔者总结出了我国混合所有制企业开展员工持股制度的理论基础，分别为双因素理论、分享经济理论、民主公司理论、资产专用性理论以及利益相关方理论。

在第三节“研究内容和研究方法”部分，笔者简要介绍了本书八章的基本内容，以及其中所使用到的文献研究方法、比较研究方法、案例研究方法、统计分析方法和规范分析方法。

在第四节“重点难点和主要创新”部分，笔者分别简要介绍了本书的五个重点、两个难点，五个重点分别为对我国混合所有制企业的发展历程进行研究、对现状进行研究、对制度政策进行研究、对发达国家经验进行研究以及对中国典型实践进行研究，两个难点分别为精准研究混合所有制企业员工持股制度和构建混合所有制企业员工持股制度体系。最后，笔者还介绍了本书的两个创新之处，分别为首次系统研究混合所有制企业员工持股制度以及构建混合所有制企业员工持股制度体系。

第二章　中国混合所有制企业员工持股制度发展历程

我国传统的经济体制是建立在生产资料公有制基础之上的高度集中的计划经济体制（李少宇，1984），随着我国经济体制改革不断经历内部引入市场机制改革、发展有计划的商品经济、建立社会主义市场经济体制、完善社会主义市场经济等阶段（白永秀和吴振磊，2008），我国不断由高度集中的计划经济过渡到充满活力的社会主义市场经济。转轨经济的基本制度背景、社会主义市场经济的核心目标导向决定了我国员工持股制度自始至终具有鲜明的中国特色。我国的员工持股制度同我国国有企业改革相伴而生、相随而行，它起源于我国国营企业的内部员工集资入股，发展于地方政府推进国有企业改革进程中的员工持股制度尝试，突破于我国上市公司管理层收购过程中的股权激励。当前，我国国有企业处于全面深化改革的进程之中，混合所有制企业员工持股制度在我国国有企业全面深化改革的顶层设计下更加完善。基于我国混合所有制企业推进员工持股制度的不同目标、不同理论依据，笔者将我国混合所有制企业员工持股制度的发展历程分为四个阶段，分别为集资型混合所有制员工持股阶段、正规型混合所有制企业员工持股阶段、激励型混合所有制企业员工持股阶段和综合型混合所有制企业员工持股阶段。这四个阶段每个阶段的时期大致为 10 年，其中，集资型混合所有制企业员工持股阶段的时间范围为 1984~1993 年，正规型混合所有制企业员工持股阶段的时间范围为 1993~2002 年，激励型混合所有制企业员工持股阶段的时间范围为 2003~2012 年，综合型混合所有制企业员工持股阶段的时间范围为 2013 年至今，如图 2–1 所示。

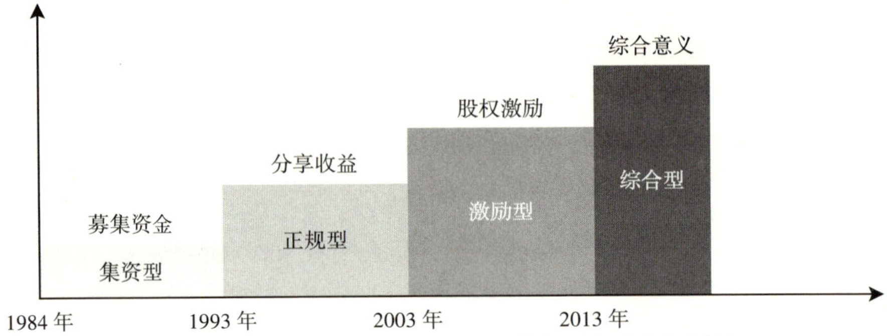

图 2-1　我国混合所有制企业员工持股制度的发展历程

第一节　集资型混合所有制企业员工持股阶段

集资型混合所有制企业员工持股以从内部员工募集资金为主要目的，这一类型的混合所有制企业主要是在我国国有企业改革早期进行股份制试点的国有企业。从时间阶段来看，该阶段发起于 1984 年的城市经济体制改革试点工作座谈会，结束于 1993 年定向募集股份有限公司类型的混合所有制企业推进内部员工持股实践的喊停。

一、集资型混合所有制企业员工持股制度的推进

（一）政策层面放开内部员工入股混合所有制企业

随着 1978 年 12 月中共十一届三中全会的召开，对内改革、对外开放开始成为我党的基本共识，改革开放也成为我国的基本国策。我国的对内改革是从农村开始的，作为城市经济改革的核心，国有企业改革最初是从放权让利开始的（萧冬连，2014），所以，并不涉及国有企业的所有制性质，也就不存在员工持股制度问题。1984 年，为了适应计划经济向市场经济改革所逐渐兴起的商品经济的发展，进一步搞活企业、搞活流通，国家体制改革委员会于 4 月 16~25 日连续 10 天在江苏省常州市召开了城市经济体制改革试点工作座谈会。1984 年 5 月，《城市经济体制改革试点工作座谈会纪要》正式印发，指出“集体企业和国营小

企业要进一步放开、搞活……允许职工投资入股，年终分红”（国家体改委，1984）[①]。这不仅标志着所有权改革开始成为我国国有企业改革的重要内容，从而在微观层面形成一批事实上的混合所有制企业，而且标志着集体企业、国营小企业员工具有集体企业、国营小企业的部分所有权成为可能。所以，从某种意义上讲，《城市经济体制改革试点工作座谈会纪要》的正式印发不仅标志着我国员工持股制度的开始，而且也标志着我国混合所有制企业员工持股制度的开始，我国现代意义上的员工持股制度是在我国混合所有制国营企业中推行的。

（二）实践层面内部员工持股参与以股份制公司为主体的混合所有制企业

从实践的角度来讲，尽管股份制度在改革开放以来已经在知青合作企业和农民集资创办的企业中存在（黄鸿珊，1984），但是，股份制作为我国经济体制改革的突破却始于 1984 年 7 月北京天桥百货股份有限公司所实行的一系列股份制改造工作。天桥百货股份有限公司也成为经济体制改革背景之下北京市第一家实行股份制的企业、全国第一家正式注册的商业股份制企业以及全国第一家由国营企业转制而成的股份制企业[②]，通过内部持股计划，顺利筹得 300 万元的资金[③]。经过股份制的改造过程，北京天桥百货股份有限公司股权实现多元化，成为混合所有制企业，它所进行的员工持股实践也开启了我国混合所有制企业员工持股制度的实践。据《中国经济体制改革年鉴》（1992）所披露的数据显示，在 20 世纪 80 年代所推进的 3200 家各类股份制试点企业中，具有员工持股的企业占比超过 85%，为 86%；员工持股金额将近 3 亿元，占股份制试点企业总股本的比例达到 20%左右（黄群慧等，2014）。

① 国家体改委. 国家体改委关于印发“城市经济体制改革试点工作座谈会纪要”的通知［EB/OL］. 法律教育网，http：//www.chinalawedu.com/news/1200/22016/22017/22038/2006/3/ga891342216183600213488-0.htm，1984-5-10/2016-11-22.

② 和讯网. 天桥百货简介：中国第一家股份公司［EB/OL］. 和讯网，http：//stock.hexun.com/2010-09-27/125010512.html，2010-09-27/2016-11-22.

③ 华诺信诚. 五点读懂员工持股试点意见的要义［EB/OL］. 华诺信诚官方网站，http：//www.360ask.cn/guozi/6234.html，2016-11-04/2016-11-22.

二、集资型混合所有制企业员工持股制度的特征和问题

（一）集资型混合所有制企业员工持股制度的特征

不过，需要指出的是，这一时期的混合所有制企业员工持股制度无论是实施的目的，还是所体现出来的特征，抑或是股票的来源，均表现为非典型员工持股制度的特点（张孝梅，2016）。从实施的目的来看，这一时期的混合所有制企业内部员工持股制度既不是基于为员工带来福利的考量，也不是立足于给予员工长期的激励，更不是推动员工参与公司治理，其目标更多的是为了为企业的发展和运营筹集更多的资金，以便进行扩大再生产。从所体现出来的特征来看，参与这一时期的混合所有制企业员工持股制度的员工既可以单独行使个人所持有的股权，也可以通过员工持股会、工会等第三方组织来代表个人行使股权。从股票来源的角度来看，在筹集资金目的的驱动下，这一时期的混合所有制企业员工持股制度往往体现为企业定向募集资金，一般并不会设立任何的预留股。

（二）集资型混合所有制企业员工持股制度的主要问题

1990 年 11 月，上海证券交易所成立；同年 12 月，深圳证券交易所成立。两个证券交易所的成立，标志着我国证券一级市场和二级市场的正式形成。随着两个证券交易所的成立，符合上市条件的我国股份有限公司不断上市。由于资本市场上一级市场股票价格和二级市场股票价格之间价差的存在，所以，对于在集资型混合所有制企业员工持股阶段参与混合所有制企业内部员工持股的员工来说，往往会在公司上市过程中选择出售股票获取价差收益。所以，从严格意义上来讲，同西方发达国家所推行的员工持股制度相较而言，在集资型混合所有制企业员工持股阶段，我国混合所有制企业所推行的员工持股制度并不是完整意义上的员工持股制度，它没有体现出员工持股制度所设想的使企业成为资本所有者和劳动所有者的利益共同体。不仅如此，由于多数混合所有制企业在推行员工持股制度的过程中并没有为未来的新员工参与员工持股制度预留股份，所以，集资型混合所有制企业员工持股阶段的员工持股制度设计本身就是“短视”的。除此之外，在集资型混合所有制企业员工持股阶段，在一些进行内部员工持股的定向募集股份有限公司试点中，超范围、超比例发行内部职工股份，以法人名义购买股份后发给个人，公开发布招股说明书全国范围内招股，内部员工持股权证的非法

交易等问题不断涌现，导致内部股公众化、法人股个人化的窘境，不仅对股份制试点造成了不良影响，更造成了不少社会问题（国务院办公厅，1993）①。

三、集资型混合所有制企业员工持股制度的规范

为了规范包括混合所有制企业员工持股制度的不规范性，1992 年 5 月，《股份制企业试点办法》（1992）② 和《股份有限公司规范意见》（1992）③ 两个用于规范国有企业股份制改革政策文件发布，分别对股份制企业推进员工持股制度进行了相应的要求。其中，前者规定：不向社会公开发行股票的股份制企业内部职工持有的股份“采用记名股权证形式，不印制股票”，内部职工持有股权证“要严格限定在本股份制企业内部”；当不向社会公开发行股票的股份有限公司在转为向社会公开发行股票时，“内部职工持有的股权证，应换发成股票，并按规定进行转让和交易”，转化为有限责任公司时，“内部职工所持股份可以转为‘职工合股基金’”。后者规定：“定向募集公司内部职工认购的股份，不得超过公司股份总额的百分之二十”；“公司内部职工的股份（除去离职和死亡者的股份外），在公司配售后三年内不得转让”。

四、集资型混合所有制企业员工持股制度的暂停

不过，尽管如此，以股份制国有企业为主体的混合所有制企业在推行内部员工持股过程中依然面临内部职工股超比例、超范围，关系股和权利股不断涌现等问题（黄群慧等，2014）。为了进一步加强对定向募集股份有限公司的规范化管理，制止内部职工股权证的非法交易，进一步引导内部员工持股试点的健康发展，1993 年 4 月，国务院办公厅转发了国家体改委等部门《关于立即制止发行内

---

① 国务院办公厅. 关于立即制止发行内部职工股不规范做法的意见［EB/OL］. 法律法规，http：//www.110.com/fagui/law_4592.html，1993-04-03/2016-11-22.

② 国家体改委，国家计委，财政部，中国人民银行，国务院生产办. 关于印发《股份制企业试点办法》的通知［EB/OL］. 中华会计网校，http：//www.chinaacc.comnew/63/64/80/2006/2/zh421961150282260024000-0.htm，1992-05-15/2016-11-22.

③ 国家体改委. 国家体改委关于印发《股份有限公司规范意见》和《有限责任公司规范意见》的通知［EB/OL］. 道客巴巴，http：//www.51wf.com/print-law？id=1152668，1992-05-15/2016-11-22.

部职工股不规范做法的意见》的紧急通知（国务院办公厅，1993）①，提出了六点要求，对以股份制国有企业为主体的混合所有制企业发行内部职工股的不规范做法进行了制止。1994 年 1 月，国务院发布《关于继续加强固定资产投资宏观调控的通知》(国务院，1994) ②，要求“不得擅自扩大……股份制试点范围”“不得以内部股份制试点名义进行高利率集资”；同年 7 月，国家体改委（1994) ③ 发布《关于立即停止审批定向募集股份有限公司并重申停止审批和发行内部职工股的通知》，要求各地方、各部门“立即停止审批定向募集股份有限公司”“立即停止内部职工股的审批和发行”，标志着以股份制国有企业为主体的混合所有制企业内部员工持股制度的推进告一段落。

第二节　正规型混合所有制企业员工持股阶段

正规型混合所有制企业员工持股阶段的时间范围为 1993~2002 年，之所以将该段时间称为正规型，一方面，从名称角度来看，混合所有制首次正式见诸于党和国家的重要政策文件，混合所有制+员工持股制度提法具有了现实的政策依据；另一方面，从内容角度来看，我国混合所有制企业推进员工持股制度不断深入吸收国外推进员工持股计划的经验和典型做法，不断同国外接轨，较集资型混合所有制企业员工持股阶段目标不同，这一时期的主要目标不仅是募集资金，更重要的是增加员工的福利以及为员工提供工作激励，也就是说更多的是通过员工持股推进员工分享企业的剩余索取权。不过，需要指出的是，我国党中央和中央政府层面并没有出台正式的政策文件，这一时期的混合所有制企业员工持股制度主要

① 国务院办公厅. 关于立即制止发行内部职工股不规范做法的意见［EB/OL］. 法律法规，http：//www.110.com/fagui/law_4592.html，1993-04-03/2016-11-22.

② 国务院. 国务院关于继续加强固定资产投资宏观调控的通知［EB/OL］. 正保法律教育网，http：//www.chinalawedu.com/falvfagui/fg22016/2351.shtml，1994-01-25/2016-11-22.

③ 国家体改委. 国家体改委关于立即停止审批定向募集股份有限公司并重申停止审批和发行内部职工股的通知［EB/OL］. 正保法律教育网，http：//www.chinalawedu.com/falvfagui/fg21829/34438.shtml，1994-06-19/2016-11-22.

体现为地方政府的探索。

一、正规型混合所有制企业员工持股制度的推进

（一）混合所有制企业员工持股制度的概念和制度基础的进一步规范化

1993 年 11 月，中共十四届三中全会召开，会议通过的《中共中央关于建立社会主义市场经济体制若干问题的决定》中提出，“随着产权的流动和重组，财产混合所有的经济单位越来越多，将会形成新的财产所有结构”（江泽民，1993）①，这是“混合所有制经济”一词首次见诸党和国家的政策文件（邹升平，2016）。至此，混合所有制企业员工持股制度所包含的两个关键词——混合所有制和员工持股制度——首次成为党和国家政策文件的重要主题。尽管混合所有制企业员工持股制度还没有作为一个整体的关键词成为党和国家正式政策文件的关键术语，但是，较早期事实上已经存在的实践而言，混合所有制的提出使混合所有制企业员工持股制度提法的规范性和适用性进一步提升。

1993 年 12 月 29 日，全国人大常委会第五次会议通过了《中华人民共和国公司法》，并于次年 7 月 1 日正式实施。《中华人民共和国公司法》对股份有限公司的设立和组织机构、股份有限公司的股份发行和转让等内容做出了明确的规定（全国人民代表大会常务委员会，1993）②。尽管 1994 年实施的《中华人民共和国公司法》没有对员工持股制度问题进行直接的规定，但是由于该法对于涉及股份有限公司的内容进行了进一步的明确，也间接为国有企业通过建立现代企业制度、规范公司组织和行为、推进股份化等形式成为混合所有制企业、实施员工持股制度打下了坚实的制度基础，要求混合所有制企业推进员工持股制度必须符合《公司法》的相关规定。1999 年 12 月 29 日，我国对《公司法》进行了第一次修订，从而使国有企业进行混合所有制改革、引入员工持股制度进一步规范化。

（二）地方政府推进国有企业改革进程的混合所有制企业员工持股制度尝试

深圳市是全国改革开放的“排头兵”和“试验场”（深劳，1998），顺着

① 江泽民. 中共中央关于建立社会主义市场经济体制若干问题的决定［EB/OL］. 人民网，http：//www.people.com.cn/GB/shizheng/252/5089/5106/20010430/456592.html，1993-11-14/2016-11-21.

② 全国人民代表大会常务委员会. 中华人民共和国公司法［EB/OL］. 法律图书馆，http：//www.law-lib.com/law/law_view.asp? id=96136，1993-12-29/2016-11-23.

1992 年和 1993 年分别召开的中共十四大和中共十四届三中全会所提出的“建立社会主义市场经济体制”总体目标的东风，深圳市市委和市政府于 1994 年成立了企业制度改革领导小组，制定了包括《关于内部员工持股制度的若干规定（实行)》等在内的 13 个政策文件，全力开展国有企业现代企业制度建设的试点。作为推进现代企业制度产权改革的重要组成部分，深圳市将员工持股作为推进现代企业产权制度建设的重要组成部分，在借鉴美国、日本企业做法的基础上，积极推进员工持股制度（深劳，1998)。以作为现代企业制度改革试点的金地公司为例，1994 年，在深圳市委、市政府的指导下，依托《中华人民共和国公司法》和深圳市所出台的关于企业制度改革的政策文件，公司开启了以内部员工持股及引进多种经济成分为主要内容的现代企业制度建设实践（三工，1997)。根据《金地公司员工持股方案》的规定，从股权结构角度来讲，深圳市福田区国资局持股比例为 23%，为第一大股东，员工个人持股的额度根据个人能力、个人对于公司的贡献等多种因素综合考虑，在当前员工和未来员工持股的分配中，当前员工占所有员工持股份额的 70%，30%的员工持股股份将作为新进员工或优秀员工的预留股份。金地公司以内部员工持股和引进多种经济成分为主要内容的现代企业制度建设取得了极大的成功，甚至被一些企业界或学术界的人士誉为“理论和实践的双重突破”（三工，1997)。显而易见，金地公司多种成分的股权结构标识了金地公司为典型的混合所有制企业，以金地公司为代表的深圳市混合所有制企业员工持股制度的推行或实践取得了极大的成功，充分实现了员工持股制度所预期的劳动者的劳动联合和资本联合的有机结合，并调动了员工的积极性。截至 1997 年年底，按照深圳市委、市政府的试点工作部署，深圳市内部员工持股企业和正在改制工作的企业分别达到 57 家和 110 家（深劳，1998)。

二、正规型混合所有制企业员工持股制度特征和问题

（一）正规型混合所有制企业员工持股制度特征

正规型混合所有制企业员工持股制度之所以正规，是因为这一阶段具有以下几个方面的典型特征。

首先，从正规型混合所有制企业员工持股的称谓来看，随着“混合所有制经

济”在党和国家政策文件中不断出现，比如，江泽民（1997）[①]同志在中共第十五次全国代表大会上的报告中明确指出，“公有制经济不仅包括国有经济和集体经济，还包括混合所有制经济中的国有成分和集体成分”，混合所有制企业员工持股这一提法已经不仅具有实质上的正确性，而且也具有政策上的正确性，所以，混合所有制企业员工持股的名称进一步规范。

其次，从正规型混合所有制企业员工持股制度的基本目标来看，同集资型混合所有制企业员工持股阶段的员工持股制度的主要目标是募集资金不同，这一时期的员工持股制度的主要目标已经不是募集资金，而是为了通过员工持股制度的引入，推进国有企业的产权改革，服务于国有企业现代企业制度的建设，为国有企业员工分享企业利润打下基础。如此一来，混合所有制企业员工持股制度能够实现劳动者劳动联合和资本联合，从而服务于员工福利的提升以及员工利益和企业利益的统一，而这正是西方国家推行员工持股制度的基本目标，也就是说正规型混合所有制企业员工持股制度的基本目标已经由募集资金转向了更深层次的分享企业利润的层面，已经不再是集资型阶段从员工那里“取”，而更多的是通过使员工参与向员工“予”。

最后，从正规型混合所有制企业员工持股制度的基本实践来看，以深圳市国有企业改革过程中所推进的混合所有制企业员工持股制度实践为例，通过引入多方面的资本，作为现代企业制度试点的深圳市国有企业成为事实上的混合所有制企业，在这些混合所有制企业进行员工持股制度实践的过程中，不仅保证符合对《中华人民共和国公司法》和深圳市的相关规定，还最大限度地对美国、日本等员工持股制度先进国家的经验进行了借鉴，所以，在实践层面，我国的混合所有制企业员工持股制度符合我国基本的制度环境，同国际员工持股制度建设保持了高度的一致性。

（二）正规型混合所有制企业员工持股制度的问题

不过，需要指出的是，这一时期的混合所有制企业员工持股制度建设和实践也存在一定的问题。一方面，集资型阶段暂停的影响依然存在，党中央和国务院

① 江泽民. 高举邓小平理论伟大旗帜，把建设有中国特色的社会主义事业全面推向二十一世纪［EB/OL］. 中国网，http：//www.china.com.cn/chinese/archive/131781.htm，1997-09-12/2016-11-20.

并没有在国家层面出台相关政策文件，正规型阶段的推行主要得益于以深圳为代表的我国地方政府的积极探索和推进。因此，尽管以深圳市为代表的我国地方政府推进混合所有制企业员工持股制度过程中所出台的相关政策确实对于推进相关实践具有巨大的积极意义，并且在实践中也取得了成功的经验，但是，这一时期我国混合所有制企业员工持股制度的推行范围毕竟有限，并没有能够从全国范围内切实推动我国混合所有制企业的员工持股制度。

另一方面，由于我国资本市场尚不健全，股票市场的一级市场和二级市场之间的价格差异依然存在，因此，尽管我国出台了多部法律法规政策文件规范我国员工持股制度实践，但是，推行员工持股制度的混合所有制企业在股票上市之后依然存在员工抛售股票牟利的现象。这种现象不仅使依托地方政府的探索而刚刚建立起来的员工持股制度规范大打折扣，而且也对股票的二级市场造成了一定的冲击。所以，从某种程度上讲，正规型阶段，我国混合所有制企业员工持股制度的建立依然不稳固，集资型阶段的弊病依然在正规型阶段大量存在。

三、正规型混合所有制企业员工持股制度的规范

为了持续探索和深化我国混合所有制企业的员工持股制度，我国地方政府从政策层面不断对国有企业现代企业制度建设过程中所推进的员工持股制度计划进行规范。以深圳市为例，为了进一步推进深圳市国有企业现代企业制度的建设，探索社会主义市场经济条件下公有制的实现形式，推动公司同包括员工在内的多种利益相关方形成以产权为纽带的利益共同体，1997 年 9 月，深圳市政府发布了《深圳市国有企业内部员工持股试点暂行规定》（深圳市人民政府，1997）①，这是继 1994 年深圳市通过出台《关于内部员工持股制度的若干规定（实行）》推进混合所有制企业员工持股制度之后，所出台的又一重要的推进深圳市混合所有制企业员工持股制度的政策文件。该《暂行规定》不仅对内部员工股不转让、不继承做出了明确的规定，而且对内部员工持股制度的来源方式、实施内部员工持股制度的适用企业、持股比例、股份分配和认购程序、三种方式的资金来源、开展

① 深圳市人民政府. 深圳市国有企业内部员工持股试点暂行规定［EB/OL］. 中国法院网，http：//www.chinacourt.org/law/detail/1997/09/id/67774.shtml，1997-09-30/2016-11-23.

员工持股制度的企业资产评估、预留股份、管理机构、备用金、红利分配等内容进行了详细的说明，对于推进深圳市国有企业的混合所有制改革以及员工持股制度的建立等均具有积极的意义。

四、正规型混合所有制企业员工持股制度的暂停

尽管正规型阶段较集资型阶段无论是在目标方面，还是在所产生的效果方面，均具有一定的进展，但是，面对我国资本市场的不完善性、股票在一级市场和二级市场价差的诱惑，正规型阶段所推行的员工持股制度实践依然面临走向不规范之路的倾向，这对我国建设公开、公平、公正的证券市场造成了负面影响，不利于我国证券市场本身的规范化建设。不仅如此，从正规型阶段所推行的员工持股制度的保留期来看，政府部门并没有明确的要求，实践中的混合所有制企业要求也不一，所以，正规型混合所有制企业员工持股制度往往存在短期化趋势。

因此，为了进一步推进我国证券市场的规范化建设，规避混合所有制企业员工持股制度对于我国证券市场造成的影响，维护我国证券市场的公开性、公平性和公正性，1998 年 11 月，我国证监会（1998）[①] 发布了《关于停止发行内部职工股的通知》,《通知》规定“股份有限公司公开发行股票一律不再发行公司职工股”“目前尚未发行的，一律停止发行”；对于定向募集公司原已发行的内部股份以及股份有限公司已经发行的公司职工股,《通知》也做出“仍然按现行政策执行”的要求。不难看出，继集资型混合所有制企业员工持股阶段国家对定向募集股份有限公司审批和发行内部职工股喊停之后，我国对于所有股份有限公司公开发行股票过程中发行公司职工股的行为也做出了禁止，标志着围绕国有企业现代企业制度建立、以地方政府探索为主的我国正规型混合所有制企业员工持股阶段所推行的员工持股制度再次暂停。

1997 年 9 月，中共十八届一中全会做出“国有企业三年脱困”的计划，力争“用三年左右的时间，通过改革、改组、改造和加强管理，使大多数国有大中型亏损企业摆脱困境，力争到 2000 年底大多数国有大中型骨干企业初步建立现

---

① 中国证监会. 关于停止发行内部职工股的通知［EB/OL］. 中国证券监督管理委员会，http：//www.csrc.gov.cn/pub/newsite/flb/flfg/bmgf/fx/sf/201012/t20101231_189535.html，1998-11-25/2016-11-23.

代企业制度”（王远枝，2016）①。此后，直到 2000 年底，党和政府围绕不少国有企业生产经营困难、国有经济布局和结构不合理、国有企业技术设备落后老化、国有企业不良债务严重、企业社会负担严重等问题开展了大量的工作。作为国有企业改革的重要内容，混合所有制企业员工持股制度的推行依然居于其次。

第三节　激励型混合所有制企业员工持股阶段

激励型阶段的时间范围为 2003~2012 年，无论是集资型阶段的员工持股制度，还是正规型阶段的员工持股制度，均面临着员工持股制度短期化的倾向。如果参与员工没有在理念上树立长期思维，如果制度设计没有体现长期激励的原则，那么即使建立起员工持股制度的形式，这样的员工持股制度也不能完全体现企业员工的劳动联合体和资本联合体的性质。为此，围绕建立体现长期激励原则的员工持股制度，我国政策层面和国有企业实践层面不断深化员工持股制度，这也预示着我国混合所有制企业员工持股制度进入第三个阶段，即激励型阶段。

一、激励型混合所有制企业员工持股制度的推进

2002 年 10 月，江泽民（2002）② 同志在中共第十五次全国代表大会上的报告中明确提出，“除极少数必须由国家独资经营的企业外，积极推行股份制，发展混合所有制经济”。这不仅反映了党和国家积极推进国有经济布局和结构调整、探索公有制多种实现形式和国有企业改革多种途径的决心，更进一步强化了混合所有制企业推进员工持股制度的制度基础，标志着我国混合所有制企业员工持股制度经历了正规型阶段之后必将迎来进一步的深入发展。同年 12 月，中国证监会发布的《上市公司收购管理办法》正式施行，该《办法》对管理层、员工进行

① 王远枝. 国企三年脱困情况回顾［EB/OL］.（全球）贵州博士网，http：//www.guizhoudoctor.com/site/guizhoudoctor/info.jsp？id=68e7be0f-6c90-43f8-aeb3-b8c4259d4bb8，2016-04-28/2016-11-23.

② 江泽民. 全面建设小康社会，开创中国特色社会主义事业新局面［EB/OL］. 中国国情，http：//www.china.com.cn/guoqing/2012-10/17/content_26821180.htm，2002-10-17/2016-11-20.

上市公司收购过程中对于公司产生影响时独立董事的职责以及独立董事聘请独立财务顾问等专业机构开展对被收购公司的财务状况分析等问题进行了详细的规定（中国证券监督管理委员会，2002）[①]。依托中共十五大精神的指导，关于上市公司管理层收购国家政策的明确，极大地刺激了管理层收购国有上市公司的实践。以管理层为主体的我国混合所有制企业员工持股制度经历了集资型阶段和正规型阶段之后，正式进入以激励为核心的阶段。在激励型阶段，对于以管理层为主体的员工的激励成为基本出发点，管理层纷纷通过各种渠道持有上市国有企业的股权，进行管理层收购。

2003 年 10 月，胡锦涛（2003）[②] 同志在中共十六届三中全会上的报告中进一步明确“大力发展国有资本、集体资本和非公有资本等参股的混合所有制经济”，党和国家推进国有企业改革、探索公有制的多种实现形式的态度进一步明确。作为开展国有企业改革、探索公有制的多种实现形式的重要内容，透过混合所有制企业员工持股的形势建立起包括管理层在内的混合所有制员工同混合所有制企业之间的“利益联结”无疑成为国有企业改革的重要方面。在此背景之下，为进一步促进上市公司建立、健全激励约束机制，2005 年 12 月，证监会（2015）[③] 发布了《上市公司股权激励管理办法》，该《办法》明确规定：除独立董事职务的“上市公司的董事、监事、高级管理人员、核心技术（业务）人员，以及公司认为应当激励的其他员工”为股权激励计划的激励对象；“向激励对象发行股份”“回购本公司股份”以及“法律、行政法规允许的其他方式”为拟实行股权激励计划的上市公司的股票来源，这就为作为上市国有企业的混合所有制企业推进以“股权激励”为核心的员工持股制度提供了重要参考。2006 年 9 月，为了进一步完善国有控股上市公司法人治理结构、建立健全国有控股上市公司激励与约束相结合

① 中国证券监督管理委员会. 上市公司收购管理办法［EB/OL］. 中安网，http：//finance.anhuinews.com/system/2002/10/30/000154132.shtml，2002-10-30/2016-11-23.

② 胡锦涛. 中共中央关于完善社会主义市场经济体制若干问题的决定［EB/OL］. 新华网，http：//news.xinhuanet.com/newscenter/2003-10/14/content_1123116.htm，2003-10-14/2016-11-21.

③ 中国证券监督管理委员会. 上市公司股权激励管理办法（试行）［EB/OL］. 中国投资指南，http：//www.fdi.gov.cn/1800000121_23_64133_0_7.html，2005-12-31/2016-11-23.

的中长期激励机制，国务院国资委和财政部（2006）[①] 联合发布《国有控股上市公司（境内）实施股权激励试行办法》，该《办法》对于国有控股上市公司实施股权激励的方式、对象、条件、授予数量和价格以及确定方式、行权时限等内容进行了明确的规定，为作为国有控股上市公司的混合所有制企业推进员工持股制度提供了直接指导，显著地推进了以国有控股上市公司为主体的混合所有制企业推进员工持股制度。

二、激励型混合所有制企业员工持股制度的特征和问题

（一）激励型混合所有制企业员工持股制度的特征

“探索公有制的多种有效实现形式和国有企业改制的多种途径”一直以来都是我国混合所有制企业推进员工持股制度的重要立足点。在激励型阶段，随着集资型阶段和正规型阶段所遭遇问题的逐步解决，混合所有制企业推进员工持股制度又表现出以下不同的特点。

首先，在激励型阶段，混合所有制企业推进员工持股制度的目的主要是激励。从国家各部委所出台的文件的称谓来看，相关文件直接以“股权激励”作为相关文件的关键词，充分体现了所发布文件的目标导向，这也标识了这段时期的混合所有制企业推进员工持股制度的激励性目标。通过给予员工股权，形成员工同混合所有制企业之间的利益共同体，在持股期限的严格限定下，这一时期的员工持股制度在一定程度上起到了推进员工和混合所有制企业一荣俱荣、一损俱损的目标，从而激励员工更好地开展工作。

其次，在激励型阶段，混合所有制企业推进员工持股制度的对象更多地指向了重要管理层、技术人员等员工。尽管国家各部委所出台的相关文件也将一般员工作为对象，但是一般员工显然不是这一时期混合所有制企业员工持股制度实施的重点人群。比如，2006 年印发的《国有控股上市公司（境内）实施股权激励施行办法》甚至直接将一般员工排除，原则上确定了股权激励对象仅限于“上市公司董事、高级管理人员以及对上市公司整体业绩和持续发展有直接影响的核心技

① 国务院国有资产监督管理委员会，财政部. 国有控股上市公司（境内）实施股权激励实行办法[EB/OL]. 中华人民共和国中央人民政府，http：//www.gov.cn/zwgk/2006-12/06/content_462604.htm，2006-12-06/2016-11-23.

术人员和管理骨干”。

最后，在激励型混合所有制企业员工持股阶段，为推进混合所有制企业开展员工持股制度而出台的法律法规政策举措的针对性更强。随着我国经济体制改革的不断推进，从宏观层面来看，尽管我国公有制经济依然占据主体地位，但是我国非公有制经济成分所占比例越来越高、公有制经济成分所占比例越来越低也已经成为不争的事实。在这种背景之下，国家出台的关于混合所有制企业员工持股制度的相关政策中也由前期的针对所有的企业而逐步转变为仅针对国有企业、国有控股上市公司等。究其原因，在我国非公有制经济成分占比较低时，国家出台政策即使未明确国有企业，也基本上就是针对国有企业；而在我国非公有制经济成分占比不断提高的当下，国家出台政策不断提高聚焦程度，“国有企业”“国有控股上市公司”直接出现在相关政策标题成为常态。

（二）激励型混合所有制企业员工持股制度的问题

激励型阶段，我国混合所有制企业推进员工持股制度不仅超越了集资型阶段的募集资金需求，也超越了正规型阶段提升员工福利以及形成员工和企业利益共同体的目标，激励型阶段更多的是重视对参与员工持股制度的员工形成长期激励，从而更好地推进国有企业改革、资本市场建设。然而，由于我国社会主义市场经济体制依然处于完善之中，无论是国有企业改革，还是资本市场建设也均是“摸着石头过河”，因此，尽管激励型阶段我国混合所有制企业推进员工持股制度的立足点较集资型阶段和正规型阶段更具长期视野，但依然存在一系列问题。作为激励型阶段我国混合所有制企业推进员工持股制度的典型问题，国有资产流失和对资本市场正常秩序的扰乱成为社会各界关注的焦点，引起了社会不同程度的担忧。

一方面，激励型阶段，混合所有制企业员工持股制度的推行造成了国有资产流失问题。推行以管理人员、技术人员等为对象的员工持股制度是激励型混合所有制企业员工持股阶段的基本特征之一，然而，由于我国国有企业改制依然存在不规范的地方，我国国有资产在改制过程中遭遇流失问题严重。比如，在转让国有股权的国有企业改制过程中，国家有关规定执行不力、向经营管理者转让国有产权方案制定不规范、经营管理者直接参与转让国有产权的决策、自买自卖国有资产等，这些均造成了国有资产流失问题。由于国有企业改制政策性强，涉及国家、债权人、员工等各个方面的利益，因此，混合所有制员工持股制度的推行所造成的国有资产流失引起了极大的社会反响。

另一方面，激励型阶段，混合所有制企业员工持股制度的推行对我国资本市场的正常秩序造成了一定的损害。如前所述，该时期的混合所有制企业推进员工持股制度以管理层和技术人才为主体，在我国国有企业改制的进程中，表现为管理层持股的员工持股制度不断演化为管理层收购。由于我国资本市场依然处于不断健全的进程之中，由员工持股制度发展而来的管理层收购往往不甚规范，比如，部分上市公司控股股东在推进管理层收购过程中违反法律程序规定，通过各种手段和方式造成了表决权转移和股权转移不一致的问题，从而造成不拥有控股权的股东拥有实际的控制权，而拥有控股权的股东却不依法履行控股股东的职责等问题。显而易见，这种管理层收购过程中的不规范问题必然导致收购人恶意侵害上市公司利益的现象不断涌现，从而损害了我国资本市场的正常秩序。

三、激励型混合所有制企业员工持股制度的规范

为了应对激励型阶段所产生的国有资产流失以及资本市场秩序受损的问题，国家相关部委发布了一系列的法律法规政策文件。

为了规范有序推进国有企业改制，规范国有企业改制过程中的国有资产流失等问题，2003 年 12 月，国务院国资委（2003）① 颁布《关于规范国有企业改制工作的意见》，《意见》提出了“健全制度、规范运作”“严格监督、追究责任”以及“精心组织、加强领导”三个层面的保障国有企业改制工作健康、有序、规范进行的意见。其中，在“健全制度、规范运作”中，《意见》专门对管理层收购问题提出了明确的要求，对管理层收购过程中的“审批程序”“财务审计”“转让决策”“资金筹集”“方案制定”等进行了严格的规定，较好地规范了管理层收购过程中的国有资产流失问题，使以激励为核心的混合所有制企业员工持股制度在国有企业改制过程中可能产生的负面影响最小化。

为了规范激励型混合所有制企业员工持股制度在管理层收购过程中对于资本

① 国务院国有资产监督管理委员会. 国资委关于规范国有企业改制工作的意见［EB/OL］. 新华网，http：//news.xinhuanet.com/newscenter/2003-12/15/content_1232401.htm，2003-12-15/2016-11-24.

市场正常秩序所造成的损害，2004 年 1 月，证监会（2004）[①] 颁布了《关于规范上市公司实际控制权转移行为有关问题的通知》，《通知》开门见山，直接认定：上市公司控股股东通过“股权托管”“公司托管”等形式进行控股权转移的行为，是违反《公司法》《收购办法》以及《上市公司治理准则》的行为。为此，《通知》除了对上市公司控制权转移过程中的“股权托管”“公司托管”等违反法定程序的行为做出禁止之外，还对上市公司控制权转移过程中控股股东和收购人之间的权益和义务等进行了详细的规定，从而对规范上市公司实际控制权转移、保护上市公司和中小股东利益、规避激励型阶段已经进行员工持股制度的混合所有制企业推进管理层收购过程中可能对证券市场正常秩序造成的负面影响具有积极意义。

2005 年，国务院国资委和财政部（2005）[②] 发布《企业国有产权向管理层转让暂行规定》，《规定》明确聚焦于“企业国有产权向管理层转让”问题，对管理层的内涵、企业国有产权向管理层转让的含义和条件、管理层禁止受让标的企业国有产权的情形等问题进行了详细的规定，《规定》对进一步推进国有企业改革、规范企业国有产权转让、保障国有产权有序流转具有重要意义。2008 年 9 月，国务院国资委（2008）[③] 发布《关于规范国有企业员工持股、投资的意见》，对国有企业员工持股、投资相关的不规范行为提出全面要求。同年 10 月，国务院国资委和财政部（2008）[④] 联合发布《关于规范国有控股上市公司实施股权激励制度有关问题的通知》，《通知》对国有控股上市公司股权激励的实施条件、业绩考核体系、股权激励收益水平、股权激励管理等进行了进一步规范，为推进我国国有控股上市公司股权激励制度的不断成熟起到了直接推进效果。

尽管我国国有企业改制过程中不同程度地存在国有资产流失、对资本市场造成一定程度的冲击等问题，而其中部分是由混合所有制企业推进员工持股制度的

---

① 证监会. 关于规范上市公司实际控制权转移行为有关问题的通知［EB/OL］. 中国证券监督管理委员会，http：//www.csrc.gov.cn/pub/shenzhen/xxfw/tzzsyd/ssgs/bgcz/bgfz/200401/t20040107_95658.htm，2004-01-07/2016-11-24.

② 国务院国有资产监督管理委员会和财政部. 企业国有产权向管理层转让暂行规定［EB/OL］. 西邮文化艺术品交易中心，http：//www.cybke.com/About_InfoShow.aspx？index=754，2005-04-11/2016-11-24.

③ 国务院国有资产监督管理委员会. 关于规范国有企业员工持股、投资的意见［EB/OL］. 法律图书馆，http：//www.law-lib.com/law/law_view.asp？id=267455，2008-09-16/2016-11-24.

④ 国务院国有资产监督管理委员会，财政部. 关于规范国有控股上市公司实施股权激励制度有关问题的通知［EB/OL］. 海申产权，http：//www.haishenproperty.com/laws/lawsdetail-9.html，2008-10-21/2016-11-24.

不规范造成的，但是，随着一系列规范性文件的出台，在激励型阶段，混合所有制企业推进员工持股制度不断发挥对于国有企业改制的推进作用，混合所有制企业员工持股制度也不断得到发展。

四、激励型混合所有制企业员工持股制度的暂停

2009 年 3 月，国务院国资委发布《关于实施〈关于规范国有企业员工持股、投资的意见〉有关问题的通知》，《通知》对“需清退或转让股权的企业中层以上管理人员范围”“国有股东受让股权的基本要求”“国有股权收购企业中层以上管理人员股权的定价原则”“国有企业改制违规行为的处理方式”“加强股权清退转让的监督管理”等进行了详细的说明。从积极意义上讲，该《通知》较好地应对了中央企业和地方国有企业在改制过程中所遇到的国有资产流失、改制不规范等问题。但是从消极意义上讲，该《通知》不仅预示着激励型阶段混合所有制企业推进员工持股制度的停滞，更是混合所有制企业推进员工持股制度的倒退，我国混合所有制企业推进员工持股制度再一次暂停。

此后，尽管 2012 年 8 月中国证监会（2012）① 发布了《上市公司员工持股制度管理暂行办法（征求意见稿）》，对上市公司员工持股的“一般规定”“管理”“实施程序和信息披露”“罚则”等进行了全面和系统性的规定，但是，由于没有正式出台，所以，该《暂行办法》可能发挥的规范和引导上市公司实施员工持股计划及其相关活动的作用并没有在现实中发挥出来，依然没有能够扭转我国混合所有制企业推进员工持股制度在 2008 年之后所遭遇的困难局面。

第四节　综合型混合所有制企业员工持股阶段

2013 年，中共十八届三中全会发布的《关于全面深化改革若干重大问题的决

① 中国证监会. 上市公司员工持股计划管理暂行办法（征求意见稿）[EB/OL]. 人民网，http：//finance.people.com.cn/stock/n/2012/0805/c217531-18670927.html，2012-08-05/2016-11-24.

定》(2013)[①] 明确提出“允许混合所有制经济实行企业员工持股制度，形成资本所有者和劳动者利益共同体”，首次将“混合所有制”同“企业员工持股制度”结合在一起，不仅拉开了我国新一轮混合所有制企业员工持股制度建设的序幕，更标志着我国综合型阶段的开始。综合型阶段不仅超越了集资型阶段的募集资金需要，而且也不只包括正规型阶段短期激励和提升员工福利的目标以及激励型阶段对员工尤其是管理人员和技术人员长期激励的目标，更重要的是，综合型阶段也是我国包括全面深化国有企业改革在内的全面深化改革时期，尽管该时期的员工持股制度实践刚刚开启三年，但是，我国混合所有制企业员工持股制度顶层设计已经基本完成，推进混合所有制企业公司治理、服务国有企业深化改革也将成为该阶段我国混合所有制企业开展员工持股制度的目标。

一、综合型混合所有制企业员工持股制度的推进

继 2013 年 11 月，中共十八届三中全会发布的《关于全面深化改革若干重大问题的决定》(2013)[②] 明确提出“允许混合所有制经济实行企业员工持股，形成资本所有者和劳动者利益共同体”之后，2015 年 9 月，中共中央和国务院分别又发布了《中共中央、国务院关于深化国有企业改革的指导意见》(2015)[③] 和《国务院关于国有企业发展混合所有制经济的意见》(2015)[④]，这不仅标志着我国全面深化国有企业改革的开始，更为国有企业发展混合所有制经济以及混合所有制企业推进员工持股制度勾勒出了完善的顶层设计。其中，中共中央和国务院下发的《关于深化国有企业改革的指导意见》明确指出，要“探索实施混合所有制企业员工持股制度”，对于“坚持试点先行”的工作思路、“优先支持人才资本和技术要素贡献占比较高的转制科研院所、高新技术企业、科技服务型企业开展员工持股制度试点，支持对企业经营业绩和持续发展有直接或较大影响的科研人员、经营管理人员和业务骨干等持股”的目标群体导向、“主要采取增资扩股、出资

①② 习近平. 中共中央关于全面深化改革若干重大问题的决定 [EB/OL]. 新华网，http: //news.xinhuanet.com/politics/2013-11/15/c_118164235.htm，2013-11-15/2016-11-25.

③ 中共中央，国务院. 关于深化国有企业改革的指导意见 [EB/OL]. 新华网，http: //www.sh.xinhuanet.com/2015-09/14/c_134620921.htm，2015-09-14/2016-11-25.

④ 国务院. 关于国有企业发展混合所有制经济的意见 [EB/OL]. 中国共产党新闻网，http: //theory.people.com.cn/n/2015/0925/c49154-27632822-2.html，2015-09-25/2016-11-25.

新设等方式”的股票来源安排以及“审批”“操作流程”“资产评估”“股权流转”“退出机制”的制度安排等进行了全面的规划；国务院下发的《国务院关于国有企业发展混合所有制经济的意见》又再次明确，“探索实行混合所有制企业员工持股”，不仅再次重申党和国家关于推进混合所有制企业发展员工持股制度的工作思路、目标群体导向、股权来源方式以及相关制度安排，更强调了混合所有制企业员工持股制度所应当坚持的原则，即激励和约束相结合。在推进资本市场健康发展方面，为了进一步促进资本市场健康发展、健全多层次资本市场体系、加快完善现代市场体系、拓宽企业和居民融资渠道、优化资源配置、促进经济转型升级，国务院（2014）① 出台了《关于进一步促进资本市场健康发展的若干意见》，开启了全面深化改革背景之下我国资本市场建设的顶层设计，《意见》也明确提出“完善上市公司股权激励制度，允许上市公司按规定通过多种形式开展员工持股计划”的政策主张。

在党中央和国务院积极推进混合所有制改革以及混合所有制企业员工持股制度顶层设计的指导下，从上市公司的层面，为了委托有序推进上市公司开展员工持股制度，中国证监会（2014）② 发布了《关于上市公司实施员工持股计划试点的指导意见》，对上市公司开展员工持股制度的基本原则、主要内容、实施程序和信息披露、员工持股制度的监督和管理等进行了详细的规定，必将对包括国有控股上市公司在内的上市公司建立和健全劳动者与所有者的利益共享机制、改善上市公司的治理水平、提高上市公司员工的凝聚力和竞争力以及社会资金通过资本市场进行优化配置具有重要的积极意义。2016 年 8 月，为了更好地推进国有控股混合所有制企业开展员工持股制度的试点工作，国务院国资委、财政部和证监会（2016）③ 联合发布了《关于国有控股混合所有制企业开展员工持股制度试点的意见》，《意见》明确提出了混合所有制企业开展员工持股制度试点工作的四项基

① 国务院. 关于进一步促进资本市场健康发展的若干意见［EB/OL］. 新华网，http：//news.xinhuanet.com/fortune/2014-05/09/c_1110622355.htm，2014-05-09/2016-11-26.

② 中国证券监督管理委员会. 关于上市公司实施员工持股计划试点的指导意见［EB/OL］. 中国证券监督管理委员会，http：//www.csrc.gov.cn/pub/tianjin/tjfzyd/tjjflfg/tjgfxwj/201409/t20140922_260737.htm，2014-09-22/2016-11-26.

③ 国务院国有资金监督管理委员会，财政部，中国证监会. 关于国有控股混合所有制企业开展员工持股试点的意见［EB/OL］. 国务院国有资金监督管理委员会，http：//www.sasac.gov.cn/n85881/n85901/c2414491/content.html，2016-08-18/2016-11-26.

本原则、四大试点企业条件、六大员工入股要求、五条员工股权管理规则、六项试点工作实施意见，并对混合所有制企业开展员工持股制度的组织要求也进行了说明，反映了我国混合所有制企业推进员工持股制度的试点工作进一步向深度迈进。

二、综合型混合所有制企业员工持股制度基本特征

综合型阶段的混合所有制员工持股制度不仅在推进混合所有制企业开展员工持股制度的目标方面较集资型阶段、正规型阶段和激励型阶段不同，而且从时期的界定方面，由于综合型混合所有制企业员工持股制度尽管已经开启，但是尚处于循序渐进的试点过程之中，因此，从阶段划分来看，综合型混合所有制企业员工持股制度依然处于探索进程之中。较集资型阶段、正规型阶段和激励型阶段的特征而言，综合型阶段具有自身的典型特征。

首先，在综合型混合所有制企业员工持股阶段，首次提出推进“混合所有制”“企业员工持股制度”的概念，并从党中央和国务院层面对混合所有制经济推进企业员工持股制度做出顶层设计。在集资型混合所有制企业员工持股阶段，尽管我国国有企业的所有权改革已经在部分企业进行了试点或开展，推进“混合所有制”的名词并没有见诸党和国家政策文件；在正规型阶段，尽管“混合所有制”的名词已经见诸党和国家政策文件，但是“混合所有制”和“员工持股制度”两个名词一起使用在党和国家政策文件中依然没有出现；在激励型阶段，由于这一时期我国混合所有制企业推进员工持股制度主要在于激励国有企业或国有控股企业的管理人员、技术人员等，因此，“混合所有制”和“员工持股制度”一起使用在党和国家政策文件中也不存在。只有到了中共十八届三中全会，在党和国家的政策文件中，才出现“混合所有制”和“员工持股制度”一起使用的情形，这是我国对混合所有制企业员工持股制度认识深化的重要标志。不仅如此，继中共十八届三中全会首次将“混合所有制”和“员工持股制度”两个关键词同时提出之后，党中央和国务院也进一步提出关于深化国有企业改革和推进国有企业混合所有制改革的指导意见，对混合所有制企业推进员工持股制度做出顶层设计，这既是混合所有制企业改革重要性在党和国家最高层受到重视的标识，更是混合所有制企业员工持股制度受到党和国家最高层重视的标识，这在我国混合所

有制企业推进员工持股制度的过程中也是前所未有的，这也是我国综合型阶段的重要特征。

其次，在综合型阶段，“员工持股制度”同“混合所有制经济改革”结合程度更为紧密。我国员工持股制度的推行起源于国有企业改革、改制，正是由于我国国有企业的改革、改制，我国国有企业才由纯粹的国有、国营转变为包括多种经济成分的混合所有制企业，所以，我国员工持股制度的推行从最开始即为混合所有制企业员工持股制度，这不仅是笔者可以将正规型阶段和激励型阶段的员工持股制度称为混合所有制企业员工持股制度的原因，也是集资型阶段可以被称为混合所有制企业员工持股制度的原因所在。但是，即便如此，在不同时期，我国混合所有制企业改革、改制同“员工持股制度”结合的紧密程度却不尽相同，随着我国混合所有制企业员工持股阶段的演进，我国“混合所有制经济改革”和“员工持股制度”之间的结合程度越来越紧密，在综合型混合所有制企业员工持股阶段，“员工持股制度”同“混合所有制经济改革”直接体现在党和国家的政策文件中，“混合所有制”也正式与“企业员工持股制度”相提并论，所以，在综合型混合所有制企业员工持股阶段，“员工持股制度”同“混合所有制经济改革”的结合程度更为紧密。

再次，综合型阶段混合所有制企业推进员工持股制度的目标更为多元化，更具综合性。如前所述，集资型阶段，我国混合所有制企业推进员工持股制度的主要目标是为了募集资金，结合混合所有制企业资金需求以便扩大再生产的需要；在正规型阶段，我国混合所有制企业推进员工持股制度的主要目标是为了在国有企业改革、改制过程中提升员工福利的需要；在激励型阶段，我国混合所有制企业推进员工持股制度的主要目标是为了通过实施以管理者和技术人员为主要对象的员工持股制度，激励混合所有制员工形成同公司利益共同体的需要。可以说，随着时间的演进，我国对于混合所有制企业推进员工持股制度的认识更为深刻，这也赋予我国混合所有制企业推进员工持股制度更加丰富的目标。在综合型阶段，我国混合所有制改革更为全面和深入，以此为背景，我国混合所有制企业推进员工持股制度也更为全面和深入。尽管这一时期我国混合所有制企业员工持股制度改革刚完成顶层设计，并且也仅处于试点进程之中，但是从党和国家推进混合所有制企业员工持股制度的顶层设计政策文件以及国家部委所推出的试点意见中，我们不难看到，在这一阶段，我国混合所有制企业员工持股制度的目标更为多元化，更具综合性。在综合型阶段，我国混合所有制企业推进员工持股制度的目标不仅包括前三个阶段的主要目标，即募集资金、分享利润、激励员工，而且，完善国有企业治理体系、推进国有企业改革和改制也是综合型阶段我国混合所有制企业推进员工持股制度建设的重要目标。比如，中国证监会（2014）[①]发布的《关于上市公司实施员工持股计划试点的指导意见》就明确指出，"上市公司实施员工持股计划试点"有利于"改善公司治理水平"，"使社会资金通过资本市场实现优化配置"等。

最后，综合型阶段的混合所有制企业推进员工持股制度正处于进程之中。从前三个阶段我国混合所有制企业推进员工持股制度来看，每个阶段的混合所有制企业员工持股制度的推进基本上经历了10年左右的时间，所以说，混合所有制企业员工持股制度的开展是一项长期的探索过程。"混合所有制""企业员工持股制度"是中共十八届三中全会提出的新要求，至今仅有三年的时间，所以，从推进进程来看，综合型阶段正处于试点推进、不断完善进程之中。但是，可以相信，在我国混合所有制企业员工持股制度经过30余年的探索，经历三次暂停之后，在党中央和国务院的顶层设计指导下，必然随着我国混合所有制企业全面深化改革的推进而取得成功。

本章小结

我国混合所有制企业员工持股制度开始于1984年《城市经济体制改革试点工作座谈会纪要》正式印发，至今已经经历了四个阶段，根据员工持股制度推行的目标、我国国有企业改革和改制的背景、对于员工持股制度的认识，笔者将我国的混合所有制企业员工持股制度分为四个阶段，分别为集资型阶段、正规型阶

① 中国证券监督管理委员会. 关于上市公司实施员工持股计划试点的指导意见［EB/OL］. 中国证券监督管理委员会，http：//www.csrc.gov.cn/pub/tianjin/tjfzyd/tjjflfg/tjgfxwj/201409/t20140922_260737.htm，2014-09-22/2016-11-26.

段、激励型阶段以及综合型阶段。

集资型阶段的时间范围为 1984~1993 年，所具有的特征是非典型员工持股制度。集资型阶段，混合所有制企业推进员工持股制度的目的主要是筹集资金推进企业发展和运营；参与集资型混合所有制企业员工持股制度的员工既可以直接单独行使股权，也可以通过第三方组织代为行使股权；资金的筹集主要是从员工定向募集，并且没有设置任何的预留股为未来员工参与员工持股制度留下空间。所以，这一时期的混合所有制企业员工持股制度既没有体现出员工持股制度所设想的使企业成为资本所有者和劳动所有者的利益共同体，也存在制度设计的短视缺陷，并且，由于运作不规范，超范围、超比例发行内部职工股份，以法人名义购买股份后发给个人，公开发布招股说明书全国范围内招股，内部员工持股权证的非法交易等问题不断涌现，对我国股份制试点造成了极大的负面影响，并产生了不少社会问题，最终导致我国第一阶段混合所有制企业推进员工持股制度第一次暂停。

正规型阶段的时间范围为 1993~2002 年。在该阶段，我国混合所有制企业员工持股制度概念和制度基础进一步规范，发展混合所有制经济也成为我国最高政策当局的共识，尽管在国家层面，我国没有出台任何正式的以员工持股制度建设为重点的法律法规政策措施，以深圳为代表的我国地方政府成为推进国有企业改革进程中混合所有制企业员工持股制度尝试的重点。在该阶段，混合所有制企业员工持股制度表现出三个方面的特点，分别为：名称更为规范；提升员工福利、形成劳动者劳动联合和资本联合成为推进混合所有制企业开展员工持股制度建设的主要目标；地方政府成为推进的主力。但是，由于我国制度建设不健全，该时期的推进依然具有两个方面的问题，分别为正规型阶段的推行范围有限，以及推行员工持股制度的混合所有制企业在股票上市之后依然存在员工抛售股票而牟利的现象等。为此，我国出台了相应的政策措施对正规型混合所有制员工持股阶段的员工持股制度进行规范，并最终喊停这一阶段的员工持股制度实践，标志着我国混合所有制企业开展员工持股制度再次暂停。

激励型阶段的时间范围为 2003~2012 年。在该阶段，混合所有制企业推进员工持股制度的目的主要是激励，推进员工持股制度的对象更多地指向了重要管理层、技术人员等员工，为推进混合所有制企业开展员工持股制度而出台的法律法规政策举措的针对性也更强，反映了我国对于混合所有制企业员工持股制度的认识更为深刻。但是，由于我国社会主义市场经济体制依然处于完善之中，无论是国有企业改革，还是资本市场建设也均是“摸着石头过河”，该时期的混合所有制企业推进员工持股制度还具有一定的问题，分别为国有资产流失问题、对我国资本市场的正常秩序造成了一定的损失等。这些问题也造成2008年之后，我国混合所有制企业员工持股制度的推进遭遇第三次困难局面。

综合型阶段开始于2013年中共十八届三中全会，当前已经完成顶层设计，正处于试点进程之中。从基本特征来看，在本阶段，我国首次提出了推进“混合所有制”“企业员工持股制度”的概念，并从党中央和国务院层面对“混合所有制经济”推进“企业员工持股制度”做出顶层设计；“员工持股制度”同“混合所有制经济改革”结合程度更为紧密；混合所有制企业推进员工持股制度的目标更为多元化，更具综合性；混合所有制企业推进员工持股制度正处于进程之中。笔者相信，在我国混合所有制企业推进员工持股制度经历了30余年的探索、三次暂停之后，在党中央和国务院的顶层设计指导下，必然随着我国混合所有制企业全面深化改革的推进而取得成功。

第三章　中国混合所有制企业员工持股制度现状

明晰我国混合所有制企业员工持股制度发展现状是进一步推进相关政策制定、开展深入研究以及推进更好实践的基础或前提之一。为此，在本章中，笔者将采取统计分析的研究方法对我国混合所有制企业员工持股制度基本状况进行分析。由于混合所有制企业员工持股制度是混合所有制企业和员工持股制度两个关键词的结合，在本章中，笔者将采取统计分析的研究方法首先对我国混合所有制企业状况进行研究，在此基础上，采取统计分析的研究方法对我国混合所有制企业员工持股制度状况进行研究。

第一节　中国混合所有制企业状况

工业是国民经济各行业开展技术改造的物质基础，当之无愧是国民经济的主导产业。从行业分布来看，我国国有企业大多数分布在工业领域。所以，鉴于我国混合所有制企业来源于我国的国有企业改革、改制，那么研究我国工业企业混合所有制企业的分布和变化也就基本上能够得到我国混合所有制企业的分布和变化。为此，笔者选择我国规模以上混合所有制工业企业的规模、成长性、盈利性、安全性等指标对我国混合所有制企业的分布和变化进行详细的分析。

一、基本统计事项说明

在国家统计局的分类系统中，不同所有制企业信息的统计是基于企业的登记类型来进行分类的。从不同工业企业的登记类型来看，国家统计局首先将所有的工业企业分为内资企业，港、澳、台商投资企业以及外商投资企业。其中，内资企业又包括国有企业、集体企业、股份合作企业、联营企业、有限责任公司、股份有限公司、私营企业和其他企业；港、澳、台商投资企业又包括合资经营企业（港、澳、台资），合作经营企业（港、澳、台资），港、澳、台商独资经营企业，港、澳、台商投资股份有限公司以及其他港、澳、台商投资企业；外商投资企业又可以分为中外合资经营企业、中外合作经营企业、外资企业、外商投资股份有限公司、其他外商投资企业。部分二级分类的登记类型又可以细分为三次分类的等级类型，比如：在内资企业中，联营企业又可以分为国有联营企业、集体联营企业、国有与集体联营企业、其他联营企业；私营企业又可以进一步分为私营独资企业、私营合伙企业、私营有限责任公司、私营股份有限公司。

按照黄速建（2014）的分类方法，在内资企业中，股份合作企业、国有和集体联营企业、其他联营企业、其他有限责任公司、股份有限公司等基本上都是多种所有制的混合所有制企业，大量地存在国有资本；在港、澳、台商投资企业中，港澳台商投资股份有限公司、其他港澳台商投资企业等基本上是多种所有制的混合所有制企业，大量地存在国有资本；在外资企业中，中外合资经营企业、中外合作经营企业以及外商投资股份有限公司等基本上是多种所有制的混合所有制企业，大量地存在国有资本。所以，为了对我国混合所有制企业的基本情况做出全面的分析，笔者采用黄速建（2014）的分类方法对我国近 10 年的混合所有制企业的基本情况进行统计分析。不过，由于在本书中，笔者将混合所有制企业定位为公有制经济和非公有制经济的混合，所以，在统计中，笔者也将内资企业中的国有和集体联营企业排除在外。如此一来，在笔者的混合所有制企业统计口径中，分别包括：内资企业中的股份合作企业、其他联营企业、其他有限责任公司、股份有限公司等企业，港、澳、台商投资企业中的港澳台商投资股份有限公司、其他港澳台商投资企业等企业，以及外资企业中的中外合资经营企业、中外合作经营企业以及外商投资股份有限公司等企业，如表 3-1 所示。

表 3-1 国家统计局规模以上工业企业等级类型划分

一次分类	二次分类	三次分类
内资企业	国有企业	国有企业
	集体企业	集体企业
	股份合作企业	股份合作企业
	联营企业	国有联营企业
		集体联营企业
		国有与集体联营企业
		其他联营企业
	有限责任公司	国有独资公司
		其他有限责任公司
	股份有限公司	股份有限公司
	私营企业	私营独资企业
		私营合伙企业
		私营有限责任公司
		私营股份有限公司
	其他企业	其他企业
港、澳、台商投资企业	合资经营企业（港、澳、台资）	合资经营企业（港、澳、台资）
	合作经营企业（港、澳、台资）	合作经营企业（港、澳、台资）
	港、澳、台商独资经营企业	港、澳、台商独资经营企业
	港、澳、台商投资股份有限公司	港、澳、台商投资股份有限公司
	其他港、澳、台商投资企业	其他港、澳、台商投资企业
外商投资企业	中外合资经营企业	中外合资经营企业
	中外合作经营企业	中外合作经营企业
	外资企业	外资企业
	外商投资股份有限公司	外商投资股份有限公司
	其他外商投资企业	其他外商投资企业

资料来源：国家统计局官方网站，http：//www.stats.gov.cn/tjsj/ndsj/。

二、混合所有制企业变化

为了对我国混合所有制企业的变化情况有一个全面的理解和把握，笔者分别选择企业数量和资产总额两个指标来考察混合所有制企业规模变化，分别选择企业营业收入总额和营业收入占比两个指标来考察混合所有制企业成长性变化，分别选择利润总额和资产利润率两个指标来考察混合所有制企业盈利性变化，分别选择负债总额和资产负债率两个指标来考察混合所有制企业风险性变化。

（一）混合所有制企业规模变化情况

1. 混合所有制企业数量整体呈现上升趋势，占比先下降、后上升

以混合所有制规模以上工业企业的数量变化以及混合所有制规模以上工业企业占所有规模以上工业企业的比例作为混合所有制企业数量和占比的统计口径，通过对 2005~2014 年我国混合所有制企业数量和占比的变化进行考察，笔者发现，混合所有制企业数量整体呈现上升趋势，占比先下降、后上升。

具体来看，在数量整体变化趋势方面，2005 年，我国各类混合所有制规模以上工业企业有 70560 家，之后，尽管 2007 年我国规模以上工业企业统计口径进行了调整，但是，截至 2010 年，我国各类混合所有制规模以上工业企业数量均呈现出增加态势。2011 年，我国规模以上工业企业统计口径又做出大幅调整，使我国混合所有制规模以上工业企业的数量也出现“非正常”下降。但是，在新的统计口径之下，从 2011 年开始，我国混合所有制企业数量又呈现出稳步提高的态势。整体来看，我国混合所有制企业数量不断提升，反映了我国国有企业改革、改制不断取得新进展。

从混合所有制企业占比的变化趋势来看，2005~2010 年 6 年间，我国混合所有制规模以上工业企业占比不断下降，反映了我国规模以上工业企业改革、改制的速度低于我国规模以上工业企业的增加速度；2010 年之后，随着我国国有企业改革、改制步伐不断加速，以规模以上工业企业为统计口径的我国混合所有制企业占比呈现出逐步提升态势，截至 2014 年，我国规模以上工业企业中，近三成企业为混合所有制企业，如图 3-1 所示。

2. 混合所有制企业资产规模不断增加，五成规模以上工业企业资产为混合所有制企业

以资产总额作为反映混合所有制企业的规模指标，通过对我国混合所有制规模以上工业企业的资产总额进行考察，笔者发现，2005 年之后，尽管我国分别在 2007 年和 2011 年调整了我国规模以上工业企业的统计口径，但是，我国混合所有制规模以上工业企业的资产总额不断增加，近五成规模以上工业企业的资产

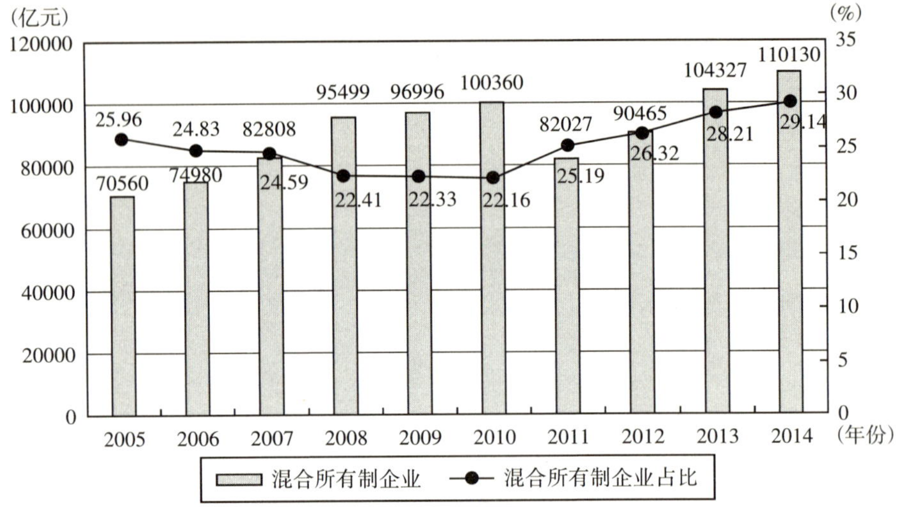

图 3-1 2005~2014 年我国混合所有制规模以上工业企业数量变化

注：①1998~2006 年，规模以上工业企业是指全部国有及年主营业务收入达到 500 万元及以上的非国有工业法人企业；②从 2007 年开始，按照国家统计局的规定，规模以上工业企业的统计范围为年主营业务收入达到 500 万元及以上的工业法人企业；③2011 年经国务院批准，纳入规模以上工业企业统计范围的工业企业起点标准从年主营业务收入 500 万元提高到 2000 万元。

资料来源：根据国家统计局历年《中国统计年鉴》整理。

为混合所有制企业资产。

具体来看，从混合所有制规模以上工业企业资产总额的变化趋势来看，2005~2014 年，我国混合所有制规模以上工业企业资产总额的规模不断提升。2005 年，我国混合所有制规模以上工业企业资产总额为 99238 亿元，到了 2009 年，增加到 208026 亿元，四年时间增加了 2 倍多。2011 年，尽管我国规模以上工业企业的统计口径大幅提高，但是，2011 年较 2010 年的资产总额相比，我国混合所有制规模以上工业企业资产总额增加了近 4.5 万亿元。2012 年，我国混合所有制规模以上工业企业资产总额超过 30 万亿元，2013 年，我国混合所有制规模以上工业企业资产总额超过 40 万亿元，较 2012 年增加了 7.58 万亿元。截至 2014 年，我国混合所有制规模以上工业企业的资产总额已经达到了 462893 亿元。

在我国混合所有制规模以上工业企业资产总额占所有规模以上工业企业资产总额的比例方面，2005~2014 年 10 年间，混合所有制规模以上工业企业资产总额占比稳步提升，2005 年，混合所有制规模以上工业企业资产总额占所有规模以上工业企业资产总额的比例为 40.54%；到了 2013 年，混合所有制规模以上工业企业资产总额占所有规模以上工业企业资产总额的比例超过 45%，达到 47.55%；截至 2014 年，混合所有制规模以上工业企业资产总额占所有规模以上工业企业资产总额的比例将近五成，达到 48.38%，反映了在我国从资产总额的角度来讲，我国混合所有制企业已经占据半壁江山（黄速建，2015）①，如图 3-2 所示。

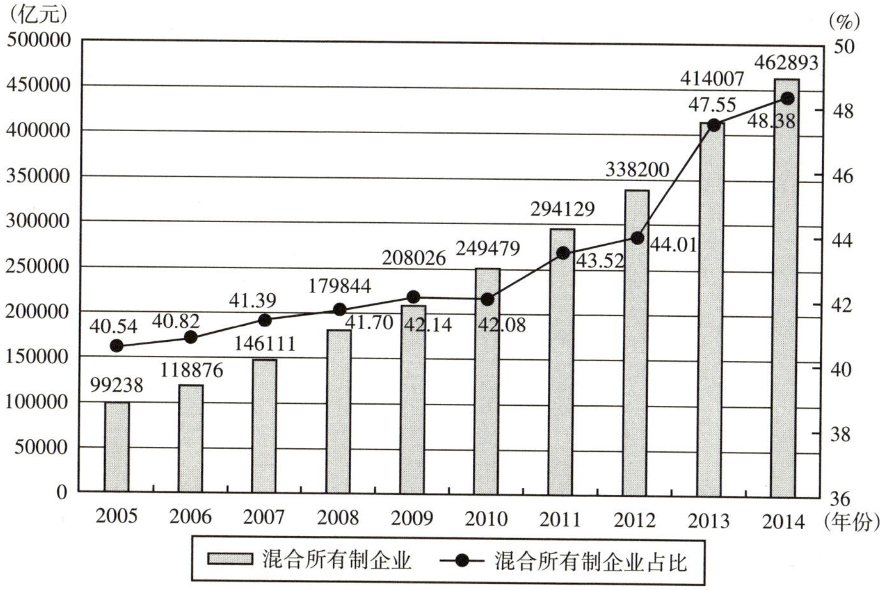

图 3-2　2005~2014 年我国混合所有制规模以上工业企业资产总额变化

注：①1998~2006 年，规模以上工业企业是指全部国有及年主营业务收入达到 500 万元及以上的非国有工业法人企业；②从 2007 年开始，按照国家统计局的规定，规模以上工业企业的统计范围为年主营业务收入达到 500 万元及以上的工业法人企业；③2011 年经国务院批准，纳入规模以上工业企业统计范围的工业企业起点标准从年主营业务收入 500 万元提高到 2000 万元。

资料来源：根据国家统计局历年《中国统计年鉴》整理。

（二）混合所有制企业成长性变化情况

1. 混合所有制企业营业收入稳步提升，混合所有制企业不断成长壮大

以混合所有制规模以上工业企业营业收入作为混合所有制企业成长性的衡量

① 黄速建. 风雨中前进的国企改革［J/OL］. 上海国家会计学院，http：//www.snai.edu/xyxwGF/info_533.aspx？ itemid=27178，2015-11-03/2016-11-28.

指标，通过对 2005~2014 年我国混合所有制规模以上工业企业营业收入进行考察，笔者发现，我国混合所有制规模以上工业企业营业收入稳步提升、混合所有制规模以上工业企业不断成长壮大，反映了我国混合所有制企业成长性不断提升。

具体来看，2005 年，我国混业所有制规模以上工业企业的营业收入总额超过 10 万亿元，达到 100014 亿元；2009 年，混合所有制规模以上工业企业营业收入总额超过 20 万亿元，达到 205448 万亿元，五年时间翻了一番，反映了我国混合所有制规模以上工业企业获得了长足的发展。2011 年，我国混合所有制规模以上工业企业营业收入总额超过 30 万亿元，达到 329569 亿元，在 2009 年的基础上又增加了 10 万亿元，尽管 2011 年，我国规模以上工业企业的统计口径有所变化，我国混合所有制规模以上工业企业的营业收入总额增长势头依然强劲，反映了我国混合所有制规模以上工业企业成长性“势不可当”。2013 年，我国混合所有制规模以上工业企业营业收入超过 40 万亿元，达到 424360 亿元；截至 2014 年，我国混合所有制规模以上工业企业营业收入达到 458645 亿元，同 2005 年相比，10 年增加了 3.6 倍，如图 3–3 所示。

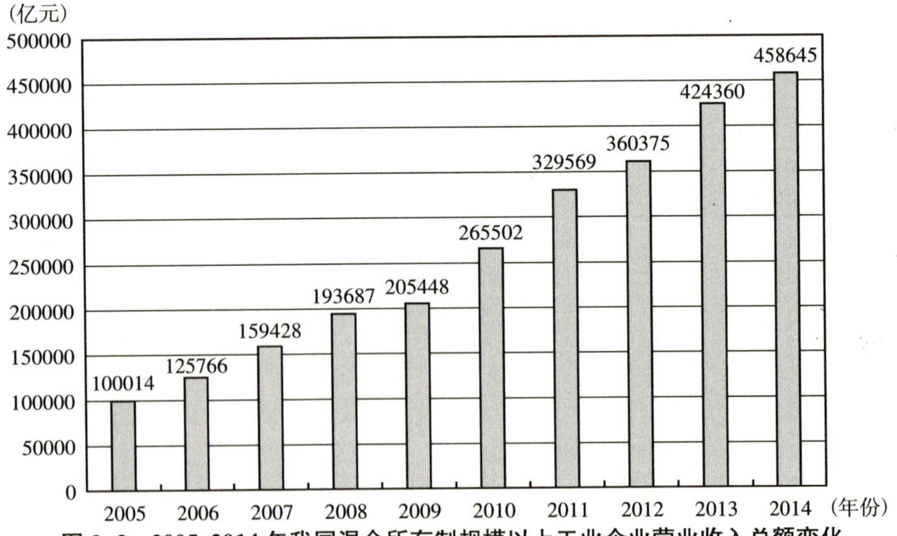

图 3–3 2005~2014 年我国混合所有制规模以上工业企业营业收入总额变化

注：①1998~2006 年，规模以上工业企业是指全部国有及年主营业务收入达到 500 万元及以上的非国有工业法人企业；②从 2007 年开始，按照国家统计局的规定，规模以上工业企业的统计范围为年主营业务收入达到 500 万元及以上的工业法人企业；③2011 年经国务院批准，纳入规模以上工业企业统计范围的工业企业起点标准从年主营业务收入 500 万元提高到 2000 万元。

资料来源：根据国家统计局历年《中国统计年鉴》整理。

2. 混合所有制企业营业收入占比呈 V 字型变化趋势

以混合所有制规模以上工业企业营业收入占所有规模以上工业企业营业收入的比例作为衡量指标，通过对 2005~2014 年混合所有制规模以上工业企业进行考察，笔者发现，2005~2009 年间，混合所有制规模以上工业企业营业收入占所有规模以上工业企业营业收入的比例呈现出下降趋势；2009 年之后，混合所有制规模以上工业企业营业收入占所有规模以上工业企业营业收入的比例呈现出整体上升趋势；总体来看，2005~2014 年 10 年间，我国混合所有制规模以上工业企业营业收入占所有规模以上工业企业营业收入的比例呈现出 V 字型变化趋势。

具体来看，2005 年，混合所有制规模以上工业企业营业收入占所有规模以上工业企业营业收入的比例为 40.24%；之后 2006 年和 2007 年，混合所有制规模以上工业企业占营业收入的比例呈现出缓慢下降趋势，2006 年和 2007 年，混合所有制规模以上工业企业占所有规模以上工业企业营业收入的比例分别达到 40.1%和 39.89%。2007 年之后，混合所有制规模以上工业企业营业收入占所有规模以上工业企业营业收入的比例骤降到 38.74%；2009 年，混合所有制规模以上工业企业营业收入占所有规模以上工业企业营业收入的比例又下降到 37.87%，为 2005~2014 年 10 年间的最低水平。总体来看，2005~2009 年，混合所有制规模以上工业企业营业收入占所有规模以上工业企业营业收入的比例呈现出下降趋势，反映了以营业收入占所有企业营业收入比例为指标的混合所有制企业成长性不断下降。

2009 年之后，尽管 2012 年混合所有制规模以上工业企业营业收入占所有规模以上工业企业营业收入的比例在 2011 年的基础上又下降到了 38.78%，但是，从 2009 年之后的整体变化趋势来看，混合所有制规模以上工业企业营业收入占所有规模以上工业企业营业收入的比例呈现出上升趋势。其中，2013 年，混合所有制规模以上工业企业营业收入占所有规模以上工业企业营业收入的比例达到 40.86%，超过 2005 年之后、2013 年之前所有年份。2014 年，混合所有制规模以上工业企业营业收入占所有规模以上工业企业营业收入的比例达到 41.43%。2009 年之后，混合所有制规模以上工业企业营业收入占所有规模以上工业企业营业收入的比例的变化趋势，反映了我国混合所有制企业的成长性在 2009 年之后呈现出不断提升趋势，如图 3-4 所示。

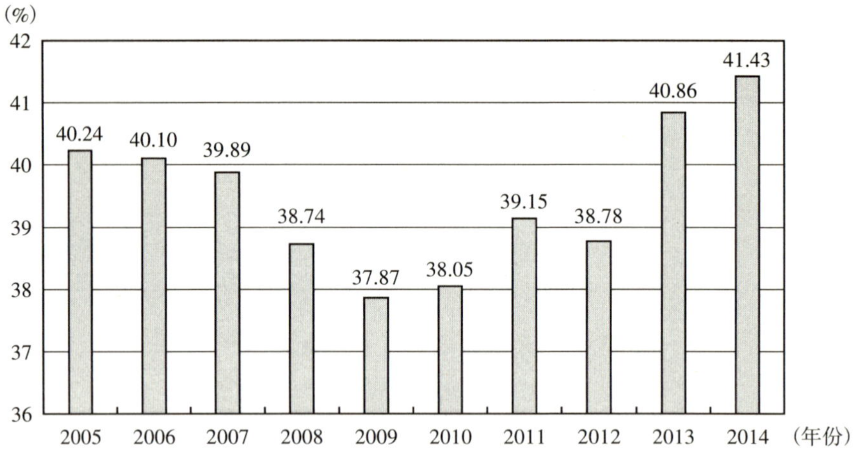

图 3-4　2005~2014 年我国混合所有制规模以上工业企业营业收入占比变化

注：①1998~2006 年，规模以上工业企业是指全部国有及年主营业务收入达到 500 万元及以上的非国有工业法人企业；②从 2007 年开始，按照国家统计局的规定，规模以上工业企业的统计范围为年主营业务收入达到 500 万元及以上的工业法人企业；③2011 年经国务院批准，纳入规模以上工业企业统计范围的工业企业起点标准从年主营业务收入 500 万元提高到 2000 万元。

资料来源：根据国家统计局历年《中国统计年鉴》整理。

（三）混合所有制企业盈利性变化情况

1. 混合所有制企业利润总额整体保持提升趋势，利润总额占比不断收敛

以混合所有制规模以上工业企业利润总额以及混合所有制规模以上工业企业利润总额占所有规模以上工业企业利润总额的比例作为衡量混合所有制规模以上工业企业的盈利性指标，笔者发现，2005~2014 年 10 年间，尽管由于 2007 年和 2011 年规模以上工业企业统计口径的调整，2008 年和 2012 年我国混合所有制规模以上工业企业利润总额有所下降，但是整体来看，我国混合所有制规模以上工业企业利润总额呈现出不断提升趋势。从混合所有制规模以上工业企业利润总额占所有规模以上工业企业利润总额的占比来看，2005~2014 年，我国混合所有制规模以上工业企业利润总额占所有规模以上工业企业利润总额的比例呈现出收敛趋势。

具体来看，从混合所有制规模以上工业企业利润总额的变化趋势来看，2005 年，混合所有制规模以上工业企业利润总额为 6845 亿元；2007 年，混合所有制规模以上工业企业利润总额增加到 12717 亿元，是 2005 年水平的 2 倍多。2010 年，我国混合所有制规模以上工业企业利润总额超过 2 万亿元，达到 22758 亿元。2013 年和 2014 年，我国混合所有制规模以上工业企业利润总额分别增加到

29966 亿元和 29551 亿元。2005~2014 年我国混合所有制规模以上工业企业利润总额所呈现出的整体上升趋势反映了我国混合所有制企业利润总额不断提升，盈利性保持整体增加趋势。

从混合所有制规模以上工业企业利润总额占所有规模以上工业企业利润总额的占比来看，2005~2007 年三年间，我国混合所有制规模以上工业企业利润总额占所有规模以上工业企业利润总额的比例分别为 46.24%、46.28%和 46.83%，缓慢提升。由于 2007 年，我国规模以上工业企业统计口径的变化，2008 年我国混合所有制规模以上工业企业利润总额占所有规模以上工业企业的利润总额的比例“断崖式”下降到 40.66%。之后，我国混合所有制规模以上工业企业利润总额占所有规模以上工业企业利润总额的比例波动变化。截至 2014 年，我国混合所有制规模以上工业企业利润总额占所有规模以上工业利润总额的比例达到 43.36%。总体来看，2005~2014 年 10 年间，我国混合所有制规模以上工业企业利润总额占所有规模以上工业企业利润总额的比例所呈现出的波动变化、逐渐收敛趋势，反映了我国混合所有制企业利润总额占所有企业利润总额的比例不断收敛，如图 3-5 所示。

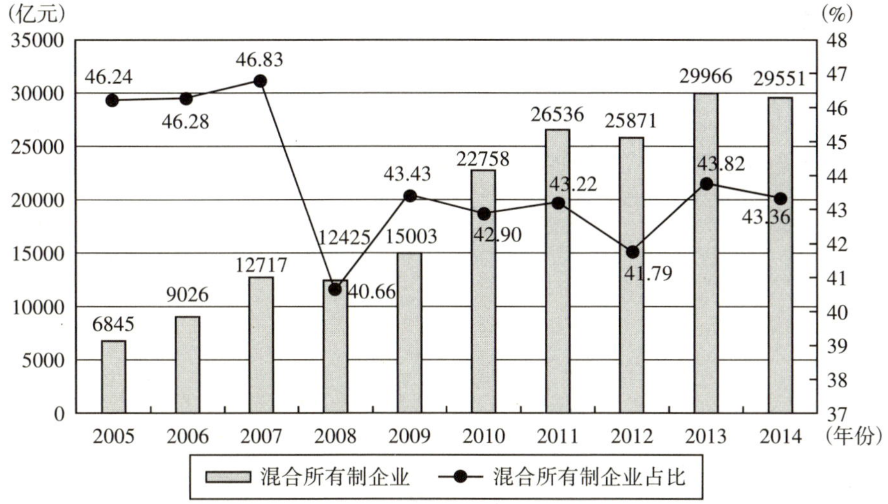

图 3-5　2005~2014 年我国混合所有制规模以上工业企业利润总额变化

注：①1998~2006 年，规模以上工业企业是指全部国有及年主营业务收入达到 500 万元及以上的非国有工业法人企业；②从 2007 年开始，按照国家统计局的规定，规模以上工业企业的统计范围为年主营业务收入达到 500 万元及以上的工业法人企业；③2011 年经国务院批准，纳入规模以上工业企业统计范围的工业企业起点标准从年主营业务收入 500 万元提高到 2000 万元。

资料来源：根据国家统计局历年《中国统计年鉴》整理。

2. 混合所有制企业资产利润率同我国经济形势变化趋同

以总资产利润率作为考察混合所有制企业盈利性的指标，通过考察 2005~2014 年 10 年间我国混合所有制规模以上工业企业资产利润率的变化，笔者发现，我国混合所有制规模以上工业企业资产利润率整体上呈现出同我国经济形势相似的变化趋势。

具体来看，2005~2007 年，我国经济处于高速增长时期，与我国经济高速增长相适应，我国混合所有制规模以上工业企业的总资产利润率也呈现出上升趋势，其中，2006 年和 2007 年的总资产利润率分别由 2005 年的 6.9%增加到 7.59%和 8.7%。2007 年，美国发生次贷危机，作为受到次贷危机影响的重要结果，2008 年我国混合所有制规模以上工业企业总资产利润率骤降至 6.91%。2009 年，虽然我国混合所有制规模以上工业企业总资产收益率提升至 7.21%，美国次贷危机所引发的全球金融危机对我国混合所有制规模以上工业企业总资产利润率的负面影响有所缓解。作为全球金融危机对我国混合所有制规模以上工业企业总资产利润率负面影响缓解的延续，2010 年和 2011 年，我国混合所有制工业企业总资产利润率分别提升到 2005~2014 年的最高水平，两年的总资产利润率分别达到 9.12%和 9.02%。2011 年之后，我国经济进入新常态，我国整体国民经济由高速增长进入中高速增长阶段；与之相伴，我国混合所有制规模以上工业企业总资产利润率也持续下降，截至 2014 年，我国混合所有制规模以上工业企业总资产利润率降低至 10 年来的最低水平，为 6.38%。显而易见，无论是在我国经济的高速增长阶段，还是受到美国次贷危机所引发的国际金融危机的影响，抑或是受到我国经济新常态的影响，我国混合所有制规模以上工业企业的总资产利润率均表现出极其相关的同步变化趋势，反映了混合所有制企业资产利润率同我国经济形势变化趋同，如图 3-6 所示。

（四）混合所有制企业风险性变化情况

1. 混合所有制企业负债总额不断提升，负债总额占比整体表现出增长态势

以混合所有制规模以上工业企业负债总额和混合所有制规模以上工业企业负债总额占所有规模以上工业企业负债总额的比例作为混合所有制企业负债总额和负债总额占所有企业负债总额的比例的统计口径，通过对 2005~2014 年我国混合所有制规模以上工业企业负债总额和负债总额占比的变化进行考察，笔者发现，

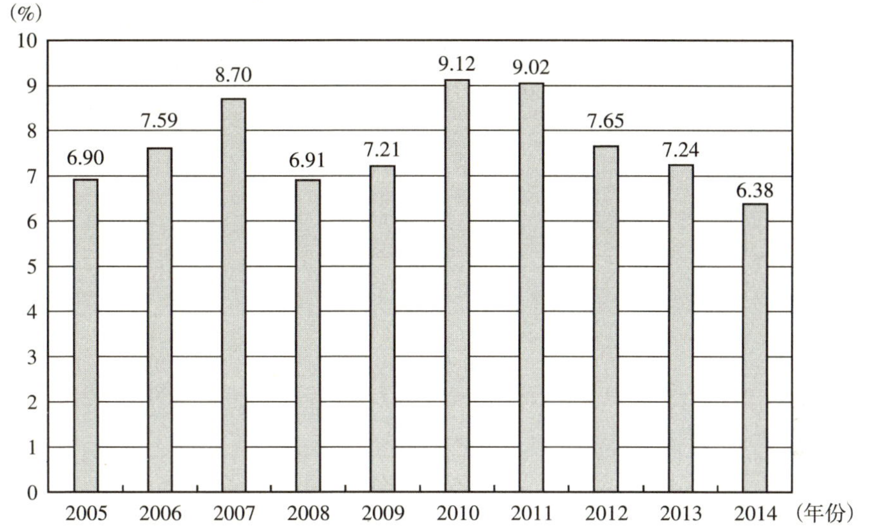

图 3-6　2005~2014 年我国混合所有制规模以上工业企业资产利润率变化

注：①1998~2006 年，规模以上工业企业是指全部国有及年主营业务收入达到 500 万元及以上的非国有工业法人企业；②从 2007 年开始，按照国家统计局的规定，规模以上工业企业的统计范围为年主营业务收入达到 500 万元及以上的工业法人企业；③2011 年经国务院批准，纳入规模以上工业企业统计范围的工业企业起点标准从年主营业务收入 500 万元提高到 2000 万元。

资料来源：根据国家统计局历年《中国统计年鉴》整理。

我国混合所有制企业负债总额不断提升，负债总额占所有企业负债总额的比例也体现出增长态势。

具体来看，在混合所有制规模以上工业企业负债总额的变化趋势方面，2005 年，我国混合所有制规模以上工业企业的负债总额为 57461 亿元；到了 2008 年，我国混合所有制规模以上工业企业的负债总额增长量超过 10 万亿元，达到 106000 亿元，是 2005 年我国混合所有制规模以上工业企业负债总额的将近 2 倍。2012 年，我国混合所有制规模以上工业企业负债总额增长将近达到 20 万亿元，为 198089 亿元，是 2005 年水平的 3 倍多。2013 年和 2014 年，我国规模以上工业企业负债总额又分别增加到 245705 亿元和 272672 亿元。整体来看，我国混合所有制规模以上工业企业负债总额呈现出不断提升趋势，反映了我国混合所有制企业风险性不断提升。

从混合所有制规模以上工业企业负债总额占所有规模以上工业企业负债总额的占比指标来看，尽管我国在 2007 年和 2011 年规模以上工业企业的统计口径有所调整，但是，我国混合所有制规模以上工业企业的负债总额占所有规模以上工业企业负债总额的比例整体保持提升态势。截至 2014 年，我国混合所有制规模以上工业企业的资产总额占所有规模以上工业企业资产总额的比例将近达到 50%，为 49.85%，说明我国混合所有制规模以上工业企业的负债总额占所有规模以上工业企业负债总额的比例又达到了新的高度，反映了我国混合所有制企业风险性不断提升，如图 3–7 所示。

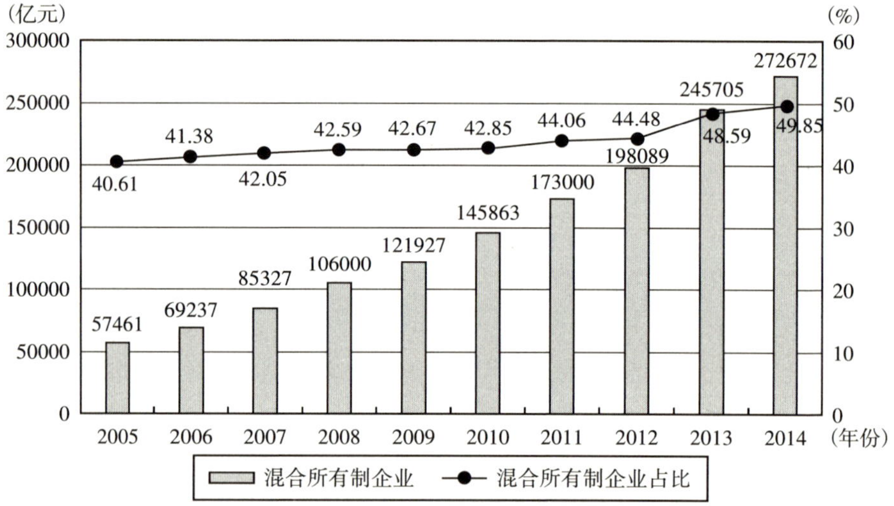

图 3–7 2005~2014 年我国混合所有制规模以上工业企业负债总额变化

注：①1998~2006 年，规模以上工业企业是指全部国有及年主营业务收入达到 500 万元及以上的非国有工业法人企业；②从 2007 年开始，按照国家统计局的规定，规模以上工业企业的统计范围为年主营业务收入达到 500 万元及以上的工业法人企业；③2011 年经国务院批准，纳入规模以上工业企业统计范围的工业企业起点标准从年主营业务收入 500 万元提高到 2000 万元。

资料来源：根据国家统计局历年《中国统计年鉴》整理。

2. 混合所有制企业资产负债率不规则变动，整体呈现出增长态势

以混合所有制规模以上工业企业的资产负债率作为混合所有制企业资产负债率的统计口径，通过对 2005~2014 年我国混合所有制规模以上工业企业资产负债率的变化趋势进行考察，笔者发现，我国混合所有制规模以上工业企业资产负债率呈现出不规则的变化趋势，整体表现出增长态势。

具体来看，2005 年，我国混合所有制规模以上工业企业资产负债率最低，仅为 57.90%，2005~2008 年，我国混合所有制规模以上工业企业资产负债率均处于增加趋势，混合所有制规模以上工业企业资产负债率分别由 2005 年的 57.9% 提升到 58.24%、58.4% 和 58.94%。2008 年之后，我国混合所有制规模以上工业

企业资产负债率又呈现出下降趋势，2009 年和 2010 年，我国混合所有制规模以上工业企业资产负债率分别由 2008 年的 58.94%下降到 58.61%和 58.47%。之后，尽管 2011 年，我国混合所有制规模以上工业企业资产负债率又在 2010 年的基础上增加到 58.82%，但 2012 年，又再次降低到 58.57%。2013 年和 2014 年，我国混合所有制规模以上工业企业的资产负债率分别较上年增加和降低到 59.35%和 58.91%。显而易见，2005~2014 年，我国混合所有制规模以上工业企业资产负债率所呈现出的不规则变化趋势以及整体的增长态势，反映了以资产负债率为指标的我国混合所有制企业风险波动变化中有所提升，如图 3-8 所示。

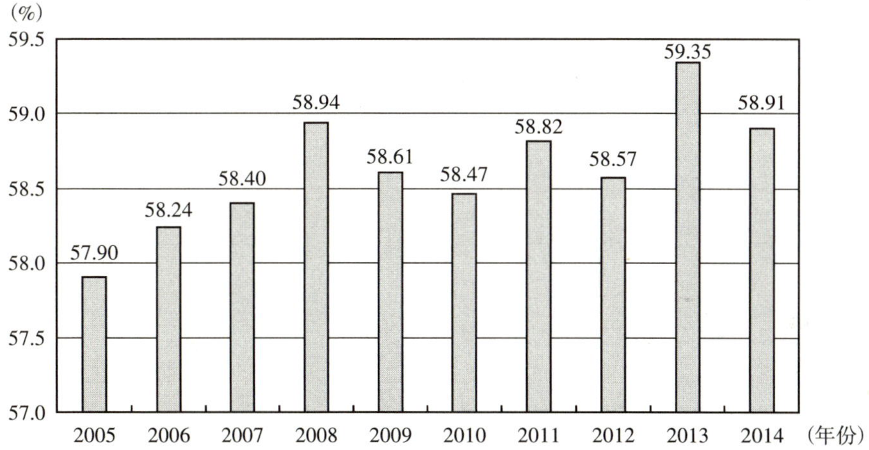

图 3-8　2005~2014 年我国混合所有制规模以上工业企业资产负债率变化

注：①1998~2006 年，规模以上工业企业是指全部国有及年主营业务收入达到 500 万元及以上的非国有工业法人企业；②从 2007 年开始，按照国家统计局的规定，规模以上工业企业的统计范围为年主营业务收入达到 500 万元及以上的工业法人企业；③2011 年经国务院批准，纳入规模以上工业企业统计范围的工业企业起点标准从年主营业务收入 500 万元提高到 2000 万元。

资料来源：根据国家统计局历年《中国统计年鉴》整理。

三、混合所有制企业现状

为了分析我国混合所有制企业的现状，笔者分别选择企业数量和数量占比分布、资产规模和资产规模占比分布作为反映当前混合所有制企业规模情况的指标，分别选择营业收入分布和营业收入占比分布作为反映当前混合所有制企业成长性情况的指标，分别选择利润总额和利润总额占比分布以及资产利润率分布作为反映当前混合所有制企业盈利性情况的指标，分别选择负债总额和负债总额占比分布以及资产负债率分布作为反映当前混合所有制企业风险性情况的指标。

（一）混合所有制企业规模分布状况

1. 其他有限责任公司混合所有制企业数量最多，其他联营企业和其他港、澳、台投资股份有限公司混合所有制企业数量相对最少

以混合所有制规模以上工业企业数量和数量占比分布来反映混合所有制企业数量和数量占比分布，通过对 2014 年我国混合所有制规模以上工业企业数量和数量占比分布进行考察，笔者发现，混合所有制规模以上工业企业属于其他有限责任公司注册类型的混合所有制企业数量最多，属于其他联营企业和其他港、澳、台投资股份有限公司的混合所有制企业数量相对最少。

具体来看，在 2014 年所有 110130 家（占比 29.14%）混合所有制规模以上工业企业中，其他有限责任公司注册类型的混合所有制规模以上工业企业有 85961 家，占所有规模以上工业企业数量的比例相对最多，为 22.75%，占所有混合所有制规模以上工业企业的比例将近八成，为 78.05%。注册类型为股份有限公司和中外合资经营工业企业的混合所有制规模以上工业企业数量均超过 10000 家，分别为 10475 家和 10729 家，占所有规模以上工业企业的比例分别为 2.77% 和 2.84%，占所有混合所有制规模以上工业企业的比例均将近 10%，分别为 9.51%和 9.74%。

注册类型为其他联营工业企业的混合所有制规模以上工业企业和其他港、澳、台投资股份有限公司的混合所有制规模以上工业企业数量相对最少，2014 年，分别有 48 家和 41 家混合所有制规模以上工业企业的注册类型为其他联营工业企业和其他港、澳、台投资股份有限公司，占所有规模以上工业企业的比例不足 0.05%。

显而易见，在我国混合所有制企业的数量分布中，其他有限责任公司混合所有制企业数量最多，其他联营企业和其他港、澳、台投资股份有限公司混合所有制企业数量相对最少，从企业数量规模的角度来看，反映了其他有限责任公司混合所有制企业数量规模最高，其他联营企业和其他港、澳、台投资股份有限公司混合所有制企业数量规模相对最低，如图 3-9 所示。

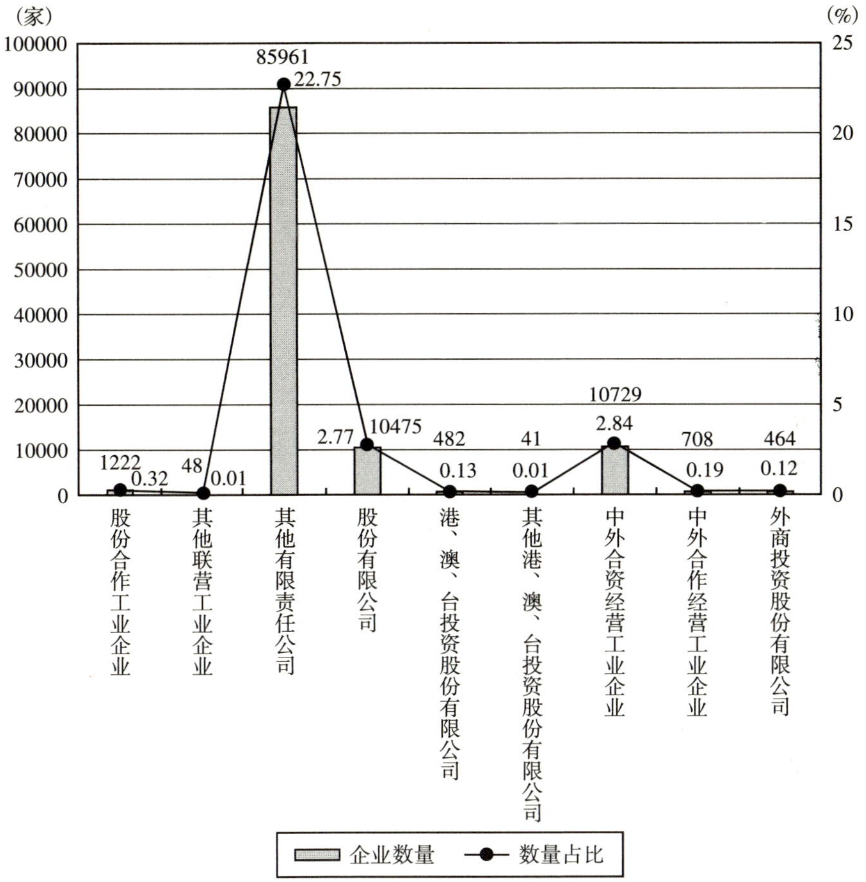

图 3-9　2014 年我国混合所有制规模以上工业企业数量和占比分布

注：统计口径，纳入规模以上工业企业统计范围的工业企业起点标准从年主营业务收入 500 万元提高到 2000 万元。

资料来源：根据国家统计局 2015 年《中国统计年鉴》整理。

2. 其他有限责任公司混合所有制企业资产规模最大，其他联营工业企业资产规模相对最小

以混合所有制规模以上工业企业资产总额和资产总额占比分布来反映混合所有制企业资产总额和资产总额占比分布。通过对 2014 年我国混合所有制规模以上工业企业资产总额和资产总额占比分布进行考察，笔者发现，在我国混合所有制规模以上工业企业中，注册类型为其他有限责任公司的混合所有制规模以上工业企业资产规模最大，注册类型为其他联营工业企业的混合所有制规模以上工业企业资产规模相对最小。

具体来看，在混合所有制规模以上工业企业的资产规模和资产规模占比分布方面，注册类型为其他有限责任公司的规模以上工业企业资产规模为 266934.25 亿元，占所有规模以上工业企业的比例为 27.9%，占所有混合所有制规模以上工业企业资产总额的比例近六成，为 57.67%，相对最高，反映了注册类型为其他有限责任公司的混合所有制企业资产规模相对最高。

注册类型为股份有限公司的混合所有制规模以上工业企业的资产规模超过 10 万亿元，为 125744.34 亿元，居于其次；同 2014 年规模以上工业企业所有资产相比，占比超过 10%，为 13.14%；同 2014 年混合所有制规模以上工业企业资产规模相比，占比将近三成，为 27.16%。

注册类型为中外合资经营工业企业的混合所有制规模以上工业企业的资产规模超过 5 万亿元，为 56454.77 亿元，居第三位；同 2014 年规模以上工业企业所有资产相比，占比超过 5%，为 5.9%；同 2014 年混合所有制规模以上工业企业资产规模相比，占比高于 10%，为 12.2%。

注册类型为其他联营工业企业的混合所有制规模以上工业企业的资产规模不足 100 亿元，在所有类型的混合所有制规模以上工业企业中，相对最低。与之相比，混合所有制规模以上工业企业资产规模同样不足 100 亿元的注册类型企业为其他港澳台投资股份有限公司，资产规模尽管较其他联营工业企业的混合所有制规模以上工业企业要高，但是也只有 96.01 亿元。

显而易见，从资产总额的角度来看，其他有限责任公司混合所有制企业资产规模相对最大，其他联营工业企业资产规模相对最小，如图 3-10 所示。

（二）混合所有制企业成长性分布状况

1. 其他有限责任公司混合所有制企业营业收入最高，其他联营工业企业和其他港澳台投资股份有限公司相对最低

以混合所有制规模以上工业企业营业收入来反映混合所有制企业营业收入状况。通过对 2014 年我国混合所有制规模以上工业企业营业收入总额分布进行考察，笔者发现，注册类型为其他有限责任公司的混合所有制规模以上工业企业营业收入最高，注册类型为其他联营工业企业和其他港澳台投资股份有限公司的混合所有制规模以上工业企业营业收入相对最低。

具体来看，2014 年，注册类型为其他有限责任公司的混合所有制规模以上

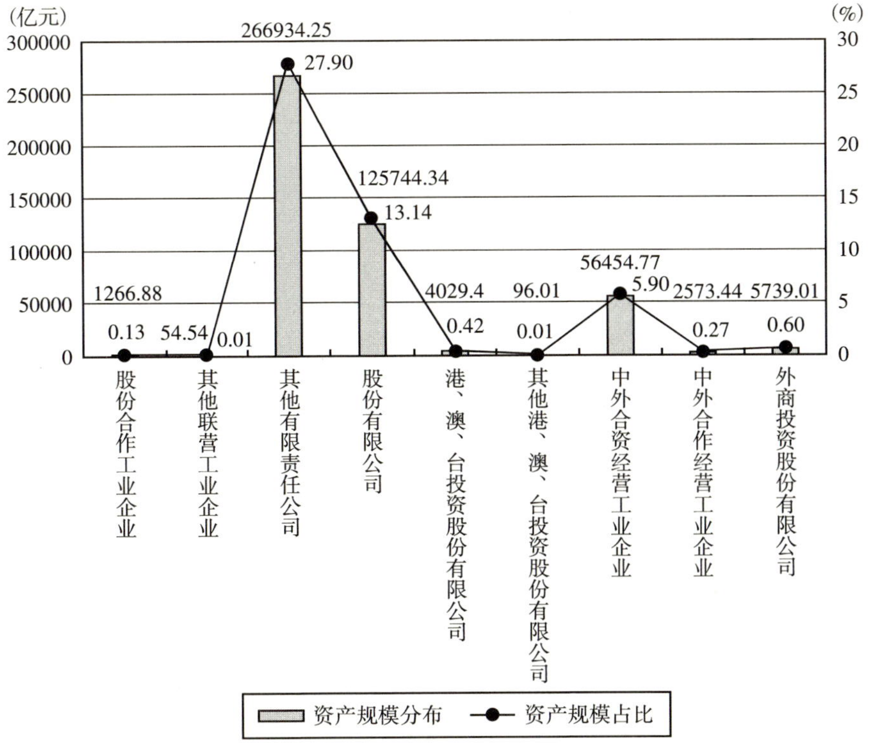

图 3-10　2014 年我国混合所有制规模以上工业企业资产总额和占比分布

注：统计口径，纳入规模以上工业企业统计范围的工业企业起点标准从年主营业务收入 500 万元提高到 2000 万元。

资料来源：根据国家统计局 2015 年《中国统计年鉴》整理。

工业企业的营业收入总额为 266025.79 亿元，超过 10 万亿元，在所有 9 个混合所有制工业企业注册类型中，金额最高，反映了其他有限责任公司类型的混合所有制企业成长性较好。其次为注册类型为股份有限公司的混合所有制规模以上工业企业的营业收入，2014 年，注册类型为股份有限公司的混合所有制规模以上工业企业的营业收入总额也超过 10 万亿元，为 105261.09 亿元。营业收入总额同样超过 1 万亿元的混合所有制规模以上工业企业注册类型为中外合资经营工业企业，2014 年，注册类型为中外合资经营工业企业的混合所有制规模以上工业企业的营业收入总额超过 5 万亿元，为 73747.54 亿元。

同超过 1 万亿元的注册公司类型的混合所有制规模以上工业企业相比，注册类型为其他联营工业企业和其他港澳台投资股份有限公司的混合所有制规模以上工业企业的营业收入总额不足 1000 亿元。2014 年，注册类型为其他港澳台投资股份有限公司的混合所有制规模以上工业企业的营业收入仅为 116.6 亿元，在所有的 9 个注册类型的混合所有制规模以上工业企业中，营业收入相对最低。与之类似，注册类型为其他联营工业企业的混合所有制规模以上工业企业的营业收入同样较少。2014 年，注册类型为其他联营工业企业的混合所有制规模以上工业企业的营业收入为 132.5 亿元，同注册类型为其他港澳台投资股份有限公司的混合所有制规模以上工业企业的营业收入相比，仅高出 15.9 亿元。

显而易见，从营业收入占比的角度来看，其他有限责任公司混合所有制企业成长性最高，其他联营工业企业和其他港澳台投资股份有限公司成长性相对最低，如图 3-11 所示。

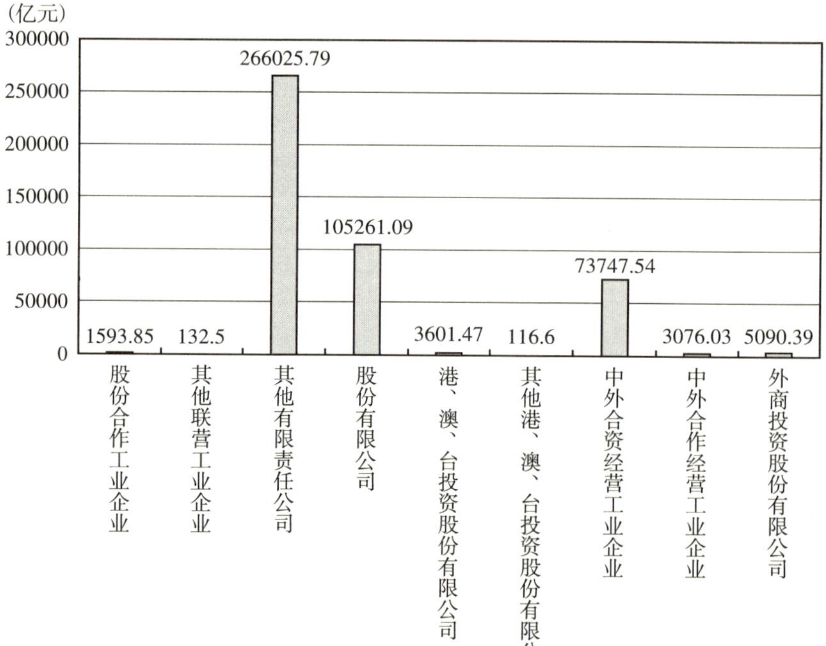

图 3-11　2014 年我国混合所有制规模以上工业企业营业收入分布

注：统计口径，纳入规模以上工业企业统计范围的工业企业起点标准从年主营业务收入 500 万元提高到 2000 万元。

资料来源：根据国家统计局 2015 年《中国统计年鉴》整理。

2. 其他有限责任公司混合所有制企业营业收入占比最高，其他联营工业企业和其他港澳台投资股份有限公司混合所有制工业企业占比相对最低

以混合所有制规模以上工业企业营业收入占所有规模以上工业企业营业收入

的比例来反映混合所有制企业营业收入状况。通过对 2014 年我国混合所有制规模以上工业企业营业收入占规模以上工业企业营业收入的比例进行考察，笔者发现同营业收入总额相似的结论，即注册类型为其他有限责任公司的混合所有制规模以上工业企业营业收入占比最高，注册类型为其他联营工业企业和其他港澳台投资股份有限公司的混合所有制规模以上工业企业营业收入占比相对最低。

具体来看，2014 年，注册类型为其他有限责任公司的混合所有制规模以上工业企业营业收入总额占规模以上工业企业营业收入总额的比例超过 20%，为 24.03%，占比最高。注册类型为其他联营工业企业和其他港澳台投资股份有限公司的混合所有制规模以上工业企业营业收入总额占所有规模以上工业企业营业收入总额的比例均为 0.01%，相对最少。另外，注册类型为股份有限公司的混合所有制规模以上工业企业营业收入总额占所有规模以上工业企业的营业收入总额的比例近 10%，为 9.51%；注册类型为中外合资经营工业企业营业收入总额占所有规模以上工业企业的营业收入总额的比例为 6.66%。

显而易见，以混合所有制规模以上工业企业营业收入占所有规模以上工业企业的营业收入的比例指标来衡量，其他有限责任公司混合所有制企业营业收入占比最高，其他联营工业企业和其他港澳台投资股份有限公司混合所有制工业企业占比相对最低。

显而易见，从营业收入占比的角度来看，其他有限责任公司混合所有制企业成长性最好，其他联营工业企业和其他港澳台投资股份有限公司混合所有制工业企业成长性相对最差，如图 3-12 所示。

（三）混合所有制企业盈利性分布状况

1. 其他有限责任公司混合所有制企业利润总额最高，其他港澳台投资股份有限公司和其他联营工业企业混合所有制企业利润总额相对最低

以混合所有制规模以上工业企业利润总额和利润总额占比分布来反映混合所有制企业利润总额和利润总额占比分布。通过对 2014 年我国混合所有制规模以上工业企业利润总额和利润总额占比分布进行考察，笔者发现，在我国混合所有制规模以上工业企业中，注册类型为其他有限责任公司的混合所有制规模以上工业企业利润总额最高，注册类型为其他港澳台投资股份有限公司和其他联营工业企业混合所有制规模以上工业企业利润总额相对最低。

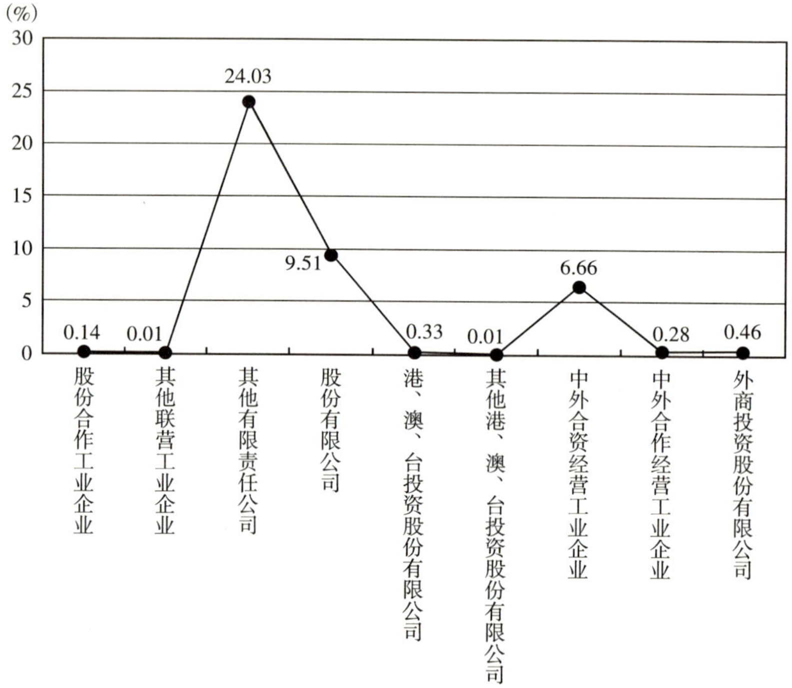

图 3-12　2014 年我国混合所有制规模以上工业企业营业收入占比分布

注：统计口径，纳入规模以上工业企业统计范围的工业企业起点标准从年主营业务收入 500 万元提高到 2000 万元。

资料来源：根据国家统计局 2015 年《中国统计年鉴》整理。

具体来看，2014 年，注册类型为其他联营工业企业混合所有制规模以上工业企业的利润总额超过 1 万亿元，为 15364.46 亿元，在所有 9 个注册类型的混合所有制规模以上工业企业中，相对最高。从混合所有制规模以上工业企业利润总额占所有规模以上工业企业利润总额的比例来看，注册类型为其他联营工业企业混合所有制规模以上工业企业的利润总额占所有规模以上工业企业的利润总额的比例超过两成，为 22.54%。

其次分别为注册类型为股份有限公司和中外合资经营工业企业的混合所有制规模以上工业企业的利润总额和利润总额占比。2014 年，注册类型为股份有限公司的混合所有制规模以上工业企业的利润总额为 7413.04 亿元，占所有规模以上工业企业利润总额的比例超过 10%，为 10.88%；注册类型为中外合资经营工业企业的混合所有制规模以上工业企业的利润总额为 5755.41 亿元，占所有规模以上工业企业利润总额的比例超过 5%，为 8.44%。

注册类型为其他港澳台投资股份有限公司和其他联营工业企业混合所有制规模以上工业企业利润总额相对最低，其中，注册类型为其他港澳台投资股份有限公司的混合所有制规模以上工业企业利润总额仅为6.1亿元，不足10亿元；注册类型为其他联营工业企业混合所有制规模以上工业企业利润总额仅为9.01亿元，也不足10亿元。

显而易见，从资产利润总额的角度来看，其他有限责任公司混合所有制企业盈利性最高，其他港澳台投资股份有限公司和其他联营工业企业混合所有制企业盈利性相对最低，如图3-13所示。

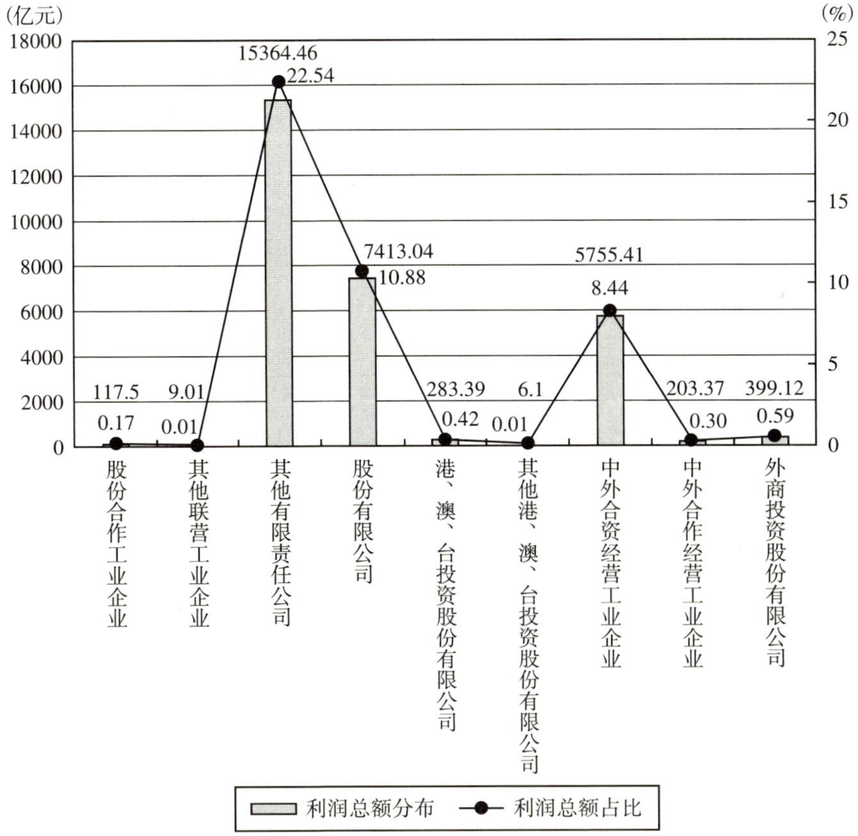

图3-13　2014年我国混合所有制规模以上工业企业利润总额和占比分布

注：统计口径，纳入规模以上工业企业统计范围的工业企业起点标准从年主营业务收入500万元提高到2000万元。

资料来源：根据国家统计局2015年《中国统计年鉴》整理。

2. 其他联营工业企业资产利润率相对最优，其他有限责任公司和股份有限公司资产利润率相对最差

以混合所有制规模以上工业企业资产利润率分布来反映混合所有制企业资产利润率的分布。通过对 2014 年我国混合所有制规模以上工业企业资产利润率的分布进行考察，笔者发现，在我国混合所有制规模以上工业企业中，注册类型为其他联营工业企业的混合所有制规模以上工业企业的资产利润率相对最优，注册类型为其他有限责任公司和股份有限公司的混合所有制规模以上工业企业的资产利润率相对最差。

具体来看，2014 年，注册类型为其他联营工业企业的混合所有制规模以上工业企业的资产利润率相对最高，超过 15%，为 16.52%。其次为注册类型是中外合资经营工业企业的混合所有制规模以上工业企业，作为混合所有制规模以上工业企业的中外合资经营工业企业资产利润率也超过 10%，为 10.19%。最后为注册类型是股份合作工业企业的混合所有制规模以上工业企业，作为混合所有制规模以上工业企业的股份合作工业企业资产利润率为 9.27%。注册类型为其他有限责任公司和股份有限公司的混合所有制规模以上工业企业的资产利润率相对最低，2014 年，两个注册类型的混合所有制规模以上工业企业的资产利润率分别为 5.76%和 5.9%，均低于 6%的水平。另外，注册类型为港澳台投资股份有限公司和中外合作经营工业企业的混合所有制规模以上工业企业的资产利润率均超过 7%，分别为 7.03%和 7.9%，注册类型为其他港澳台投资股份有限公司和外商投资股商有限公司的混合所有制规模以上工业企业的资产利润率均高于 6%，分别为 6.35%和 6.95%。

显而易见，从资产利润率的角度来看，混合所有制企业其他联营工业企业盈利性最优，混合所有制企业其他有限责任公司和股份有限公司盈利性相对最差，如图 3–14 所示。

（四）混合所有制企业风险性分布状况

1. 其他有限责任公司混合所有制企业负债规模相对最高，其他联营工业企业混合所有制企业负债规模相对最低

以混合所有制规模以上工业企业负债总额和负债总额占比分布来反映混合所有制企业负债总额和负债总额占比分布。通过对 2014 年我国混合所有制规模以

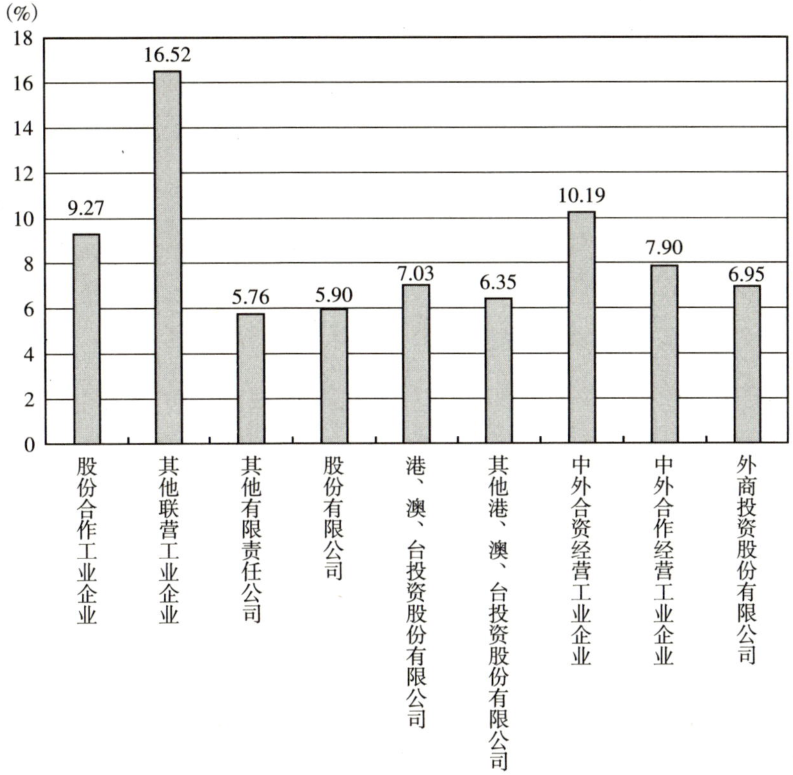

图 3-14 2014 年我国混合所有制规模以上工业企业资产利润率分布

注：统计口径，纳入规模以上工业企业统计范围的工业企业起点标准从年主营业务收入 500 万元提高到 2000 万元。

资料来源：根据国家统计局 2015 年《中国统计年鉴》整理。

上工业企业负债总额和负债总额占比分布进行考察，笔者发现，在我国混合所有制规模以上工业企业中，注册类型为其他有限责任公司的混合所有制规模以上工业企业负债总额最高，注册类型为其他联营工业企业混合所有制规模以上工业企业负债总额相对最低。

具体来看，2014 年，其他有限责任公司混合所有制规模以上工业企业负债总额将近 20 万亿元，为 167172.95 亿元，在所有 9 个混合所有制规模以上工业企业注册类型中，相对最高，占规模以上工业企业负债总额的比例超过三成，为 30.56%。其次为注册类型是股份有限公司的混合所有制规模以上工业企业的负债总额，混合所有制规模以上工业企业为股份有限公司的负债总额超过 6 万亿元，为 66440.25 亿元，占所有规模以上工业企业负债总额的比例超过 10%，为

12.15%，居于第二位。最后为注册类型为中外合资经营工业企业的混合所有制规模以上工业企业的负债总额，混合所有制规模以上工业企业为中外合资经营工业企业的负债总额超过 3 万亿元，为 32332.75 亿元，占所有规模以上工业企业负债总额的比例为 5.91%。

注册类型为其他联营工业企业和其他港澳台投资股份有限公司的混合所有制规模以上工业企业的负债总额相对最低，负债总额分别为 22.83 亿元和 42.17 亿元。除了类型为股份合作工业企业的混合所有制规模以上工业企业的负债总额也处于 1000 亿元以下之外，港澳台投资股份有限公司混合所有制规模以上工业企业、中外合作经营工业企业混合所有制规模以上工业企业以及外商投资股份有限公司混合所有制规模以上工业企业的负债总额均超过 1000 亿元，负债总额分别为 1765.83 亿元、1371.28 亿元和 2820.51 亿元，占所有规模以上工业企业负债总额的比例分别为 0.32%、0.25%和 0.52%。

显而易见，从负债总额的角度来看，混合所有制企业其他有限责任公司风险性整体较高，混合所有制企业其他联营工业企业风险性整体相对较低，如图 3-15 所示。

2. 其他有限责任公司混合所有制企业资产负债率相对最高，其他联营工业企业混合所有制企业资产负债率相对最低

以混合所有制规模以上工业企业资产负债率分布来反映混合所有制企业资产负债率分布。通过对 2014 年我国混合所有制规模以上工业企业资产负债率分布进行考察，笔者发现，在我国混合所有制规模以上工业企业中，注册类型为其他有限责任公司的混合所有制规模以上工业企业资产负债率最高，注册类型为其他联营工业企业混合所有制规模以上工业企业资产负债率相对最低。

具体来看，在 9 个混合所有制规模以上工业企业注册类型中，注册类型为其他有限责任公司的混合所有制规模以上工业企业资产负债率相对最高，为 62.63%。其次为注册类型为中外合资经营工业企业的混合所有制规模以上工业企业，资产负债率为 57.27%。除此之外，注册类型为股份合作工业企业、股份有限公司以及中外合作经营工业企业的混合所有制规模以上工业企业的资产负债率也高于 50%，资产负债率分别为 55.52%、52.84%和 53.29%。

在 9 个混合所有制规模以上工业企业注册类型中，注册类型为其他联营工业

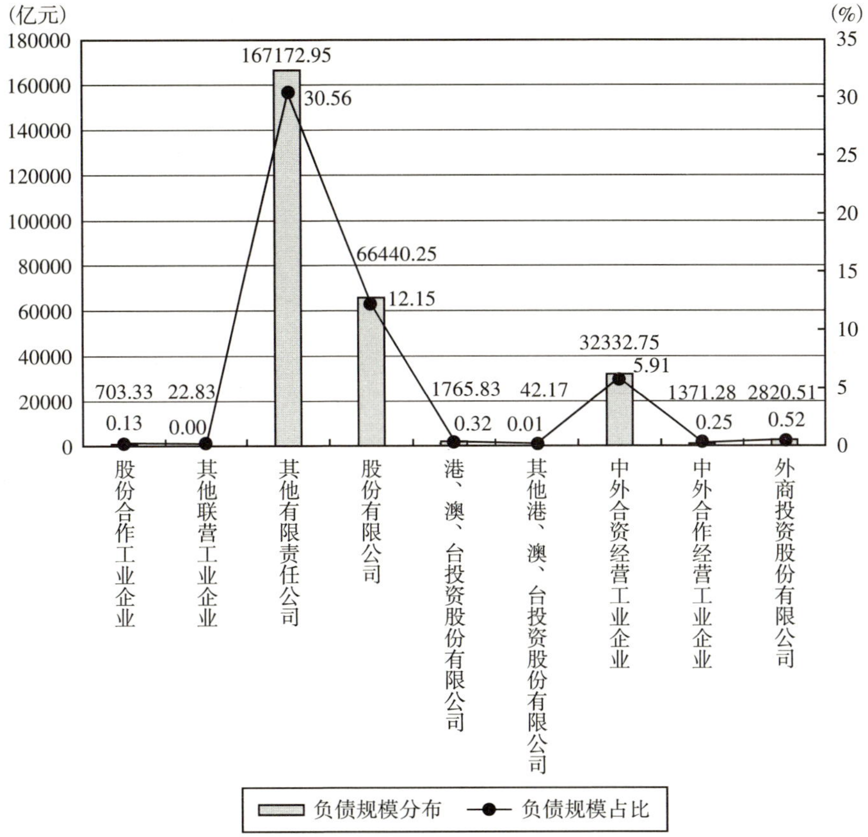

图 3-15　2014 年我国混合所有制规模以上工业企业负债总额和占比分布

注：统计口径，纳入规模以上工业企业统计范围的工业企业起点标准从年主营业务收入 500 万元提高到 2000 万元。

资料来源：根据国家统计局 2015 年《中国统计年鉴》整理。

企业的混合所有制规模以上工业企业资产负债率相对最低，为 41.86%。注册类型为外商投资股份有限公司、其他港澳台投资股份有限公司和港澳台投资股份有限公司的混合所有制规模以上工业企业资产负债率依次降低，分别为 49.15%、43.92%和 43.82%。

显而易见，从资产负债率的角度来看，混合所有制企业其他有限责任公司风险性相对最高，其他联营工业企业风险性相对最低，如图 3-16 所示。

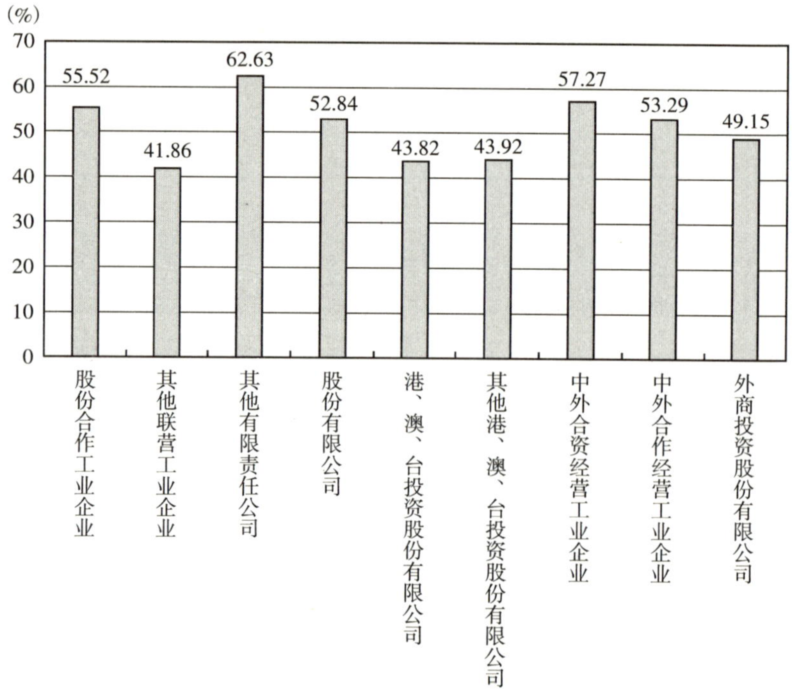

图 3-16　2014 年我国混合所有制规模以上工业企业资产负债率分布

注：统计口径，纳入规模以上工业企业统计范围的工业企业起点标准从年主营业务收入 500 万元提高到 2000 万元。

资料来源，根据国家统计局 2015 年《中国统计年鉴》整理。

第二节　中国混合所有制企业员工持股制度状况

由于当前我国公司信息披露的制度和实践均较不健全，而我国混合所有制企业推进员工持股制度也处于探索之中。因此，考察我国所有混合所有制企业员工持股制度综合状况既不具有现实可行性，也没有理论上的必要性。为此，选择我国信息披露良好、开展员工持股制度经验较为成熟的上市公司作为研究样本，通过考察我国上市公司员工持股制度开展的情况，来间接反映我国混合所有制企业员工持股制度就具有了现实的可行性。考虑到我国上市公司大部分为国有法人控股上市公司，即使不是国有法人控股的上市公司也可能具有国有法人股份，因此，通过考察我国上市公司开展员工持股制度的情况，基本可以反映我国混合所有制企业员工持股制度状况。为此，在本节中，笔者首先对我国股票市场的基本情况进行了考察，然后，围绕我国上市公司员工持股制度进行了详细的分析，以此来发现我国混合所有制企业员工持股制度开展的基本特点和一般规律。

一、我国股票市场概况

考察反映我国混合所有制企业员工持股制度情况的我国上市公司员工持股制度情况，需要首先对我国股票市场的基本状况进行分析。为了考察我国股票市场概况，笔者分别从我国上市公司数量和结构、我国股票市场上市公司发行股票只数和结构、我国股票市场上市公司股本金额和结构以及我国股票市场上市公司市值金额和结构角度对我国股票市场情况进行分析。

（一）我国股票市场上市公司数量和结构

1. 我国上市公司数量呈现逐年攀升态势

随着我国上海和深圳两个证券交易所相继成立，我国资本市场获得快速的发展和进步。1992 年，我国两个证券交易所上市公司仅有 53 家，1993 年就增加到 183 家，较 1992 年增加了 130 家，是 1992 年上市企业数量的 3.5 倍。2000 年，我国两个证券交易所上市公司超过 1000 家，为 1088 家。2009 年之后，我国上市公司数量迎来高速增长，到 2010 年，总体上市公司数量增加到 2063 家，首次超过 2000 家，并且深圳证券交易所（深交所）上市公司数量首次超过上海证券交易所（上交所）上市公司数量。截至 2013 年，尽管我国上市公司数量较 2012 年有所下降，但是依然有 2489 家上市公司。

显而易见，从我国 22 年来上市公司的整体变化趋势来看，尽管不同年份增加的速度不同，有些年份甚至有所降低，但是，我国上市公司总数保持整体增长的态势不变，我国上市公司数量呈现逐年攀升态势，如图 3-17 所示。

2. 深交所上市公司数量后来居上

从我国上市公司数量结构的角度来看，尽管 1992 年之后，我国上交所上市公司数量一直占据优势，但是，我国深交所上市公司数量呈现出后来居上的特点。

具体来看，2001 年，我国上交所上市公司有 572 家，深交所上市公司有 516 家，占所有上市公司的比重分别为 52.57%和 47.43%，上交所上市公司相对较多。

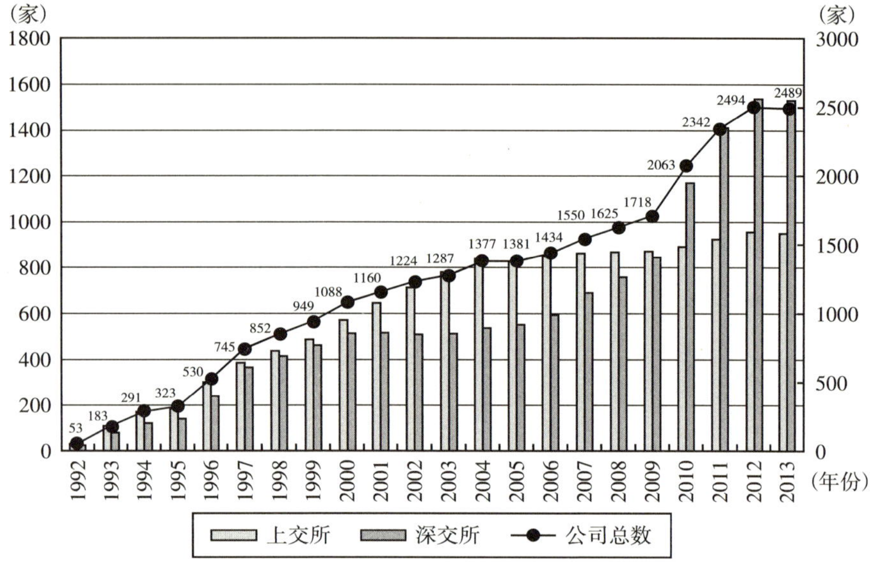

图 3-17　1992~2013 年我国上市公司数量变化情况

资料来源：《2014 年中国证券期货统计年鉴》，http：//epub.cnki.net/kns/brief/default_result.aspx。

2010 年，我国上交所上市公司数量为 894 家，深交所上市公司数量为 1169 家，两者分别占所有上市公司总数的 43.33%和 56.67%，深交所上市公司数量超过上交所上市公司数量。

2013 年，我国上交所上市公司有 953 家，深交所上市公司有 2489 家，分别占所有上市公司的 38.29%和 61.71%，深交所上市公司数量超过六成，如图 3-18 所示。

（二）我国股票市场上市公司发行股票只数和结构

1. 上市公司发行股票只数整体增长态势明显

同我国上市公司数量增长趋势相匹配，我国上市公司发行股票只数增长态势也较为明显。具体来看，1992 年，我国 53 家上市公司发行了 71 只股票，到 1993 年，我国 183 家上市公司所发行的股票数量就增加到 218 只；次年，我国上市公司发行的股票只数增加到 345 只；1999 年，我国上市公司发行的股票只数首次突破 1000 只，达到 1031 只，较 1992 年而言，我国上市公司所发行的股票只数增加了近 1000 只。2010 年，我国上市公司发行股票只数首次突破 2000 只，为 2149 只，我国上市公司发行股票只数进一步提升。截至 2013 年，我国上

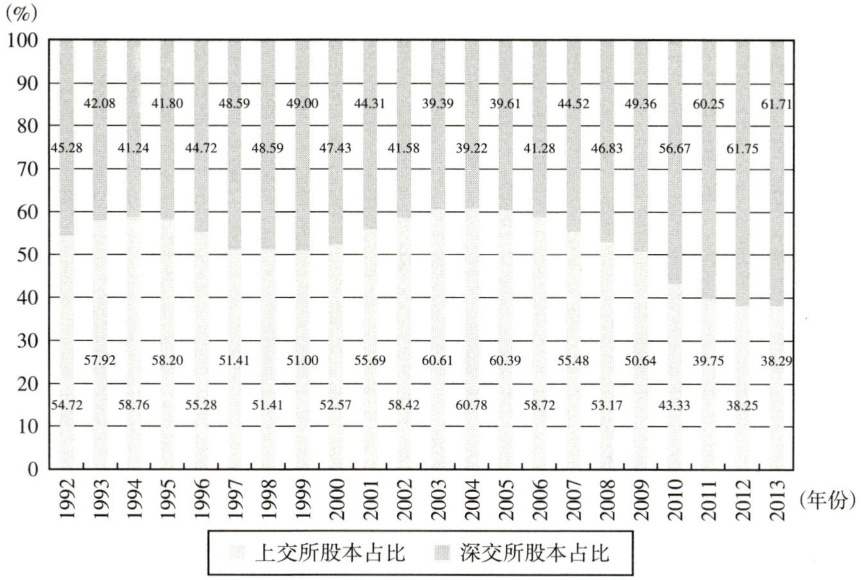

图 3-18 1992~2013 年我国上市公司数量结构变化情况

资料来源：《2014 年中国证券期货统计年鉴》，http：//epub.cnki.net/kns/brief/default_result.aspx。

市公司所发行的股票只数尽管较 2012 年有所下降，但是依然保持高位，为 2574 只，如图 3-19 所示。

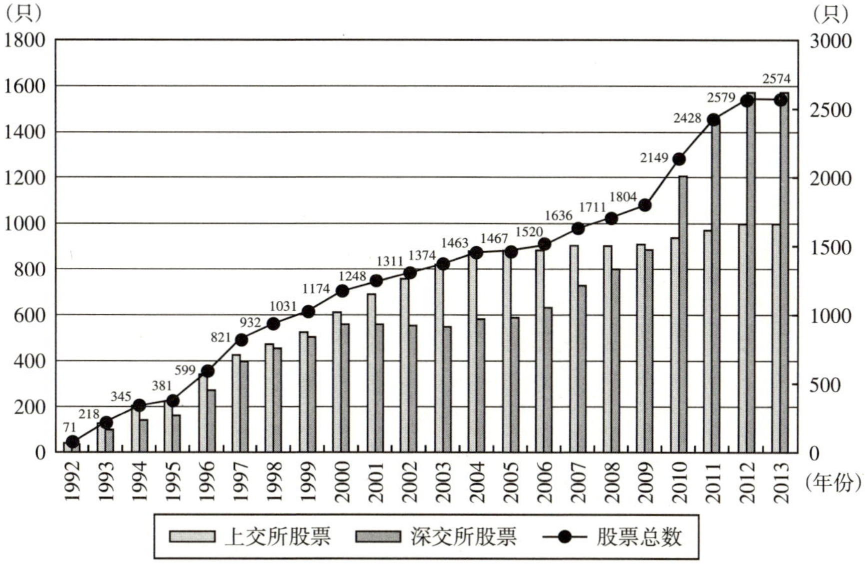

图 3-19 1992~2013 年我国上市公司发行股票只数变化情况

资料来源：《2014 年中国证券期货统计年鉴》，http：//epub.cnki.net/kns/brief/default_result.aspx。

2. 深交所上市公司发行股票只数最终超过上交所数量

从我国上市公司股票只数的结构来看，在 2010 年之前，我国上交所上市公司发行股票只数一直高于我国深交所上市公司所发行的股票只数；2010 年之后，形势发生逆转，我国深交所上市公司所发行的股票只数最终超过上交所发行的股票只数。

具体来看，1992 年，在我国上市公司所发行的 71 只股票中，上交所占 38 家，深交所占 33 家，两者分别占我国所有上市公司发行股票只数的 53.52%和 46.48%。1993 年，两者保持了基本相似的股票只数占比，其中，上交所上市公司发行股票只数为 203 只，占所有上市公司当年发行股票只数的 58.84%，深交所上市公司发行股票只数为 142 只，占所有上市公司当年发行股票只数的 41.16%。1999 年，尽管我国上市公司发行股票只数首次超过 100 只，但是发行股票只数的结构依然没有变化，其中，上交所上市公司发行股票只数为 525 只，深交所上市公司发行股票只数为 506 只，分别占所有上市公司发行股票只数的 50.92%和 49.08%。2010 年，深交所上市公司所发行的股票只数首次超过上交所上市公司发行的股票只数，其中，上交所上市公司发行股票只数为 938 只，深交所上市公司发行股票只数为 1211 只，深交所上市公司发行的股票只数比上交所上市公司发行股票只数多 273 只，深交所上市公司发行的股票只数占所有上市公司发行股票只数的比例为 56.35%，上交所上市公司发行的股票只数占所有上市公司发行股票只数的比例为 43.65%。2011 年，深交所上市公司发行的股票只数占所有上市公司发行股票只数的比例进一步攀升，当年深交所上市公司发行的股票只数为 1453 只。2012 年，深交所上市公司发行的股票只数占所有上市公司发行股票只数的比例首次超过六成，为 61.30%，当年上交所上市公司所发行的股票只数尽管较 2011 年增加到 998 只，但是，上交所上市公司所发行的股票只数占当年所有上市公司所发行的股票只数的比例依然进一步降低为 38.70%。2013 年，在我国整体股票只数发行量下降的趋势之下，我国上交所上市公司所发行的股票只数降低为 997 只，深交所上市公司所发行的股票只数降低为 1577 只，占所有上市公司发行股票只数的比例分别为 38.73%和 61.27%，如图 3-20 所示。

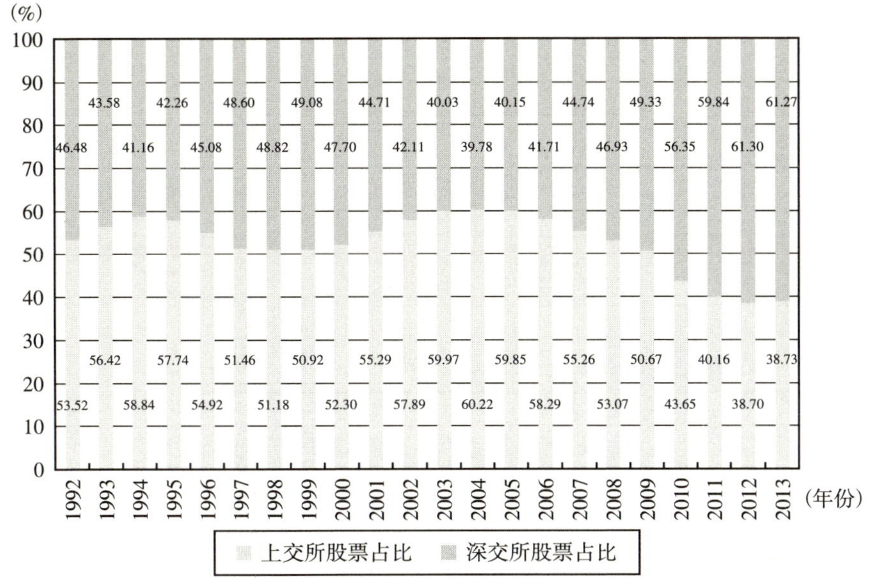

图 3-20　1992~2013 年我国上市公司发行股票只数结构变化情况

资料来源：《2014 年中国证券期货统计年鉴》，http：//epub.cnki.net/kns/brief/default_result.aspx。

（三）我国股票市场上市公司股本金额和结构

1. 上市公司股本呈现出分段增长趋势

以 2005 年为时间分界点，2005 年之前，我国上市公司股本呈现平稳增长趋势；2005 年之后，我国上市公司股本高速增长。

具体来看，1992 年，我国上市公司股本总量为 73 亿股，1996 年，我国上市公司股本总量突破 1000 亿股，为 1111 亿股，较 1992 年相比，五年增加了 14 倍多。1998 年，我国上市公司股本总额突破 2000 亿股，达到 2347 亿股。2000 年，我国上市公司股本总额突破 3000 亿股。2001 年、2002 年和 2003 年，我国上市公司股本总额分别突破 4000 亿股、5000 亿股和 6000 亿股，分别达到 4852 亿股、5464 亿股和 6003 亿股。截至 2005 年，我国上市公司股本总额超过 7000 亿股，达到 7164 亿股。

2005 年之后，我国上市公司股本总额出现“井喷”式增长。2006 年当年，我国上市公司股本总额首次突破 10000 亿股。直到 2008 年，我国上市公司股本总额所表现出的总体趋势和结构趋势依然没有改变。从总量变化趋势来看，尽管我国上市公司股本总额出现结构性变化新特点，但是我国上市公司股本总额依然保持迅猛增长趋势。截至 2013 年，我国上市公司股本总额达到 33822 亿股，如图 3-21 所示。

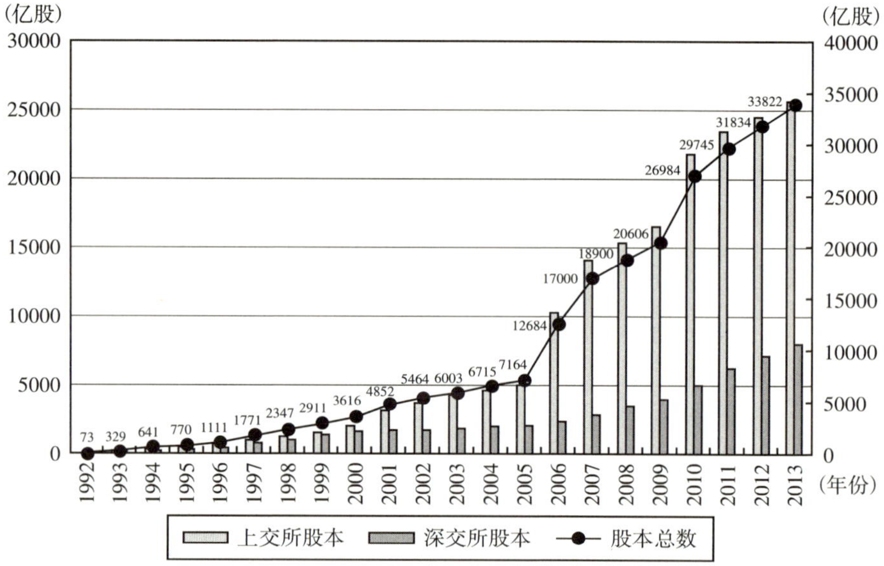

图 3-21 1992~2013 年我国上市公司股本变化情况

资料来源：《2014 年中国证券期货统计年鉴》，http：//epub.cnki.net/kns/brief/default_result.aspx。

2. 上交所上市公司股本占比一直保持较高状态

从我国上市公司股本结构来看，上交所上市公司股本占比一直保持较高状态。具体来看，1992 年，在我国上市公司 73 亿股股本中，上交所股本有 46.94 亿股，深交所股本有 26.28 亿股，占所有股本的比例分别为 64.11%和 35.89%。1998 年，上交所上市公司股本总额和深交所股本总额双双突破 1000 亿股，分别为 1280.35 亿股和 1066.34 亿股，占当年股本总额的比例分别为 54.56%和 45.44%。2000 年，上交所上市公司股本总额突破 2000 亿股，为 2032.42 亿股，深交所上市公司股本总额达到 1583.84 亿股，两者占当年上市公司股本总额的比例分别为 56.20%和 43.80%。2001 年、2002 年和 2003 年，上交所上市公司股本总额占比同比增长，三年上交所上市公司股本总额分别达到 3164.44 亿股、3727.84 亿股和 4170.39 亿股，占所有上市公司股本总额的比例分别为 65.22%、68.22%和 69.47%。2005 年，我国上交所上市公司股本总额增加到 5023.05 亿股，深交所上市公司股本总额增加到 2140.49 亿股，两者占所有上市公司股本总额的比例分别为 70.12%和 29.88%，上交所上市公司股本总额占比超过七成。2006 年，上交所上市公司股本总额突破 10000 亿股，达到 10279.54 亿股，深交所上市公司股本总额达到 2404 亿股；两个证券交易所上市公司股本总额的比例关系进一步拉大，其中，上交所上市公司股本总额占上市公司股本总额的比例超过 80%，为 81.04%，深交所上市公司股本总额占上市公司的比例仅为 18.96%。尽管 2008 年之后，除去 2010 年我国深交所上市公司股本总额占比较上年有所下降之外，其余年份深交所上市公司股本总额占比保持增加趋势；但是，上交所上市公司股本总额占上市公司股本总额的比例依然高于 75%。截至 2013 年，上交所上市公司股本总额达到 25751.69 亿股，深交所上市公司股本总额达到 8070.35 亿股，两个证券交易所占所有上市公司股本总额的比例分别达到 76.14%和 23.86%，如图 3-22 所示。

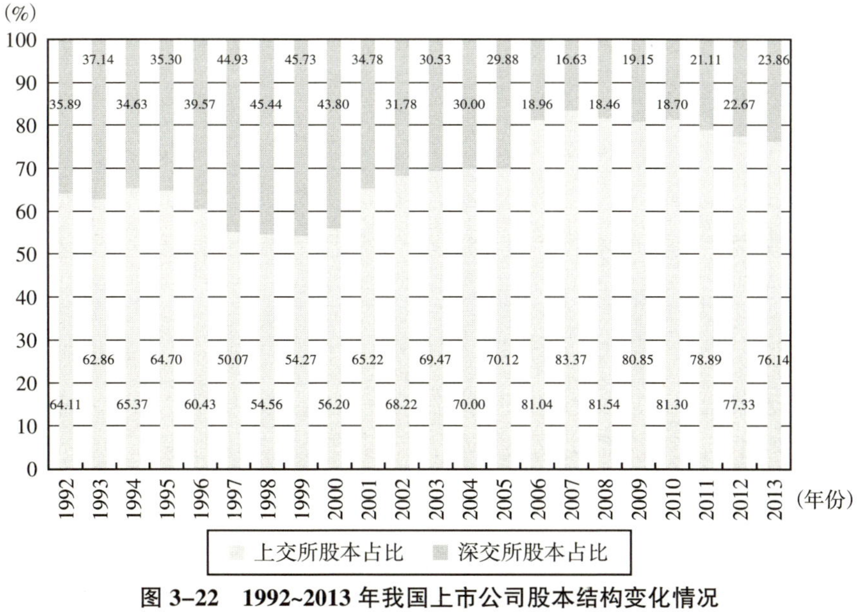

图 3-22　1992~2013 年我国上市公司股本结构变化情况

资料来源：《2014 年中国证券期货统计年鉴》，http：//epub.cnki.net/kns/brief/default_result.aspx。

（四）我国股票市场上市公司市值金额和结构

1. 上市公司市值呈现出波动增长趋势

从我国上市公司市值的整体变化趋势来看，我国上市公司呈现出波动增长趋势。具体来看，1992 年，我国上市公司市值总额为 1048 亿元，到了 1993 年，我国上市公司市值就增加到 3531 亿元，较 1992 年增加了 2483 亿元，增长了 2.37 倍。尽管 1995 年，我国上市公司市值总额较 1994 年有所下降，但是 1996 年，我国上市公司市值又出现快速增长，当年我国上市公司市值增加到 9843 亿元，较 1995 年增加了 6368 亿元，增加了 1.83 倍。1997 年，我国上市公司市值总额突破 10000 亿元，达到 17529 亿元；1999 年，我国上市公司市值总额超过 20000 亿元，达到 26485 亿元；2000 年，我国上市公司市值总额突破 4000 亿元，达到 48122 亿元，每两年我国市值增加上一个新台阶。不过，2000 年之后，尽管我国市值总额处于高位，但是我国上市公司市值总额出现下滑趋势，其中，2001 年的市值下降到 43583 亿元，2002 年的市值总额甚至下跌到 40000 亿元以下，达到 38339 亿元。尽管 2003 年，我国上市公司市值总额较 2002 年增加到了 42478 亿元，但是 2004 年和 2005 年，我国上市公司市值总额再次出现下降，在两个年度，我国上市公司市值总额分别降低至 47081 亿元和 32446 亿元。2005 年之后，我国上市公司市值总额出现了连续两个年份的“井喷”式增长，其中，2006 年达到 89441 万亿元，2007 年我国上市公司市值总额甚至突破 10 万亿元，达到 327291 万亿元。2008 年，我国上市公司市值总额较 2007 年大幅下降，但是依然处于 10 万亿元以上，为 121541 亿元。2009 年和 2010 年，我国上市公司市值总额出现两个年份的增长，其中 2009 年我国上市公司市值增加到 244104 亿元，2010 年我国上市公司市值增加到 265423 亿元。继 2011 年我国上市公司市值总额出现下降之后，2012 年和 2013 年我国上市公司市值又分别增加到 230358 亿元和 239077 亿元。不难看出，从我国上市公司总市值的角度来看，我国上市公司市值总额不仅表现为波动增长趋势，而且波动的幅度也表现为收窄特点，如图 3-23 所示。

2. 上交所上市公司市值高于深交所

从我国上市公司市值的结构变化来看，尽管不同年份我国上交所上市公司市值总额和深交所市值总额占我国上市公司市值总额的比例多有变化，但是，我国上交所上市公司市值总额大于深交所上市公司市值总额的趋势并未根本改变，我国上交所上市公司市值总额长期高于深交所上市公司市值总额。具体来看，从深交所上市公司市值占比相对最高的年份来看，1992 年以来，深交所上市公司市值在 1997 年占我国上市公司市值总额的比例相对最高，当年，深交所市值总额

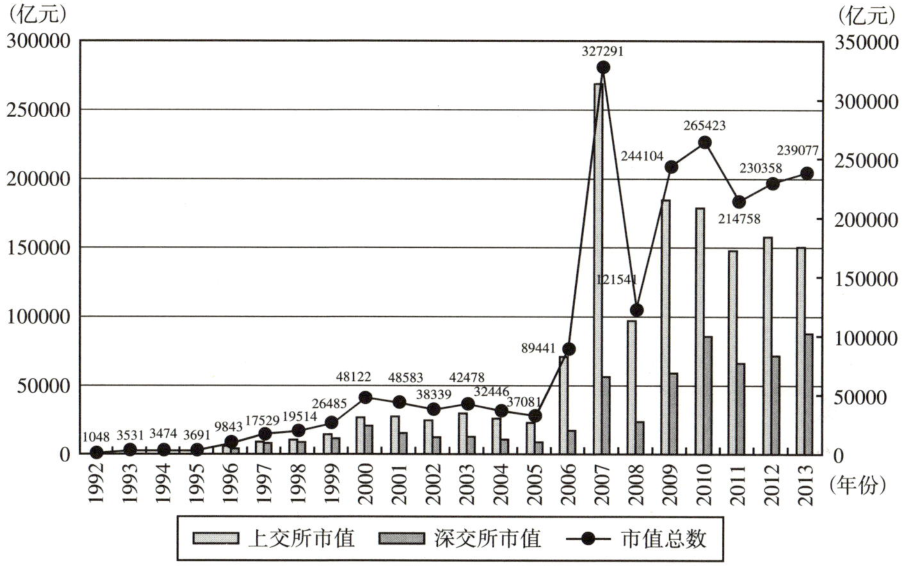

图 3-23　1992~2013 年我国上市公司市值变化情况

资料来源：《2014 年中国证券期货统计年鉴》，http：//epub.cnki.net/kns/brief/default_result.aspx。

为 8311.17 亿元，尽管低于上交所的市值总额 9218.07 亿元，但是深交所市值总额占我国上市公司市值总额的比例还是达到 47.41%。从上交所上市公司市值占比相对最高的年份来看，1992 年以来，上交所市值在 2007 年占我国上市公司市值总额的比例最高。当年，上交所上市公司市值总额为 269838.87 亿元，与之相比，深交所上市公司市值总额仅为 57452.44 亿元，两者占我国当年上市公司市值总额的比例分别为 82.45%和 17.55%。不过，无论是上交所上市公司市值占总市值最高的时候，还是深交所上市公司市值占总市值最高的时候，上交所上市公司市值一直高于深交所上市公司市值，如图 3-24 所示。

二、混合所有制企业员工持股制度状况

上市公司开展员工持股制度的股份属于非流通股份，为全面了解反映我国整体状况的上市混合所有制企业员工持股制度状况，需要首先对我国上市公司非流通股份的变化特点进行考察，然后，再逐步深入考察我国混合所有制企业员工持股制度的变化趋势。不仅如此，在本章中，笔者还根据已有的数据对反映我国混合所有制员工持股制度开展企业数量变化情况的我国上市公司开展员工持股制度

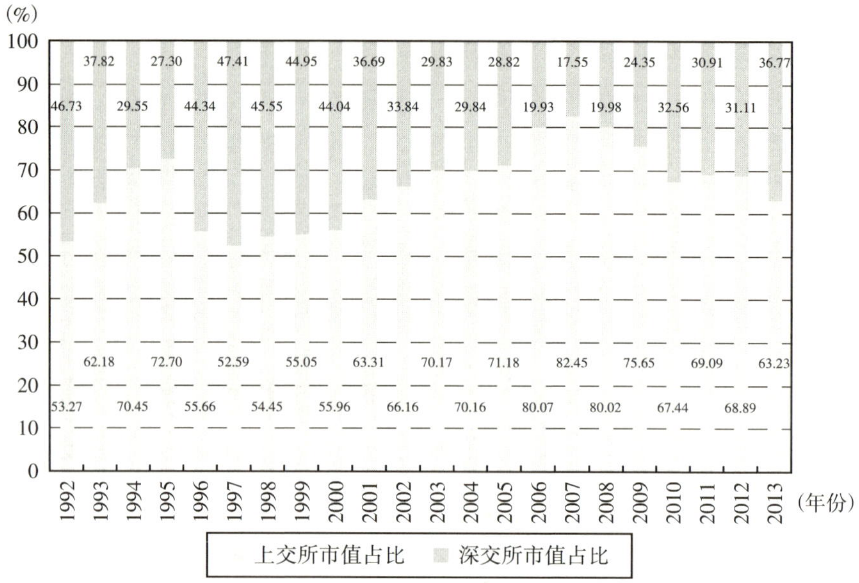

图 3-24 1992~2013 年我国上市公司市值结构变化情况

资料来源：《2014 年中国证券期货统计年鉴》，http：//epub.cnki.net/kns/brief/default_result.aspx。

的企业数量进行了分析。

（一）混合所有制上市公司企业员工持股制度变化

1. 我国非流通股呈现出倒 U 型变化趋势

员工持股为非流通股，为了对我国混合所有制上市公司的非流通股进行考察，笔者发现，2003 年以来，我国非流通股数量呈现出倒 U 型的变化趋势。

2003 年，我国上市公司非流通股为 1105.16 亿股，2004 年和 2005 年，我国上市公司非流通股均在 2003 年的基础上有部分的增加，其中，2004 年为 1185.47 亿股非流通股，2005 年我国上市公司非流通股增加到 1598.62 亿元，较 2003 年分别增加了 80.31 亿股和 493.47 亿股。

2006 年，我国上市公司非流通股出现“井喷”式增长，当年上市公司非流通股增加到 7992.24 亿股，较 2005 年增加了 6393.62 亿股，在 2005 年的基础上增加了 4 倍。2007 年，我国上市公司非流通股突破 1 万亿股，达到 10750.44 亿股，较 2006 年增加了 2758.20 亿股，较 2006 年增长 34.51%。2008 年，尽管我国上市公司非流通股较 2007 年有所降低，但是，依然处于 1 万亿股以上，为 10433.30 亿股。2009 年，受到国际金融危机的影响，我国股票市场出现剧烈波动，我国上市公司非流通股数量出现“断崖”式下跌，2009 年跌至 5070.51 亿股，较 2008 年降低了 5362.78 亿股。2010 年，尽管我国上市公司非流通股有所增加，达到 5777.75 亿股，但是 2011 年、2012 年和 2013 年，继续延续了 2009 年以来的下跌态势，其中，2011 年下跌到 5409.05 亿股，2012 年下跌到 5032.10 亿股，2013 年下跌到 2015.06 亿股。整体来看，我国上市公司非流通股呈现出倒 U 型的变化趋势，如图 3–25 所示。

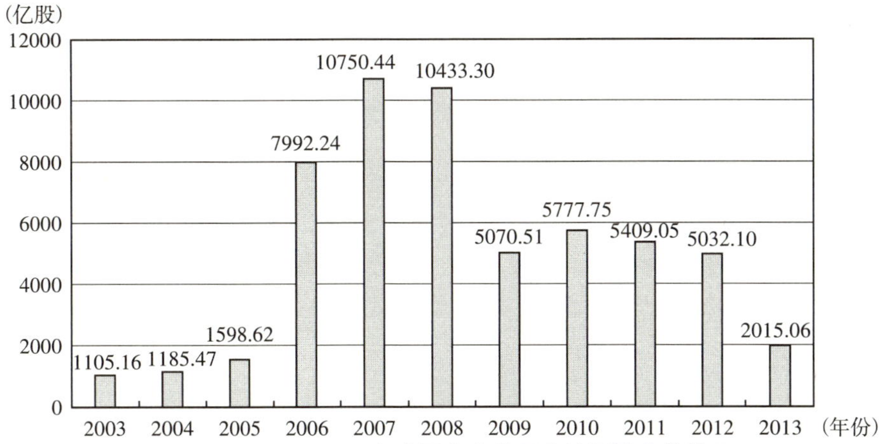

图 3–25　2003~2013 年我国上市公司非流通股变化情况

资料来源：各期《中国证券期货统计年鉴》，http：//epub.cnki.net/kns/brief/default_result.aspx。

2. 混合所有制企业员工持股呈现出倒 V 型变化趋势

员工持股制度所持有的上市公司股份在资本市场上属于非流通股份，通过考察 1992~2011 年我国上市公司推进员工持股制度的上市公司的员工持股数量，可以对我国混合所有制上市公司员工持股制度的状况有一个基本的了解。

1992 年，我国两个交易所上市公司中推进员工持股制度的非流通员工股份有 0.85 亿股。1993 年，我国两个交易所上市公司中推进员工持股制度的非流通员工股份大幅增加，达到 9.32 亿股；1994 年和 1995 年两个年份我国两个交易所上市公司中推进员工持股制度的非流通员工股份呈现出降低趋势，其中，1994 年两个交易所上市公司推进员工持股制度的非流通员工股份在 1993 年的基础上下降到 6.72 亿股，1995 年又在 1994 年的基础上下降到 3.07 亿股；1995 年之后，我国两个交易所上市公司中推进员工持股制度的非流通员工股份呈现出持续“井喷”态势。其中，1996 年在 1995 年的基础上增加到 14.64 亿股，较 1995 年增长了 3.77 倍；1997 年在 1996 年的基础上增加了 24.98 亿股；1998 年则在 1997 年的基础上增长到 51.70 亿股，1998 年的水平也是 1992~2011 年我国两个交易所上市公司中推进员工持股制度的非流通员工股份最高的年份。之后，我国两个上市公司中推进员工持股制度的非流通员工股份的数量呈现出整体下降的趋势。截至 2009 年，我国两个交易所上市公司中推进员工持股制度的非流通员工股份的数量达到极小值，仅为 0.05 亿股，较最高时期的 51.70 亿股下降了 51.65 亿股。尽管 2010 年，我国两个交易所上市公司中推进员工持股制度的非流通员工股份的数量又增加到 9.15 亿股，但是，这未能扭转我国员工持股制度自 1998 年以来所呈现出来的逐渐收缩态势，2011 年，我国两个交易所上市公司中推进员工持股制度的非流通员工股份的数量降低至 0.01 亿股。

显而易见，通过对我国 1992~2011 年两个交易所上市公司推进员工持股制度的非流通员工股份的数量进行考察，可以看到，我国混合所有制上市公司员工持股制度经历了过热的增长阶段，也迎来了失落的阶段，我国混合所有制企业员工持股呈现出倒 V 型的变化趋势，如图 3-26 所示。

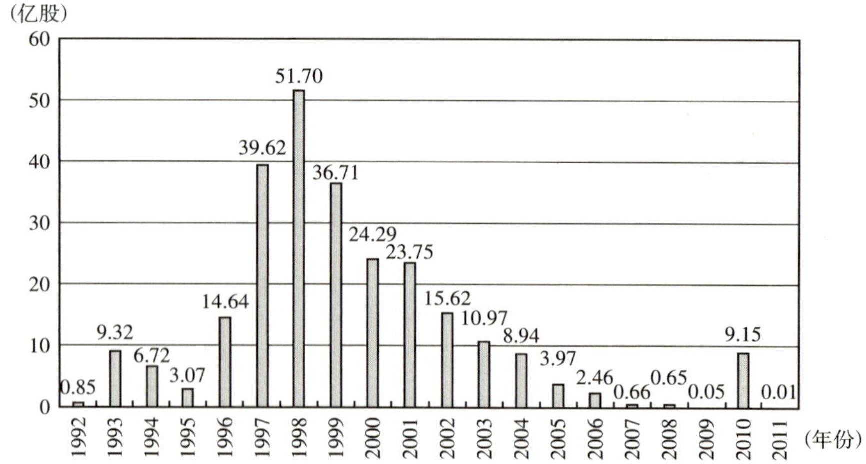

图 3-26　1992~2011 年我国上市公司员工持股变化情况

资料来源：各期《中国证券期货统计年鉴》，http：//epub.cnki.net/kns/brief/default_result.aspx。

（二）混合所有制上市公司员工持股制度实践开展情况

根据各期《中国证券期货统计年鉴》所披露的数据显示，1999 年以来，我国上市公司推进员工持股制度的上市公司数量呈现出整体下降的趋势。

具体来看，1999 年，我国上市公司推进员工持股制度的企业数量有 136 家，其中，深交所相对较多，有 69 家深交所上市公司推进了员工持股制度实践；与之相比，上交所相对较少，有 67 家上交所上市公司推进了员工持股制度实践。2000 年，我国上市公司推进员工持股制度的企业数量大幅下降，当年开展员工持股制度的上市公司数量仅有 23 家，其中，上交所推进员工持股制度的企业数量依然相对较少，仅有 8 家上交所上市公司当年开展了员工持股制度；深交所尽管开展员工持股制度的上市公司数量依然较上交所偏多，但是也在 1999 年的基础上大幅下降，仅为 15 家。尽管 2001 年和 2002 年，我国上市公司员工持股制度开展企业数量分别增加到 27 家和 29 家，其中，2001 年，上交所开展员工持股制度的上市公司有 9 家，深交所开展员工持股制度的企业有 18 家；2002 年，上交所开展员工持股制度的企业数量甚至超过了深交所推进员工持股制度的企业数量，同上交所有 18 家上市公司开展员工持股制度相比，深交所当年仅有 11 家上市公司推进了员工持股制度。2004 年，我国上市公司开展员工持股制度的企业数量大幅下降，当年仅有 11 家企业推进了员工持股制度实践，同上交所有 10 家上市公司开展了员工持股制度实践相比，深交所仅有 1 家企业开展了员工持股制度实践。10 家上交所开展员工持股制度实践的企业分别为南纺股份、开开实业、国栋建设、潜江制药、中新药业、北生药业、安阳钢铁、天房发展、新安股份、宏达股份；1 家深交所开展员工持股制度实践的企业为京东方。

据同花顺数据（2016）[①] 所披露的数据显示，截至 2016 年 1 月 28 日，我国上交所和深交所 A 股总计推进员工持股制度的上市公司有 371 家，所推出的员工持股制度有 399 次。不难看出，同我国的上市公司总数和我国市场规模相比，我国员工持股制度的开展严重滞后，这也反映出我国混合所有制上市公司员工持股制度的开展严重滞后，如表 3-2 所示。

① 中商情报网. 2015 年至今 371 家上市公司员工持股计划现状［EB/OL］. 中商情报网，http：//www.askci.com/news/finance/2016/01/29/1153555hgf.shtml，2016-01-29/2016-12-03.

表 3-2 1999~2004 年我国上市公司员工持股制度开展企业数量

年份	上交所	深交所	交易所
1999	67	69	136
2000	8	15	23
2001	9	18	27
2002	18	11	29
2003	—	—	—
2004	10	1	11

资料来源：各期《中国证券期货统计年鉴》，http：//epub.cnki.net/kns/brief/default_result.aspx。

本章小结

本章包括两节，通过使用数据的形式，分别对我国“混合所有制企业状况”和“混合所有制企业员工持股制度状况”进行了详细的分析。

第一节在对相关基本统计事项进行说明的基础上，对 10 年来我国混合所有制企业变化和 2014 年我国现状分别进行了考察。其中，在相关基本统计事项说明中，在借鉴以往研究的基础上，笔者将混合所有制企业统计口径定位为：内资企业中的股份合作企业、其他联营企业、其他有限责任公司、股份有限公司等企业，港、澳、台商投资企业中的港澳台商投资股份有限公司、其他港澳台商投资企业等企业，以及外资企业中的中外合资经营企业、中外合作经营企业以及外商投资股份有限公司等企业。在 10 年来我国混合所有制企业变化部分，笔者分别对 10 年来我国混合所有制企业规模变化情况、成长性变化情况、盈利性变化情况以及风险性变化情况进行了分析，得出结论认为：混合所有制企业数量整体呈现上升趋势，占比先下降、后上升；资产规模不断增加，五成规模以上工业企业资产为混合所有制企业；营业收入稳步提升，企业不断成长壮大；营业收入占比呈 V 型变化趋势；利润总额整体保持提升趋势，利润总额占比不断收敛；资产利润率同我国经济形势变化趋同；负债总额不断提升，负债总额占比整体体现出增长态势；资产负债率不规则变动，整体呈现出增长态势。在 2014 年我国混合所有制企业现状方面，笔者分别对 2014 年我国混合所有制企业规模分布情况、成长性分布状况、盈利性分布状况和风险性分布状况进行了分析，得出结论认为：其他有限责任公司混合所有制企业数量最多，其他联营企业和其他港澳台投资股份有限公司混合所有制企业数量相对最少；其他有限责任公司混合所有制企业资产规模最大，其他联营工业企业资产规模相对最小；其他有限责任公司混合所有制企业营业收入最高，其他联营工业企业和其他港澳台投资股份有限公司相对最低；其他有限责任公司混合所有制企业营业收入占比最高，其他联营工业企业和其他港澳台投资股份有限公司混合所有制工业企业占比相对最低；其他有限责任公司混合所有制企业利润总额最高，其他港澳台投资股份有限公司和其他联营工业企业混合所有制企业利润总额相对最低；其他联营工业企业资产利润率相对最优，其他有限责任公司和股份有限公司资产利润率相对最差；其他有限责任公司混合所有制企业负债规模相对最高，其他联营工业企业混合所有制企业负债规模相对最低；其他有限责任公司混合所有制企业资产负债率相对最高，其他联营工业企业混合所有制企业资产负债率相对最低。

第二节在对相关基本统计事项进行说明的基础上，笔者采取逐步深入的逻辑思路，对我国股票市场基本情况、我国非流通股份变化情况、我国上市公司开展员工持股制度所涉及的员工股以及上市公司员工持股实践进行了考察。在“我国股票市场概况”方面，笔者对我国股票市场概况进行分析之后，认为：我国上市公司数量呈现逐年攀升态势，但深交所上市公司数量后来居上；上市公司发行股票只数整体增长态势明显，深交所上市公司发行股票只数最终超过上交所数量；上市公司股本呈现出分段增长趋势，上交所上市公司股本占比一直保持较高状态；上市公司市值呈现出波动增长趋势，上交所上市公司市值高于深交所。在“混合所有制企业员工持股制度状况”方面，笔者认为：我国非流通股呈现出倒 U 型变化趋势，混合所有制企业员工持股制度呈现出倒 V 型变化趋势；1999 年以来，我国上市公司推进员工持股制度的上市公司数量呈现出整体下降的趋势；同我国的上市公司总数和我国市场规模相比，我国员工持股制度的开展严重滞后，反映出我国混合所有制上市公司员工持股制度的开展严重滞后。

第四章　中国混合所有制企业员工持股制度政策

我国的混合所有制企业是国有企业改革、改制的产物，作为混合所有制企业改革的重要组成部分，混合所有制企业员工持股制度的科学推进、顺利实施显然离不开党中央、国务院以及相关政府部门对于混合所有制企业推进员工持股制度的政策支持。可以说，我国政府的相关政策是保障我国混合所有制企业推进员工持股制度合法性的根本，全面分析党和国家以及相关政府部门对于混合所有制企业推进员工持股制度的政策设计意义重大。为此，在本章中，笔者分别对党中央和国务院关于员工持股制度的顶层制度设计、国务院国资委对于员工持股制度的政策措施以及证券监督管理部门推进员工持股制度的政策进行了全面的阐述。

第一节　党中央和国务院的顶层制度设计

党中央和国务院是推进我国混合所有制企业员工持股制度顶层制度设计的主体，自 2013 年 11 月中共十三届三中全会提出“允许混合所有制经济实行企业员工持股制度”的政策出台之后，党中央和国务院先后发布了三个方面的政策文件，构成了我国混合所有制企业员工持股制度的顶层制度设计，具体如下。

一、第一份顶层设计文件的发布

党中央和国务院涉及混合所有制企业员工持股制度的第一个顶层设计文件发布于 2013 年。2013 年 11 月 12 日，中共十八届三中全会通过的《中共中央关于全面深化改革若干重大问题的决定》(2013)[①] 中,“允许混合所有制经济实行企业员工持股制度,形成资本所有者和劳动者利益共同体”成为重要的内容,这是党和国家政策文件中首次出现“混合所有制经济”“员工持股制度”的字眼,不仅标志着党中央和国务院对于推进国有企业改革认识的进一步深化,而且也标志着混合所有制企业员工持股制度作为混合所有制经济改革的重要内容所占据的地位不断引起党和国家最高层的注意和重视,这拉开了我国混合所有制企业推进员工持股制度的帷幕。

二、第二份顶层设计文件的发布

2014 年,党中央和国务院发布了第二份涉及混合所有制企业员工持股制度的文件。2014 年 5 月,为了进一步促进我国资本市场的发展,建立我国多层次的资本市场体系等,国务院发布了《国务院关于进一步促进资本市场健康发展的若干意见》(2014)[②],作为提高我国上市公司质量的重要内容,“允许上市公司按规定通过多种形式开展员工持股计划”成为国务院推进上市公司开展员工持股制度的明确信号,又一次拉开了我国上市公司开展员工持股制度的帷幕。由于我国多数上市公司为国有控股上市公司,按照本书的概念界定,国有控股上市公司也是混合所有制企业。所以,从某种程度上讲,国务院发布的《国务院关于进一步促进资本市场健康发展的若干意见》(2014)[③] 也对我国上市混合所有制企业推进员工持股制度发出了明确的信号。通过发展混合所有制企业员工持股制度,推进上市混合所有制企业完善现代企业制度、建立现代化的经营机制、规范经营决策、形成完善的股权激励制度等必将成为我国上市混合所有制企业推进员工持股制度的重要目标或立足点。

三、第三份顶层设计文件的发布

2015 年,党中央和国务院第三份涉及推进混合所有制企业员工持股制度的

---

① 中国共产党第十八届中央委员会第三次全体会议. 中共中央关于全面深化改革若干重大问题的决定[EB/OL]. 新华社,http://news.xinhuanet.com/2013-11/15/c_118164235.htm [EB/OL],2012-11-15/2016-12-25.

②③ 国务院. 国务院关于进一步促进资本市场健康发展的若干意见 [EB/OL]. 中国政府网,http://www.gov.cn/zhengce/content/2014-05/09/content_8798.htm [EB/OL],2014-05-09/2016-12-25.

文件——《中共中央、国务院关于深化国有企业改革的指导意见》(2015)① 发布。《中共中央、国务院关于深化国有企业改革的指导意见》要求“探索实行混合所有制企业员工持股制度”。从实行的路径来看，该《指导意见》要求坚持“试点先行”，通过试点取得开展混合所有制企业员工持股制度的经验，之后再稳妥地推进员工持股制度的有序推进；从实行员工持股制度的目标来看，该《指导意见》认为，实行员工持股制度的基本目标是“建立激励约束长效机制”，可见“激励约束”成为我国推进混合所有制企业员工持股制度的基本目标导向；从试点员工持股制度企业来看，该《指导意见》将“人力资本和技术要素贡献占比较高”的单位作为此次试点的重点企业，这些单位包括“转制科研院所、高新技术企业、科技服务型企业”等；从试点员工持股制度的目标群体来看，该《指导意见》将那些对于企业的经营业绩和可持续发展具有直接影响或较大影响的“科研人员、经营管理人员和业务骨干等”作为推进混合所有制企业员工持股制度的重点人群；从股份来源来看，该《指导意见》建议主要采取“增资扩股、出资新设”等方式。除此之外，该《指导意见》还对混合所有制企业推进员工持股制度的“审核程序”“操作流程”“资产评估”“股权流转”“退出机制”等提出了相关的要求；比如，“审核程序”要不断健全、“相关政策”要不断完善、“操作流程”要求规范、“资产评估”要力求严格、“股权流转”和“退出机制”也要相应的建立和健全；并且，混合所有制企业员工持股制度的推行还要做到“公开透明”。

第二节　国务院国资委员工持股制度政策

《关于国有控股混合所有制企业开展员工持股试点的意见》(2016)② (简称《试点意见》) 是国务院国资委全面贯彻中共十八大以来相关中央会议精神、落实

① 中共中央、国务院. 中共中央、国务院关于深化国有企业改革的指导意见［EB/OL］. 新华社，http：//www.sh.xinhuanet.com/2015-09/14/c_134620921.htm［EB/OL］，2015-09-14/2016-12-25.

② 国务院国资委. 关于国有控股混合所有制企业开展员工持股试点的意见［EB/OL］. 中国政府网，http：//www.gov.cn/xinwen/2016-08/19/content_5100563.htm［EB/OL］，2016-08-19/2016-12-25.

“四个全面”战略布局和五大发展理念要求而制定的针对国有控股混合所有制企业开展员工持股制度的试点意见，是对党中央和国务院关于推进混合所有制企业员工持股制度顶层设计的具体落实。尽管该《试点意见》的主要目的是推进混合所有制企业员工持股制度试点工作，但是《试点意见》中关于国有企业混合所有制企业员工持股制度的要求也充分反映了国务院国资委对于混合所有制企业推进员工持股制度的基本设想。整体来看，《试点意见》对混合所有制企业推进员工持股制度的原则、员工的范围、员工出资、购股价格、持股比例、股权结构、持股方式、股权管理主体和方式、股权流转、股权分红、破产重整和清算、持股方案制定和审批等问题进行了全面的说明。

一、核心原则

《试点意见》明确提出了混合所有制企业推进员工持股制度试点的四大原则，分别为：依法合规、公开透明，增量引入、利益捆绑，以岗定股、动态调整，严控范围、强化监督。其中，“依法合规、公开透明”“增量引入、利益捆绑”和“以岗定股、动态调整”三项原则也是混合所有制企业推进员工持股制度所应当坚持的原则，而“严控范围、强化监督”是国务院国资委关于推进员工持股制度试点工作的基本原则。

所谓“依法合规、公开透明”原则，是指混合所有制企业推进员工持股制度一方面要遵守我国相关的法律法规，另一方面，由于混合所有制企业的特殊性，为了避免混合所有制企业在推进员工持股制度的过程中可能造成的国有资产流失问题，我国混合所有制企业推进员工持股制度还必须符合我国关于国有企业改革、改制的相关规定。不仅如此，为了保障混合所有制企业的员工在推进员工持股制度过程中的合法权益受到保护，国务院国资委还认为，混合所有制企业推进员工持股制度方面，还必须坚持“公开透明”的原则，从而保障了包括员工在内的利益相关方的知情权。

所谓“增量引入、利益捆绑”原则，是指从员工持股制度的股份来源的角度来看，在保证国有资本处于控股地位的前提之下，混合所有制企业推进员工持股制度主要采用增资扩股或出资新设的方式，从而最大限度地规避了国有资产在推进员工持股制度的过程中可能遭受的流失问题。对于“利益捆绑”的原则，主要表现在两个层面：第一个层面是混合所有制企业推进员工持股制度形成了员工和企业的利益共同体，从而建立起了对员工的长效激励机制；第二个层面是参与混合所有制企业员工持股制度的员工由于也具有了股东的身份，所以，必然承担着相应的股价降低的风险。

所谓“以岗定股、动态调整”原则，是指员工持股制度的推行具有鲜明的岗位和业绩关联性，也就是说，混合所有制企业推行员工持股制度并不是全面开花，而是重点聚焦于关键技术岗位、管理岗位和业务岗位的人员；“动态调整”原则是指尽管混合所有制企业员工持股制度对于股权的流转具有严格的限制，但是严格限制流通并不意味着绝对禁止流通，这为混合所有制企业员工持股制度开展过程中员工股的流转、退出机制的设计等提供了基本的指导。

二、基本范围

企业员工是混合所有制企业员工持股制度的核心参与者，没有员工的参与，员工持股制度无法推进。不过，《试点意见》对于员工持股制度中员工的范围做出了严格的限制，除了参与员工持股制度的员工必须同公司签订劳动合同之外，员工持股制度的参与人员还必须受到以下两个方面的约束。

一方面，《试点意见》要求混合所有制企业员工持股制度的参与主体必须是关键岗位上的科研人员、经营管理人员和业务骨干，并且这些科研人员、经营管理人员和业务骨干对于公司的经营业绩和可持续发展具有较大的影响。也就是说，如果相关科研人员、经营管理人员和业务骨干没有对公司的经营业绩和可持续发展做出直接的或者重大的贡献，那么相关的科研人员、经营管理人员和业务骨干也不具有参与混合所有制企业员工持股制度的资格。

另一方面，由于混合所有制企业员工来源的复杂性，《试点意见》还排除了部分人员尤其是高层管理人员的参与。这些高层管理人员包括由各级政府部门任命的企业领导人员、外部董事、监事等均不能参与混合所有制企业员工持股制度的试点。不仅如此，对于存在直系亲属关系的混合所有制企业员工只能有一人参与员工持股制度。

三、出资来源

混合所有制企业员工持股制度的推进涉及参与员工的出资，针对出资的来源问题，《试点意见》也做出了明确的规定。

《试点意见》认为，混合所有制企业的试点单位不仅不能通过向员工赠股的方式使员工参与其中，也不能为员工参与混合所有制企业员工持股制度获取资金提供财务资助，如垫资、担保、借贷等。《试点意见》要求参与混合所有制企业员工持股制度的员工在资金方面必须足额缴纳货币资金；对于那些具有科技成果的员工而言，在提供相关科技成果的所有权证明并做出相应的估值之后也可以作为参与混合所有制企业员工持股制度的重要资金来源。

四、持股比例

《试点意见》对于混合所有制企业员工持股制度所涉及的两个方面的持股比例做出了明确的规定。一方面，在混合所有制企业员工持股制度所涉及的所有员工持股占总股本的比例方面，《试点意见》做出不超过 30%的明确规定。30%的规定保证了混合所有制企业在开展员工持股制度的过程中国有资本的控股地位，起到了对于员工参与员工持股制度的激励效果。另一方面，在单一员工持股占所有总股本的比例方面，《试点意见》做出了不超过 1%的规定。

除此之外，《试点意见》还指出，为了保证混合所有制企业员工持股制度的开放性，试点企业可以采取适当的方式设置一定的预留股份，以便在引进人才的过程中给予相关人员参与混合所有制企业员工持股制度的机会。

五、股权结构

混合所有制企业员工持股制度引入之后，从股权结构的角度来讲，混合所有制企业形成国有资本、员工持股资本等多种所有制资本混合的状况。为了保障国有资本的控股地位，从而使混合所有制企业员工持股制度成为推进国有企业混合所有制改革的工具而不是私有化国有企业的手段，《试点意见》还对股权结构做出了明确的限定。《试点意见》认为，为了保证国有资本对于混合所有制企业的控制地位，国有股东的控股比例要保持在 34%以上，从而保证了国有资本在混合所有制企业员工持股制度的推广过程中的控制力。

六、持股方式

《试点意见》提出了多种方式的混合所有制企业员工持股制度。首先，员工可以以个人名义直接持股，即员工作为个人，按照制度设计，满足相关要求之后，直接持有混合所有制企业所发行的员工股，员工直接持有股权的行权、分红、流转等均按照混合所有制企业员工持股制度设计进行。其次，员工可以通过公司制企业持有股权，公司制企业作为员工持股制度中的持股主体，按照员工持股制度设计享有员工持股制度所规定的相关权益，可以通过公司治理机制设计参与混合所有制企业的公司治理。再次，员工可以通过合伙制企业持有股权，合伙制企业作为员工持股制度中的持股主体，按照《公司法》等相关法律法规注册成立，行使混合所有制企业员工持股制度设计中的股东权益。最后，员工可以通过资产管理计划持有股权，这种方式需要引入资产管理机构、资产托管人等机制，并设置专项资产管理基金，员工通过购买专项资产管理基金参与混合所有制企业员工持股制度。

不过，需要指出的是，无论是以个人的名义直接持股，还是以持股平台的方式参与持股，均不能使用杠杆融资的方式出资购股，持股平台也不能从事参与员工持股制度的其他经营活动。

七、股权管理

《试点意见》对于混合所有制企业员工持股制度的股权管理设计包括股权管理主体、股权管理方式、股权流转、股权分红以及破产重整和清算五个层面。

在股权管理主体层面，《试点意见》建议的股权管理主体是持股人代表或相应的机构，为了保证持股人代表或相应的机构开展股权管理的合法性，无论是持股人代表，还是相应的机构，均需要通过持股人会议等形式选举产生。从委托—代理的角度来看，持股人代表或相应的机构受到全体持股人的委托，因此，持股人代表或相应的机构维护的是参与混合所有制企业员工持股制度的所有持股人的合法权益。从职责的角度来看，持股人代表或相应的机构具有制定股权管理规则的职责。

在股权管理方式层面，无论是员工股权的日常管理，还是员工股权的动态调整，抑或是员工股权的退出问题，均需要各个方面的股东进行协商，从而形成一致，并将在员工股权的日常管理问题、动态调整问题以及退出问题等方面所形成的一致通过公司章程或者股东协议等方式加以明确。

在股权流转层面，《试点意见》提出了锁定期的概念。从股权流转权限方面看，在锁定期内，《试点意见》要求员工股权原则上不能进行流转；从锁定期的时间范围方面看，《试点意见》要求锁定期的时间范围不能少于三年。对于尚未公开发行股票的混合所有制企业，即使在员工持股制度推行的过程中，混合所有制企业推进了公开发行股票上市计划，参与员工持股制度的员工也不能在公开市场上流转通过员工持股制度所持有的股权，而是应当承诺设置不少于三年的锁定期，在三年之内不能通过公开市场买卖股权。即使在锁定期届满之后，参与员工持股制度的员工在流转股权的过程中也受到一定的限制，其中，公司的董事、高级管理人员每年可以转让的股权总数的最高数量为自身所持有全部股份的25%。另外，对于参与员工持股制度的员工在辞职、调离、退休、死亡等情况之下的股权流转规则，《试点意见》也做出了明确的要求。

在股权分红层面，《试点意见》要求推进员工持股制度的企业合理确定利润分配方案和分红比例，并且不能承诺分红回报以及设置任何形式的托底回购规定，这充分体现了混合所有制企业员工持股制度是机遇和风险并存的制度设计，有利于形成制度的激励约束导向。不仅如此，从员工持股的股权权益角度来看，《试点意见》也明确指出，员工持股股权具有同其他股东股权同等的权益，这也保证了混合所有制企业员工持股制度能够最大限度地推进我国国有企业混合所有制改革。

在破产重整和清算层面，作为混合所有制企业员工持股制度设计所体现出来的“同股同权”理念，国有股东、员工股东以及其他类型的股东以出资额为限，承担依出资比例而不同的责任，享有以出资比例而不同的权益。

八、方案制定

《试点意见》对于混合所有制企业编制员工持股制度的内容和员工持股制度的审批做出了明确的规定。其中，在混合所有制企业员工持股制度的内容方面，

《试点意义》要求员工持股制度方案要对参与的员工条件、员工股占所有企业股本的比例以及单个股东占所有企业股本的比例、入股价格、员工参与员工持股制度的出资方式、员工参与混合所有制企业员工持股制度的方式、员工持股制度的分红机制、员工持股制度的股权管理、员工股的流转等细节做出详细的说明。

在混合所有制企业员工持股制度的方案审批和备案方面，《试点意见》不仅明确了混合所有制企业员工通过职工代表大会等形式充分参与到员工持股制度方案的意见征求之中，而且还明确了董事会、股东大会对于员工持股制度方案的审议职能。对于以地方国有企业为核心的地方混合所有制企业推进员工持股制度而言，员工持股制度方案在股东大会审议通过之后，还需要上报履行出资人职责的机构备案；对于以中央企业为核心的中央混合所有制企业员工持股制度而言，员工持股制度方案在股东大会审议通过之后，还需要上报履行出资人职责的机构备案。

第三节　证券监管部门员工持股制度政策

《关于上市公司实施员工持股计划试点的指导意见》(2014)[①]（简称《指导意见》）是针对我国上市公司推进员工持股制度实施试点所制定的行动指南，是对中共十八届三中全会通过的《中共中央关于全面深化改革若干重大问题的决定》(2013) 中所提出的“允许混合所有制经济实行企业员工持股制度”以及国务院发布的《国务院关于进一步促进资本市场健康发展的若干意见》(2014) 中所提出的“允许上市公司按规定通过多种形式开展员工持股计划”的具体落实。尽管《关于上市公司实施员工持股计划试点的指导意见》(2014) 的目标对象为上市公司，但是由于我国多数上市公司，尤其是大中型上市公司也同时为国有控股上市公司，所以，上市公司中多数为混合所有制企业的典型，中国证监会通过的《关

① 中国证券监督管理委员会. 关于上市公司实施员工持股计划试点的指导意见［EB/OL］. 法律图书馆，http：//www.law-lib.com/law/law_view.asp? id=457118［EB/OL］，2014-06-20/2016-12-25.

于上市公司实施员工持股计划试点的指导意见》对于我国上市混合所有制企业开展员工持股制度试点也提供了直接的指导，包括推进员工持股制度所应当坚持的原则、资金来源、股票来源、期限和规模、组织管理、实施程序和信息披露等内容。

一、坚持原则

《指导意见》认为，包括上市混合所有制企业在内的所有上市公司推进员工持股制度应当坚持三个方面的原则，即依法合规、自愿参与以及风险自担。

所谓依法合规，是指上市混合所有制企业推进员工持股制度不仅要严格遵照《公司法》等相关法律法规，而且也要符合上市公司相关规定，并且做好信息披露的工作。

所谓自愿参与，从企业的角度来讲，是上市混合所有制企业的自主行为，企业是否推进员工持股制度是企业的自主决定；从员工自身的角度来讲，在上市混合所有制企业推进员工持股制度之后，符合条件的员工是否参与员工持股制度是员工的自主选择，上市混合所有制企业不能够以摊派或者强行分配等方式强行要求员工参与员工持股制度。

所谓风险自担，是指员工所持有的股份同其他投资者所持有的股份权益是相同的，员工既享有获取分红的收益，也需要承担在公司运营困难时遭受亏损的风险。

二、资金来源

《指导意见》对于上市公司混合所有制企业推进员工持股制度的资金来源做出了明确的限定，按照《指导意见》的要求，上市混合所有制企业员工持股制度的参与者的资金来源主要有两个类型的基本途径，分别为员工合法获取的薪酬和我国法律、行政法规所允许的通过其他方式获取的资金。

显而易见，符合条件的员工参与上市混合所有制企业员工持股制度不能使用通过杠杆形式获取的资金购买员工股。

三、股票来源

《指导意见》将上市公司混合所有制企业推进员工持股制度的股票来源分为五个方面，分别为回购本公司的股票、在二级市场上购买本公司的股票、认购非公开发行的本公司的股票、股东自愿赠予的股票以及法律、行政法规所允许的其他方式的股票来源。

不难看出，与国务院国资委出台的推进混合所有制企业开展员工持股制度的文件相比，中国证监会提出的《指导意见》在股票来源方面更加多元化。究其原因，一方面，这与上市公司本身的公司治理机制等处于较高的水平有关；另一方面，作为上市公司的混合所有制企业本身的信息披露较为健全。这些都决定了我国上市混合所有制企业在推进员工持股制度过程中可以做出更深一步的探索。

四、期限和规模

在上市混合所有制企业推进员工持股制度的期限设计方面，《指导意见》明确要求每期的员工持股制度的持股期限不能低于一年，如果员工持股制度所采取的方式为非公开发行，那么每期的员工持股制度的持股期限进一步提高至不低于三年。并且，在每一期员工持股制度期限届满之前的 6 个月对于员工持股制度的股票数量信息做出公告。

在上市混合所有制企业推进员工持股制度的规模要求方面，《指导意见》除了限定推进员工持股制度的上市混合所有制企业的全部有效的员工持股数量要在公司股本总量的 10%以上之外，还对单个参与员工持股制度的员工持股数量做出了限定，要求单个参与员工持股制度的持股总量不能高于公司股本总量的 1%。

在员工通过员工持股制度持股和通过其他方式获取股权之间的差异方面，无论是参与员工持股制度的员工在相关上市公司上市之前获取的股权，还是通过二级市场自行购买的股权，抑或是通过其他股权激励方式获取的股权，均不属于《指导意见》对于员工通过员工持股制度所持股股权的统计范围。

五、组织管理

《指导意见》对上市混合所有制企业员工持股制度的标的股权管理做了以下规定。

首先，《指导意见》设计了由参与上市混合所有制企业员工持股制度的员工参与的员工持股持有人大会，持有人大会是员工持股制度的最高权力机构。

其次，由员工持股持有人大会按照同股同权的原则选出员工持有人代表或者设立形如员工持股管理委员会的机构，对上市混合所有制企业员工持股制度的推行行使日常监督的职责，作为员工持股持有人的代表，员工持有人代表或者形如员工持股管理委员会的机构具有行使股东职能的权利，也可以授权其他自筹管理机构行使股东职能。

再次，推进员工持股制度的上市混合所有制企业可以自行管理员工持股制度所涉及的员工股权，也可以将员工持股计划委托给资产管理机构管理员工持股制度所涉及的员工股权。这些资产管理机构必须具备管理资产的相关资质，包括信托公司、保险管理公司、证券公司、基金公司以及其他资产管理机构等。需要指出的是，无论是上市混合所有制企业自行管理员工持股制度，还是委托资产管理机构代为管理员工持股制度，均需要立足于保护员工的利益，制定相应的管理规则。从开展业务活动、参与公司治理的角度来讲，无论是上市混合所有制企业自行管理员工持股制度，还是委托资产管理机构代为管理员工持股制度，均需要为员工持股制度持有人的最大化利益行事。

最后，为了切实保护参与上市混合所有制企业员工持股制度的员工的权益，《指导意见》提出了通过设计员工持股制度约定保护员工享有所持有的股权权益的机制。作为员工持股制度约定的重要内容，参与员工所持有的股权以及因持有股权所取得的收益等，可以进行转让或继承；员工持股制度约定也需要对员工持有股权的占用、使用、收益和处分的规则以及因员工的离职、退休、死亡等情况发生而导致的相关权益的转移等内容做出明确规定。

六、实施程序

《指导意见》对于上市混合所有制企业推进员工持股制度设置了严格的实施

程序。

第一，上市混合所有制企业在推行员工持股制度之前，需要通过职工代表大会等机制做好员工意见的征询工作，通过同广大员工交流沟通推行员工持股制度的利弊等因素，提出公司推进员工持股制度的设想，听取广大员工的意见和建议，争取员工对于公司推行员工持股制度的支持。

第二，在征求广大员工的意见和建议并获得员工支持之后，上市混合所有制企业董事会需要制定出推进员工持股制度的草案，员工持股制度草案需要对《指导意见》所规定的员工持股制度的基本内容设计做出详细的说明。

第三，公司独立董事和监事会需要就是否有利于公司可持续发展、是否照顾到了上市公司自身以及股东的利益、是否对员工参与员工持股制度施加了强制性手段等发表意见。

第四，经过独立董事和监事会发表意见并且不存在相关问题的情况之下，董事会就员工持股制度方式进行表决、审议。

第五，经过董事会审议的员工持股制度方案需要律师事务所出具相关的法律意见书，法律意见书就相关的法律问题出具意见。

第六，召开股东大会，审议并通过员工持股制度方案，并具体实施员工持股制度。

七、信息披露

《指导意见》对于上市混合所有制企业推进员工持股制度的信息披露问题做出了明确的规定。比如，上市混合所有制企业在董事会审议通过员工持股制度草案之后，上市公司需要对董事会对于员工持股制度草案的决议、员工持股制度草案的摘要、独立董事的意见、监事会的意见等内容做出公示。

另外，在员工持股制度的运作过程之中，《指导意见》对于相关的信息披露也做出了要求，比如，对于采取市场购买方式实施员工持股制度的上市混合所有制企业而言，要在股东大会审议通过员工持股计划之后半年内，每月对于从二级市场上购买股票的数量、价格等情况做出公示；在上市混合所有制企业的定期报告中，上市混合所有制企业也需要对参与员工持股制度的人数、资金来源等内容做出公示。

第四节　我国混合所有制企业员工持股制度政策评析

我国混合所有制企业员工持股制度的推进经历了集资型、正规型、激励型三个阶段，当前正在处于综合型阶段。基于前期我国政策层面推进员工持股制度的经验和教训，在综合型阶段，通过对我国党中央和国务院的顶层制度设计进行分析、对国务院国资委员工持股制度政策和证券监督部门员工持股制度政策进行介绍，笔者认为，我国混合所有制企业员工持股制度在制度层面顶层设计已经基本完成、员工持股制度在政策层面的推进有待进一步深化、员工持股制度在政策之间的协调有待进一步加强。

一、制度层面顶层设计已经基本完成

如前所述，我国混合所有制企业员工持股制度在集资型、正规型、激励型三个阶段分别经历了三次暂停。究其原因，顶层设计的缺失可能是最重要的方面，比如，尽管我国集资型混合所有制企业员工持股制度早已开展，但是“混合所有制”的术语却只是在正规型阶段才正式出现在党和国家的政策文件之中；尽管“混合所有制经济”的术语在正规型阶段和激励型阶段已经大量出现并且时常见诸党和国家政策文件，但是，“混合所有制经济员工持股制度”的术语只是在综合型阶段才正式提出。因此，可以说，无论是在集资型阶段，还是在正规型阶段，乃至在激励型阶段，我国混合所有制企业员工持股制度的推进均缺乏党中央和国务院层面的顶层制度设计。

2013 年，中共十八届三中全会通过的公报中，首次提出“混合所有制经济员工持股制度”的表述，在 2014 年通过的《国务院关于进一步促进资本市场健康发展的若干意见》(2014) 以及 2015 年通过的《中共中央、国务院关于深化国有企业改革的指导意见》(2015) 分别对混合所有制经济员工持股制度做出总体部署。经过三年三个文件的阐释，我国推进混合所有制企业员工持股制度在制度层面的顶层设计已经基本完成，推进混合所有制企业员工持股制度不仅成为推进我国国有企业混合所有制改革的重要手段，而且也是我国全面深化改革的重要抓手。

二、政策层面的推进有待进一步深化

为了贯彻落实党中央和国务院对于混合所有制企业员工持股制度的总体部署，将党中央和国务院层面关于员工持股制度的顶层设计落到实处，2015 年，中国证监会发布《关于上市公司实施员工持股计划试点的指导意见》(2014)[①]，开始在上市公司中积极推进员工持股制度的试点工作。由于我国上市公司多数企业尤其是大中型企业为国有控股上市公司，所以，中国证监会对于上市公司开展员工持股制度试点的规定在一定程度上也是对于我国混合所有制企业开展员工持股制度的推动。以中国证监会发布的《指导意见》为标志，我国员工持股制度的新一轮试点工作正式拉开帷幕。2016 年，国务院国资委发布《关于国有控股混合所有制企业开展员工持股试点的意见》(2016)[②] 进一步展开了以中央企业为核心的混合所有制企业员工持股制度的试点工作。随着试点工作的不断推进，在取得经验的基础上，我国政策当局有待进一步提出规范混合所有制企业开展员工持股制度的正式政策，从而全面推进我国员工持股制度的发展。因此，从某种程度上讲，我国混合所有制企业员工持股制度在政策层面有待进一步深化。

三、政策之间的协调有待进一步加强

由于我国混合所有制企业员工持股制度在政策层面的推进有待进一步深化，所以，在缺乏正式的制度、仅存在试点政策的情况之下，推进混合所有制企业员工持股制度的政策同形如税收政策在内的其他政策之间的协调依然缺失。

具体来看，推进员工持股制度的发展不仅是单一推进员工持股制度政策可以实现的目标，更是包括税收政策在内的政策体系共同作用的结果。在推进我国混

① 中国证券监督管理委员会. 关于上市公司实施员工持股计划试点的指导意见 [EB/OL]. 法律图书馆，http://www.law-lib.com/law/law_view.asp? id=457118 [EB/OL]，2014-06-20/2016-12-25.

② 国务院国资委. 关于国有控股混合所有制企业开展员工持股试点的意见 [EB/OL]. 中国政府网，http://www.gov.cn/xinwen/2016-08/19/content_5100563.htm [EB/OL]，2016-08-19/2016-12-25.

合所有制企业员工持股制度过程中，由于涉及企业的所有制性质，所以，推进混合所有制企业员工持股制度在我国的发展，不仅需要同形如税收等一般性的配套政策进行配合，而且也需要在涉及国有企业改革、国有资产监督管理等各个方面的政策相配合。而当前，在我国推进混合所有制企业员工持股制度相关政策的过程中，不仅形如税收政策在内的一般性配套政策缺失，而且在涉及国有企业改革、国有资产监督管理等方面的配套政策也不具备，我国推进混合所有制企业员工持股制度在政策层面之间的协调有待进一步加强。

本章小结

本章包括四节，分别对推进混合所有制企业员工持股制度的“党中央和国务院的顶层制度设计”“国务院国资委员工持股制度政策”“证券监管部门员工持股制度政策”以及“我国混合所有制企业员工持股制度政策评析”进行了详细的阐述。

在“党中央和国务院的顶层制度设计”部分，2013 年中共十八届三中全会通过的《中共中央关于全面深化改革若干重大问题的决定》（2013）[①] 拉开了我国混合所有制企业推进员工持股制度的帷幕。2014 年，国务院发布的《国务院关于进一步促进资本市场健康发展的若干意见》（2014）[②] 拉开了我国上市公司开展员工持股制度的帷幕。2015 年，《中共中央、国务院关于深化国有企业改革的指导意见》（2015）的发布，标志着我国混合所有制企业员工持股制度的顶层设计基本完成。

---

① 中国共产党第十八届中央委员会第三次全体会议. 中共中央关于全面深化改革若干重大问题的决定［EB/OL］. 新华社，http：//news.xinhuanet.com/2013-11/15/c_118164235.htm［EB/OL］，2012-11-15/2016-12-25.

② 国务院. 国务院关于进一步促进资本市场健康发展的若干意见［EB/OL］. 中国政府网，http：//www.gov.cn/zhengce/content/2014-05/09/content_8798.htm［EB/OL］，2014-05-09/2016-12-25.

在“国务院国资委员工持股制度政策”部分，2016 年，国务院国资委发布《关于国有控股混合所有制企业开展员工持股试点的意见》(2016) ①，开启了以中央企业为主体的混合所有制企业员工持股制度试点，该《试点意见》对混合所有制企业推进员工持股制度的原则、员工的范围、员工出资、购股价格、持股比例、股权结构、持股方式、股权管理主体和方式、股权流转、股权分红、破产重整和清算、持股方案制定和审批等问题进行了全面的说明。

在“证券监管部门员工持股制度政策”部分，2014 年，中国证监会发布了《关于上市公司实施员工持股计划试点的指导意见》(2014) ② 全面阐述了中国证监会在推进混合所有制企业员工持股制度时所应当坚持的原则、资金来源、股票来源、期限和规模、组织管理以及实施程序和信息披露等内容。

在“我国混合所有制企业员工持股制度政策评析”部分，通过对党中央和国务院的顶层制度设计、国务院国资委员工持股制度政策以及证券监督部门员工持股制度政策进行阐述，笔者得出结论认为，我国混合所有制企业员工持股在制度层面顶层设计已经基本完成，在政策层面的推进有待进一步深化，在政策之间的协调有待进一步加强。

---

① 国务院国资委. 关于国有控股混合所有制企业开展员工持股试点的意见［EB/OL］. 中国政府网，http：//www.gov.cn/xinwen/2016-08/19/content_5100563.htm［EB/OL］，2016-08-19/2016-12-25.

② 中国证券监督管理委员会. 关于上市公司实施员工持股计划试点的指导意见［EB/OL］. 法律图书馆，http：//www.law-lib.com/law/law_view.asp? id=457118［EB/OL］，2014-06-20/2016-12-25.

第五章 发达国家推进员工持股制度经验借鉴[①]

作为员工持股制度的领先者，发达国家更是较早试点、推行员工持股制度，并取得了一定的经验和教训，必然有值得进一步推进国有企业改革的借鉴之处。为此，在本章中，笔者选择美国员工持股制度、英国员工持股制度以及日本员工持股制度为研究对象进行分析，以便结合中国的实际，获得可资利用的经验和教训，进一步推进员工持股制度在我国发展。

第一节 美国企业员工持股制度经验

美国是当今世界上第一大经济体，第一大经济体地位的获得除了与区位优势、资源优势、历史传统、国家制度、社会文化等因素有极大的关系之外，还与作为微观经济主体的企业经营管理制度有关，作为企业经营管理制度的重要方面，员工持股制度无疑对美国经济成就的取得和保持产生了锦上添花的作用。在本节中，笔者将首先选择美国作为研究对象，对美国员工持股制度进行考察。

一、员工持股制度基本历程

通过对美国员工持股制度进行文献研究，笔者认为，可以将美国员工持股制度的基本历程分为四个阶段，分别为萌芽阶段、起步阶段、发展阶段和成熟阶段。

① 本章由作者和恒丰银行温珂博士共同撰写。

（一）萌芽阶段

美国员工持股制度的萌芽可以追溯到 18 世纪末期（王玫，2003），当时，个别实业家为调和劳资之间的利益矛盾，对职工参与企业的利润分享进行了零星尝试。比如，1797 年，曾经担任过杰斐逊①和麦迪逊②两任总统任期内财政大臣的阿尔伯特·盖莱丁先生就在宾夕法尼亚州自己所建立的工厂里对员工持股制度进行了尝试实行。这种员工持股制度的开展在一定程度上提高了企业职工的收入和工作积极性，缓解了企业内部劳资之间的矛盾。不过，需要指出的是，由于 18 世纪 90 年代，美国的工业革命才刚刚起步（王莹和李荣健，2007），不仅企业规模较小，而且企业资本占比也不多，劳资矛盾还没有达到尖锐的程度，因此，美国员工持股制度的萌芽只是个别先进实业家的个人探索，远谈不上员工持股制度的制度性建设，影响范围有限，甚至还没有出现“员工持股”之类的术语。

（二）起步阶段

19 世纪末期，美国完成了工业革命（王莹和李荣健，2007），经过 100 年左右的发展，不仅美国企业的规模急剧膨胀，而且在企业投入中，资本所占的份额与劳动投入之比也大幅增加，这就造成了劳工在企业中的获得相对降低，从而导致了 1900 年前后劳资矛盾的加剧（王玫，2003）。为了在一定程度上解决这种劳资关系的不和谐，股东红利计划、利润分享计划等各种形式的员工持股制度开始在美国出现。通过这些员工持股制度的施行，公司的员工在退休之时获得了更多的退休补助金，公司获得了盈利能力提高的好处，社会也随着收入差距的减小而更加稳定。由于在该段时期美国各种员工持股制度的起步，“新资本主义”不断变成一种运动，一些大公司也积极通过折价出售等措施鼓励职工用自己的积蓄或奖金购买本公司股票，这样，到 1930 年，美国就有约 2.5%的职工购买了 10 亿美元的公司股票（王玫，2003）。不过，1929 年美国发生了经济危机，由于职工通过员工持股制度可能获得的收益与公司股票市场的绩效密切相关，经济危机所造成的美国股市大跌也使处于起步期的美国员工持股制度受挫，员工持股制度甚至一度消失（丁长发，2002）。

---

①《美国独立宣言》主要起草人之一，美国开国元勋中最具影响力的人之一，生于 1743 年，卒于 1826 年，美利坚合众国第三任总统，任职时期为 1801~1809 年。

② 美国宪法之父，生于 1751 年，卒于 1836 年，美利坚合众国第四任总统，任职时期为 1809~1817 年。

（三）发展阶段

20世纪50年代中后期，美国员工持股制度进入快速发展阶段，该阶段的开启，与美国现代员工持股制度的创始人、提出“二元经济”理论的路易斯·凯尔索所做的工作密切相关。路易斯·凯尔索是美国旧金山市的律师和投资银行家，他鼓励加利福尼亚州帕罗奥多地区的一家报纸连锁企业的职工购买这家公司的资产。然而，由于当时常规筹资手段的缺乏，职工购买企业的资产势必承担大量的债务，为此，凯尔索在联邦和州建立了依靠借贷资本使员工购买所在企业股份的程序（王玫，2003），使职工能够借助无抵押信贷，成为所在企业的股东。通过这种员工持股制度的设计，职工不仅没有降低自己的薪水或动用个人储蓄，而且还成为所在公司的股东（丁长发，2002）。凯尔索最初的实践只是美国员工持股制度进入快速发展阶段的开始，在此之后，美国联邦政府和州政府两个层面一系列规范员工持股制度的法律法规不断通过，为美国员工持股制度的快速发展保驾护航。比如，1974年的《职工退休收入保障法案》、1984年和1986年通过的《税收改革法案》、1996年通过的《美国小企业就业保护法》等。截至1999年，美国已经有29个州制定了员工持股制度方面的法律法规（丁长发，2002），有效地促进了员工持股制度在各州的发展。在员工持股制度法律法规的保驾护航下，开展员工持股制度的企业数以及职工人数均大幅度增加，截至2001年，美国员工持股制度涉及的职工人数达到850万人，企业计划数11500家，资产价值总额达到4000亿美元，如图5-1所示。

（四）成熟阶段

进入21世纪后，伴随着美国高科技泡沫的破灭以及美国在阿富汗反恐战争的开启，美国经济开始结束自20世纪90年代以来的持续景气，陷入低潮；其后，虽然美国经济逐渐恢复增长，但是，2007年发生的次贷危机所引起的金融危机再次将美国经济推入衰退（高云星，2009）。不仅如此，1996年之后，美国对于员工持股制度方面的税收优惠措施也有所减少；美国与员工持股制度目标相似的各种增加职工收入的职工收益计划也不断兴起。这一系列经济环境、政策环境以及企业治理环境的变化使美国员工持股制度经历快速发展阶段之后，进入成熟阶段。在美国员工持股制度进入成熟阶段后，美国员工持股制度发展相对平稳。据美国国家职工所有权中心（National Center for Employee Ownership，

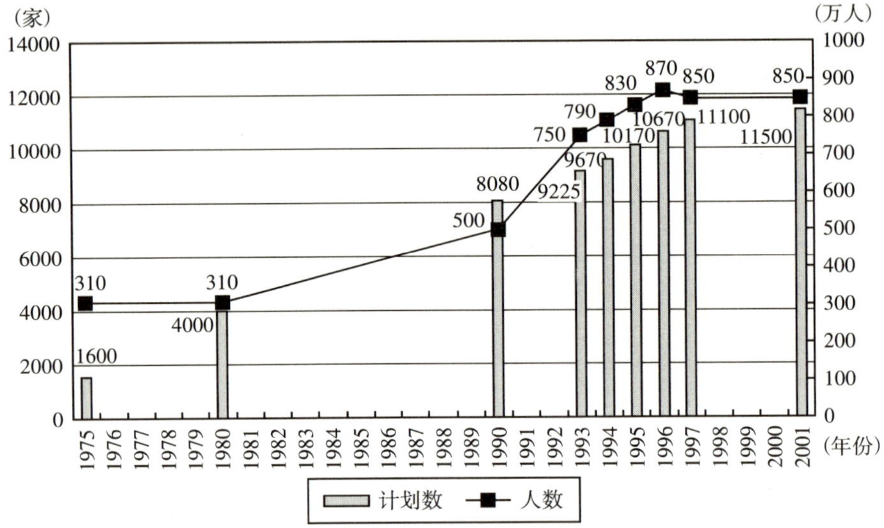

图 5-1 美国员工持股制度发展情况

资料来源：National Center for Employee Ownership in the United States 2001（丁长发. 员工持股制度（ESOP）的理论研究与实证分析 [D]. 厦门大学博士学位论文，2002.）；其中，统计口径既包括法定的员工持股制度，又包括各种类似员工持股制度的职工所有权计划。

NCEO）评估，截至 2014 年，美国的员工持股制度将达到约 7000 个，参与职工达 1350 万人（NCEO，2014）。进入 21 世纪后，尽管美国员工持股制度的参与者数量不断增加，可是员工持股制度数量却不断减少，这成为美国员工持股制度进入成熟期之后的重要标志。

二、员工持股制度的主要做法

美国员工持股制度经过萌芽阶段、起步阶段、发展阶段以及成熟阶段的发展，逐步形成了以杠杆型员工持股制度和非杠杆型员工持股制度为主的员工持股制度管理，并得到了相关法律的肯定和认可。

（一）杠杆型员工持股制度

杠杆型员工持股制度的首创者是路易斯·凯尔索（李大光，1999），在这种形式的员工持股制度中，员工自己不出钱。具体操作为，公司先设立一个员工持股制度信托基金会，创立员工持股制度信托基金，该基金会由公司担保向银行或其他金融机构贷款，基金会从银行或其他金融机构的贷款成为企业内部职工购买公司股票的资金，从而获得公司的股票，这些股票由基金会掌握，不直接分配给企业的员工，员工持股制度的银行贷款以及利息偿还则由公司从利润中按照预定的比例进行提取，在这种情况之下，一旦银行的贷款和利息还清之后，信托基金会所持有的员工持股制度股票就会转入职工的个人账户中（杨欢亮，2004），从而实现企业内部职工对于所在企业的内部持股。

杠杆型员工持股制度还可以采取另一种形式的具体操作。首先，公司设立一个员工持股制度信托基金会，该基金会不是由公司担保向银行或其他金融机构贷款，而且首先由公司直接出面向银行或其他金融机构贷款，然后，再由公司将从银行的借款转贷给员工持股制度基金会，并存入设在员工持股制度基金会中的账户。员工持股制度基金会使用获得的借款购买企业股权，并利用从公司获得的年度利润分红以及公司的企业福利计划获得的资金偿还贷款的本息，直到员工持股制度基金会将所有的借款本息付清后，员工持股制度基金会才将账户中的股权转入职工的个人名下。

需要指出的是，这种杠杆型员工持股制度的贷款是定期的，每年都是从公司的利润中按照一定的比例提取，也就是说贷款的利息和本金的偿还都是按照一定的计划进行的（黄燕芬，2002）。

（二）非杠杆型员工持股制度

在非杠杆型员工持股制度中，公司首先成立员工持股制度委员会，委员会设立相应的职工股票账号。公司每年按照计划向该员工持股制度委员会贡献一定数量的股票，或者直接向该员工持股制度委员会贡献一定数额的现金用于购买公司的股票。员工持股制度委员会则通过股票红利的方式归还公司以股票形式贡献的赊账，一旦员工持股制度委员会无法归还公司向员工持股会贡献的一定数额的公司的股票或者用于购买公司股票的现金金额，那么，员工持股委员会所持有的公司股票就归职工个人所有了。

显而易见，同杠杆型员工持股制度相似，非杠杆型员工持股制度也不需要职工做出任何的支付，公司直接向员工持股制度委员会提供股票或者用于购买股票所需要的现金。所以，从这个角度来讲，非杠杆型员工持股制度可以看作是一种公司的股票奖励计划。另外，非杠杆型员工持股制度也不需要公司或者代表职工利益、为职工管理所持股份的基金会向外部金融机构借款，所以，从这个角度来讲，非杠杆型员工持股制度对于职工的激励导向较杠杆型员工持股制度的激励导向更明显，而与杠杆型员工持股制度相比，非杠杆型员工持股制度的筹资导向较弱。

三、员工持股制度可取经验

（一）为员工持股制度实施税收优惠政策

从美国员工持股制度的发展基本历程我们可以看到，在美国员工持股制度发展的过程中，尤其是在快速发展阶段，美国联邦政府和州政府颁布的税收优惠政策起到了重要的推进作用。比如，1974 年，美国通过的《员工退休收入保障法案》将职工通过借款购买所在企业的股票作为例外，鼓励企业的内部职工通过借款的形式成为企业的职工股东。同年通过的《贸易法》中，在规定投资税收延缓从 7%增加到 10%的比例之后，对于企业将投资贡献于员工持股制度的投资税延缓比例更是提高至 11%，而与此同时，对于为员工持股制度贷款总额度还款 25%的企业，该《法案》规定可以得到商业贷款保证的优先权。10 年后，美国通过的《减少赤字法案》更是进一步提升了对企业在清算、兼并、合并过程中所涉及的员工持股制度的支持，该《法案》规定，将企业股票的 30%以上出售给员工并且将由此而得到的收益在交易后的一年内投资于其他美国公司股票的企业可以延迟股票销售的所得税；为员工持股制度提供贷款的商业贷款者由此而得到的利息盈利的 50%不需要缴纳税收等。1986 年，美国通过《税收改革法》，对员工持股制度做出了更为充分和具体的规定，从而进一步促进了美国持股计划的发展。显而易见，通过政府法律法规的刺激，为员工持股制度实施税收优惠政策，能够较好地促进员工持股制度的发展，这成为美国员工持股制度迅速发展的重要经验。

（二）根据企业自身财务状况，选择员工持股制度具体操作

1974 年通过的《员工退休收入保障法案》明确了两种重要形式的员工持股制度实践，分别为杠杆型员工持股制度以及非杠杆型员工持股制度；有些机构也将美国员工持股制度分为已运用杠杆型员工持股制度、可运用杠杆型员工持股制度、非杠杆型员工持股制度以及纳税抵免员工持股制度（Weston，1998）。不过，无论对员工持股制度的具体实践如何划分，从企业自身财务状况来看，美国员工持股制度企业可以分为两种类型，即拯救本企业而动员员工持股制度的公司类型和实施员工持股制度的企业类型（阙君蓉等，1998）。具体来看，拯救本企业而动员员工持股制度的公司往往是经营不善的公司，它们通过员工持股制度购买相

应公司股票实现员工持股制度。显而易见，对于企业自身来讲，通过员工持股制度，避免了倒闭，推进了企业进一步的运营发展、渡过难关；对于职工来说，通过员工持股制度，不仅获得了企业的财产所有权，更重要的是避免了由于公司的倒闭而带来的失业问题。实施员工持股制度的企业不存在企业经营困难所面临的倒闭风险，所以，这种类型的企业往往有计划地通过员工持股制度让职工分享企业的所有权，从而通过职工与企业命运共同体的建立，为企业构建一种激励机制，这也是美国员工持股制度的主流。显而易见，对于企业而言，究竟选择何种类型的员工持股制度进行操作与企业的经营状况有关，拯救本企业而动员员工持股制度的公司更倾向于通过杠杆型员工持股制度，尽可能动员更多的外部资源；而实施员工持股制度的企业往往更偏向于实施非杠杆型员工持股制度的实践，通过利用企业自身的资源，通过往往带有“奖励”的方式推进企业员工持股制度的发展。

第二节　英国企业员工持股制度经验

英国是世界上第一个工业化国家，经过几百年的经济和社会建设，当前的英国经济社会逐渐进入成熟阶段，英国企业在英国经济社会建设过程中所走的路无疑对于后来的发达经济体的企业管理具有极大的借鉴意义。为此，在对美国员工持股制度进行研究之后，在本节中，选择英国作为研究对象，对英国员工持股制度进行考察。

一、员工持股制度的基本历程

通过考察英国员工持股制度的发展历程，笔者发现，英国员工持股制度思想萌芽之后进行了长期探索和缓慢发展；之后，随着英国政府的积极推进，英国员工持股制度迅速进入快速发展阶段，并持续至今。所以，笔者直接通过两个阶段，即缓慢发展阶段和快速推进阶段，对英国员工持股制度的基本历程进行分析。

（一）缓慢发展阶段

18 世纪 60 年代，英国工业革命爆发（贾王君，2005），随着大机器的生产和使用不断在英国经济社会推行，英国的生产力得到了极大的提升。然而，英国工业革命正如一把“双刃剑”，它在带来英国生产力极大提高的同时，也产生了许多社会问题，作为这些问题的重要方面，童工问题、工作场所职业健康、工人贫困等不断引起社会各界的关注，各种解决方案也被提出。作为这些解决方案的重要组成部分，空想社会主义试图从生产资料的所有制角度解决问题。在英国，欧文[①]是 19 世纪著名空想社会主义者之一，针对当时工业革命所造成的社会现实，他提出建设理想的未来社会的构想，这种未来社会应该是劳动公社或合作公社的联合体，而这种联合体所建立的基础就是生产资料公有制（丁长发，2002）。显而易见，这种生产资料公有制的社会付诸于企业就可能表现为企业职工也是企业资本的所有者，即企业的股东。如此一来，欧文等空想社会主义者所提出的关于未来社会的畅想就成为英国员工持股制度最早的思想萌芽之一（罗智渊，2011）。

在空想社会主义思想的影响下，部分英国企业开启了员工持股制度实践的探索。1829 年，威尔斯康特勋爵在其农场开始探索实行员工持股制度，这成为英国员工持股制度有史以来的第一次尝试（王玫，2003）。此后，开展员工持股制度的企业数量缓慢发展，即使到了 36 年之后的 1865 年，进行员工持股制度探索的企业才增加到 6 家，相当于 6 年才增加 1 家实施员工持股制度的企业；1919 年，第一次世界大战结束时，英国开展员工持股制度的企业达到 164 家；到了 1954 年，英国员工持股制度的企业才增加到 297 家（杨欢亮，2004）。

（二）快速推进阶段

20 世纪 70 年代，西方国家发生了两次较为严重的“石油危机”，并引起了国民经济的严重衰退。作为深受影响的国家之一，英国经济也遭受重创，并导致了失业等多重社会问题的爆发，严重影响了社会的稳定。为了摆脱“石油危机”对国民经济造成的影响，英国政府开始不断推进员工持股制度（杨欢亮，2004），英国的员工持股制度也进入快速推进阶段。

具体来看，1979 年，素有“铁娘子”之称的撒切尔夫人当选英国首相。撒切尔夫人非常欣赏经济学家威茨曼的“分享经济”理论，赞成该理论所倡导的将

① 罗伯特·欧文（1771 年 5 月 14 日~1858 年 11 月 17 日）是一位英国的空想社会主义者，也是一位企业家、慈善家，现代人事管理之父，人本管理的先驱。欧文于 1800~1828 年间在苏格兰自己的几个纺织厂内进行了空前的试验。人们有充分理由把他称为“现代人事管理之父”。

企业职工薪资与职工所在企业的经济效益挂钩的实践，从而实现了劳资双方共担风险、同享企业收益的目标（杨欢亮，2004）。以“分享经济”理论为基础，撒切尔政府时期提出“民众资本主义”的概念，认为“权利属于人民”。与此同时，作为应对全球性“石油危机”的重要举措，撒切尔政府组建之后就开始了轰轰烈烈的国有企业的私有化改革，也就是英国国有企业的私有化运动（孔庆国，2001）。如此一来，为了在英国国有企业私有化运动过程中充分体现“民众资本主义”的精神，承认国有企业所属职工在国有企业私有化过程中的有限购买权就成为一个重要方向。

英国国有企业的私有化运动不仅有效地降低了国有经济在国民经济中的比重，而且国有企业改革引入员工持股制度比重也“水涨船高”。由于英国在国有企业私有化运动中，把员工持股制度作为国有企业改革的重要政策来进行推行，所以，90%以上的非国有公司都有职工持股（黄燕芬，2002）。到 20 世纪 90 年代中期，英国员工持股制度参与人数已经达到 200 万人，全国股票持有者高达 900 万人，占成年人口总数的比例为 20%（杨欢亮，2004）。1997 年，布莱尔政府上台，也积极推进英国员工持股制度。2000 年，布莱尔首相进行了一系列金融法改革，这进一步扩大了英国员工持股制度的范围，促进了员工持股制度参与人员数量的进一步的提高（段志伟，2004），新加入员工持股制度的职工又增加了 60 万人（杨欢亮，2004）。

二、员工持股制度的主要做法

英国员工持股制度主要有三种类别，分别为股票分配计划、收入储蓄计划以及股票期权计划。

（一）股票分配计划

股票分配计划也称为利润分享制，是指公司将所获得的利润的一部分以股票的形式分配给本企业的职工，也就是以分配股份为形式的利润分享计划（丁长发，2002）。从资金来源的角度来看，这种形式的员工持股制度来自企业自身经营所形成的利润，通过每年从完税前的一部分利润购买股票，然后分配给有资格的企业职工（杨欢亮，2004），从而形成股票分配计划形式的员工持股制度。需要指出的是，股票分配计划形式的员工持股制度的法律基础是英国 1978 年通过的财政法，并且需要经过国家税务总署的批准。此外，参与这种形式的员工持股制度员工分全日制职工和非全日制职工，以及工龄的长短分别有具体的规定，其中，职工如果是企业的全日制职工，并且在企业的工龄超过5年，那么就有权参与股票分配计划，而对于非全日制职工以及那些服务的时限没有超过所要求的5年标准的人员而言，这些职工所在的企业具有是否允许相应职工参与员工持股制度的决定权。到1989年，英国大约有900家企业采取了这种形式的员工持股制度，参与这种形式员工持股制度的企业职工数量为225万人（丁长发，2002）。最后，在税务优惠待遇方面，如果这些股票想要享受到税收减免的优惠待遇，那么必须要在信托机构手中保留7年的时间。

（二）收入储蓄计划

收入储蓄计划是指通过职工在一定时期内的储蓄购买公司股票，从而形成员工持股的员工持股制度，该员工持股制度是建立在英国1980年通过的财政法的基础之上（丁长发，2002）。职工参与收入储蓄的员工持股制度需要符合一定的条件，一方面，期望参与收入储蓄计划的职工需要同国家储蓄部门或者住房互助协会签订一份合同，这份合同规定了“发工资时扣存储蓄款”；另一方面，职工必须保证在签订契约之后的3~5年的时期内，每个月都要储蓄一定的金额，这些储蓄金额来自职工的工资收入。当期待参与此种形式员工持股制度的职工符合这些基本条件之后，合同就会以八折的优惠给予期待参与这种形式员工持股制度的职工相当于其储蓄金额的认股权。一旦储蓄期届满，员工就可以得到免税的红利，并且使用合同储蓄的本息来购买公司的股权。需要指出的是，只要参与这种形式员工持股制度的职工没有在股票市场上出售其股票，那么通过合同转化为储蓄的收入就可以享受免税的待遇。当然，如果在合同期限等基本的条件满足之后，特定职工不想行使这种权力，那么该职工自由提取所积累储蓄的权力则不会受到任何影响，也就是说职工合同所规定的认股权是职工可选择的权力，职工具有选择放弃这种权力的权力（罗智渊，2011；杨欢亮，2004）。

（三）股票期权计划

股票期权计划也称为行政股份选择计划，在这种员工持股制度中，企业给予企业内部的部分职工在将来购买企业股票的权力（丁长发，2002），也即企业给予企业内部部分职工一定的股票期权。在这种形式的员工持股制度中，能够参与认购股票期权的职工数量是由董事会决定的，一般而言，职工在得到股票期权之后的三年才能实施股票期权，可是这种股票期权必须在10年之内实施。这种员工持股制度是建立在英国1984年的财政法基础之上，按照英国政府的有关政策规定，职工通过这种形式的员工持股制度所获得的收益可以享受到所得税减免的优惠政策（罗智渊，2011；杨欢亮，2004；丁长发，2002等）。比如，对于所有实施这种形式的员工持股制度的企业来说，它们每年可为每个职工留出1250英镑的免税股票，而对于年薪收入更高的企业职工目标群体而言，企业可以为他们留出的免税股票更多（丁长发，2002）。需要指出的是，这种以股票期权为表现形式的员工持股制度，针对对象多为企业的经理人员，往往作为一种激励企业职工积极参与工作的重要手段。通过将企业财务的可持续发展与企业职工的个人努力结合在一起，不仅使职工与企业的短期利益紧紧地联系在了一起，而且企业的长期利益与职工的个人努力之间也建立起了较易理解的关系，从而更大限度地发挥了员工持股制度对于职工的激励作用。与此同时，这种形式的员工持股制度中，由于实行这种形式员工持股制度的企业具有极大的自主权，所以不同的企业更能结合自身的实际情况探索股票期权计划的具体实践，从而产生更好的效果。

三、员工持股制度的主要经验

通过对英国员工持股制度的发展阶段历程及其主要的做法的考察，笔者认为，英国员工持股制度具有两个方面的突出特点，即“围绕坚实的理论信念，踏实推进具体员工持股实践”以及“以国有企业改革为核心，带动所有企业开展员工持股制度”，具体如下。

（一）围绕坚实的理论信念，踏实推进具体员工持股实践

理念、制度、政策、行为和绩效是任何组织行为的重要逻辑思路，英国员工持股制度的快速发展得益于员工持股制度推行者坚实的理论信念，即分享经济理论。分享经济理论提出于20世纪80年代，是由美国麻省理工学院经济学教师威茨曼提出的。分享经济理论是把工人的工资与某种能够恰当反映厂商经营的指数相联系的制度（杨欢亮，2003），这种理论认为，传统上，员工工资报酬与企业利润最大化目标没有联系，这样所导致的工资固化是资本主义国家形成滞胀的重

要原因。为了解决这一问题，资本主义国家需要实行分享经济制度，使工人的劳动所得由基本工资和利润分享两部分组成，从而解决工资固化问题。撒切尔政府十分赞成分享经济理论，以此理论为基础，他们提出“民众资本主义”的理念。基于这种理念，在国有企业的私有化过程中，撒切尔政府极力保证私有化国有企业职工的利益，从而通过在私有化国有企业中实行员工持股制度来具体落实“民众资本主义”的理念。

以坚实的理论信念为指导，踏实推进员工持股制度具体实践具有重要意义。首先，以坚实的理论为指导，将分享经济的理论内涵贯穿于员工持股制度实践的整个过程，不仅能够防止员工持股制度在实践中走错方向，而且能够提高员工持股制度实践所能够实现的效果；其次，以坚实的理论为指导，更能够获得职工的支持，由于英国的员工持股制度实践的过程中还穿插着国有企业的所有制改革，而任何的改革均会产生不确定性以及不安全感，因此，基于坚实理念英国员工持股制度的实践有助于提高国有企业改革的正当性，从而推进国有企业改革；最后，反之，英国的员工持股制度的实践也能够进一步为分享经济理论提高实践经验，促进该经济理论更好地完善，从而形成理论到实践，再由实践到理论的良性循环。

（二）以国有企业改革为核心，带动所有企业开展员工持股制度

英国员工持股制度实践的推进具有一个重要的特征，即员工持股制度的快速推进是紧紧围绕国有企业的改革进行的，所以，从员工持股制度本身的推进力量角度来看，除了经济环境对于整体的国民经济所造成的困境之外，还涉及国有经济本身的困境。正如前面所述，任何的改革都会面临抗拒改革的因素，英国的国有经济改革也必然由于增加了企业职工的“不安全性”而遭受抵制，尤其是在宏观经济环境处于困难时期。在这种情况之下，英国政府将国有企业改革与员工持股制度有机地结合在了一起，不仅通过员工持股制度在国有企业中的实施提高了国有企业职工对国有企业改革的支持力度，而且由于职工在国有企业改革过程中也成为了企业的所有者之一，因此，国有企业改革的结果形成了对职工的有效激励，从而为国有企业改革之后效益的提升打下了坚实的激励基础。不仅如此，由于国有企业改革过程中员工持股制度的推行，企业职工的收益就由两个基本的组成部分构建，其中一部分是企业职工的工资收入，这是企业职工的劳动所得，另一部分是职工所持有股份的红利收入，这是企业职工作为所在企业股东的收益。虽然职工的股东工资收入具有极大的刚性，不会随着企业经营效益的好坏而发生重大的变化，但是，参与员工持股制度职工的红利收益却可以随着企业经营效益的好坏而发生变化，这就从整体上提高了职工收入的弹性，从而提高了英国企业应对经济环境变化的能力。

英国国有企业改革过程中员工持股制度的推行在英国员工持股制度推行过程中处于核心地位，以国有企业为核心的员工持股制度推行的成功，不仅成为主体英国企业员工持股制度成功实施的重要组成部分，而且，国有企业改革过程中员工持股制度的实践也为其他企业开展员工持股制度提供了良好的榜样，从而带动其他企业员工持股制度的开展。

第三节 日本企业员工持股制度经验

日本是地理位置位于东方的西方国家，第二次世界大战之后不久，日本经济就进入起飞阶段，并顺利进入发达国家行列。日本在文化上是彻彻底底的东方国家，文化上的相近使日本微观经济管理又具有自己的特点。在本节中，笔者将选择日本作为研究对象，对日本员工持股制度进行考察。

一、员工持股制度的基本历程

（一）自主摸索阶段

日本的员工持股制度摸索起源于第一次世界大战结束之时，1919 年，员工持股制度开始在日本的一些公司出现。最初出现的员工持股制度摸索是一些企业所实行的职工所有权计划（Employee Ownership Plans，EOP），这一日本自主摸索阶段的员工持股制度主要目的在于协调三个方面的关系（张仁德和王文创，2000），即资本所有者、管理层以及劳动力三者之间的关系。比如，1919 年，日本当时最大的一家贸易商社 Kanemdtsu Gosho 就摸索实施了职工所有权计划，试图通过职工所有权计划的施行，建立起资本所有者、管理层和劳动力三者之间与传统不一样的关系。由于职工所有权计划赋予公司职工部分公司所有权，也即使职工兼具公司劳动力提供者以及资本提供者的双重地位，实施职工所有权计划的公司形成了资本所有者、管理层以及劳动力三者之间的命运共同体，资本所有者、管理层以及劳动力之间的共同利益不断扩大，这就对职工形成了正向的激励，有利于经济效益的提升。正是由于职工所有权计划建立起的资本所有者、管理层以及劳动力之间共同利益所带来的企业效益的提升，这种员工持股制度不断在日本国内传播（丁长发，2002）。不过，令人遗憾的是，随着第二次世界大战日本战败并且无条件投降，这种以建立资本所有者、管理层和劳动力和谐关系为目标的日本早期员工持股制度自主摸索也伴随着美国占领者的改革而遭受重创，并迅速消失（张仁德和王文创，2000）。

（二）强制推行阶段

1945 年 8 月 15 日，日本宣布无条件投降，美国开始实施对日本的单独占领。为了根除酝酿战争的基因，确保远东地区的和平与稳定，在美国占领军的主导下，日本实施了一系列的非军事化和民主化的改革措施，比如解散财阀、农地改革、战争罪犯等（冯瑞云，1987）。作为这些改革方式的重要实践之一，在自主摸索阶段日本职工所有权计划遭受重创的同时，美国占领军开始在日本企业中强制推行员工持股制度。当时的员工持股制度要求企业将自身股份的 31.4%变卖给自身公司的职工（丁长发，2002），从而使这些职工不仅成为自己劳动的所有者，而且也同时成为企业资本的所有者之一。显而易见，在这种情况之下，企业股权的相对分散在一定程度上避免了由于股权的集中所导致的经济权利以及政治权利的集中，符合美国占领军当局对于战后的改革目标。为了促进日本员工持股制度更好的发展，在美军占领当局强制推行企业员工持股制度的同时，员工持股信托基金也分别成立，有效地促进了员工持股制度的组织化、机制化。然而，由于财政危机（杨欢亮，2004），美国占领军对企业员工持股制度所实行的强制推行宣告失败。

（三）快速发展阶段

20 世纪 60 年代中期，日本正式加入经济合作与发展组织（OECD），并成为关税与贸易总协定（GATT）的正式成员国，日本员工持股制度也逐渐开始获得进一步发展（丁长发，2002）。截至 1968 年，日本全国就已经有 20%的公司实施了员工持股制度，从参与员工持股制度的职工数量来看，在这些公司中，6%的职工参加了这项计划（张仁德和王文创，2000）。如此一来，20 世纪 60 年代末期，日本员工持股制度正式进入快速发展阶段。在日本员工持股制度快速发展阶段，从推进主体来看，不仅日本的企业界开始主导推行员工持股制度，而且，日本政府也积极鼓励国内企业开展员工持股制度（陆洁，1995），日本员工持股制度的参与主体逐渐从强制推行阶段的美军占领当局到日本企业界和日本政府过渡，这个参与主体从员工持股制度的非关键利益相关方到关键利益相关方的过渡的结果是开展员工持股制度的参与主体积极性提高。员工持股制度参与主体积极性的提高，促进了日本员工持股制度的快速发展，开展员工持股制度的企业数量和职工人数均逐年、迅速增加，据日本证券交易所协会于 1983 年 3 月对 1771 家股票市场注册的企业调查所披露的数据显示，85%的企业实施了员工持股制度，参与员工持股制度的职工数量多达 178 万人，从平均数量来看，每位职工平均持股达 1700 多股（刘文江，1985）。

（四）成熟运行阶段

1985 年的“广场协议”使日元相对于美元大幅升值，这不仅使日本企业迎来了国际投资热潮，而且也吹起了日本的经济泡沫。1991 年，地价开始突然大幅下降，泡沫破灭。伴随着泡沫景气的结束，日本陷入长达 10 年的经济不景气，1991~2000 年的 10 年也就是我们所说的日本失去的 10 年（陈志恒，2007）。进入 21 世纪后，日本经济依然没有挣脱出衰退的牢笼，甚至有人直接将日本自 1991 年至今的衰退称为“失去的 20 年”（唐烨，2010）。与此同时，20 世纪 90 年代开始，随着苏联的解体，经济全球化快速向前推进，不同国家的经济文化交流进一步向深度和广度发展，日本企业经营管理也在国际竞争与合作中进一步发展和完善。在宏观经济环境变化以及经济全球化的现实背景之下，日本员工持股制度进入成熟运行阶段。处于成熟运行阶段的日本员工持股制度不仅表现为参与员工持股制度的企业数量和职工数量居于高位，而且还表现为参与员工持股制度的企业数量和职工数量增长速度的降低。据 1993 年的统计数据显示，在日本各证券交易所上市的 2163 家上市公司中，实施员工持股制度的公司有 2060 家，参与员工持股制度的企业职工有 249 万人，占上市公司职工总人数的比例为 44.1%（陆洁，1995），较 20 世纪 80 年代末期进步不明显，整体处于平稳运行阶段。

二、员工持股制度的主要做法

日本员工持股制度的主要做法主要体现为员工持股制度的出资操作、员工持股制度的管理操作、员工持股制度的退出机制以及在员工持股制度建立和运行过程中政府所发挥的作用。

具体来看，在日本员工持股制度的出资操作方面，企业职工出资购买企业股票的资金来源主要有两个方面，第一个来源为职工自身，第二个来源为企业（吴家俊，1994），其中，职工来源是日本员工持股制度资金的主要来源。职工来源的资金通过两种方式进行（丁长发，2002），一种方式是奖金方式，主要操作方式为通过每年定期从年中和年末的职工奖金中扣缴，形成奖金积累；另一种方式是按照月度进行积累，直接从参与员工持股制度的职工的每月工资中进行扣缴。企业来源的员工持股资金往往在日本员工持股制度资金来源中处于辅助地位，即使企业来源的员工持股资金也不是通过企业直接赠予职工股份的方式进行，而是通过企业补贴的方式给予，企业给予员工持股制度的出资额度以员工持股制度总体出资额的5%~20%为限（杨欢亮，2004）。除此之外，积极推进员工持股制度的日本公司还负担了加入持股会的入会费，如果有的职工希望加入员工持股制度却面临资金不足问题，公司还可以提供低息贷款（陆洁，1995）。需要指出的是，日本员工持股制度一般要求员工持股最低不得少于1000股（林晓光，1993），所以，如此一来，员工持股制度所持有股票的购买也以1000股为单位进行。

在日本员工持股制度的管理操作方面，为了确保员工持股制度的顺利实施，公司往往成立员工持股会。员工持股会是一个受托机构，类似于企业工会组织的一个社团组织，它是员工持股制度专门管理职工股的受托财产管理机构（杨欢亮，2004）。员工持股会在公司内部设置办事处，主要负责参与员工持股制度的行政性事务（陆洁，1995），如员工持股制度参与者的入会手续、退会手续、保管股票、计算持股份额、管理职工购买股份款项等。员工持股会还设有理事会，设置理事长职位，理事长代表员工持股会参与公司的股东大会，并行使决议权等（杨欢亮，2004）。

在员工持股制度的退出机制方面，由于日本员工持股制度不仅涉及上市公司的员工持股制度，而且还涉及非上市公司的员工持股制度，而上市公司和非上市公司在股票的流动性方面具有极大的差别，所以，日本员工持股制度的退出机制具有显著的上市公司与非上市公司差别。在上市公司方面，当员工持股制度的职工要退出员工持股委员会时，如果个人持股数量超过 1000 股，那么就可以自行提取，不满 1000 股的部分将按照市价进行计算后退出现金。在非上市公司方面，无论参与员工持股制度的职工所持股份超过 1000 股，还是不足 1000 股，均按照“红利还原法”来计算，即按照基准分红率折算为现金实现员工持股制度的退出。

在日本员工持股制度建立和运营过程中政府发挥的作用方面，与美国政府在员工持股制度方面所发挥的优惠政策的提供者不同，日本政府除了通过法律法规，对员工持股制度的运作、规范进行规定之外，并没有提供优惠政策支持日本员工持股制度的发展（杨欢亮，2003）。日本政府对员工持股制度优惠政策制定的缺失，从表面上看可能对日本员工持股制度的发展造成不利的影响，因为为员工持股制度提供税收优惠、补贴等措施更能够直接促进员工持股制度的发展，并产生立竿见影的效果。可是，从基本经济学原理的角度来看，无论是税收优惠政策，还是补贴等政策措施都可能造成市场机制的扭曲，从长远来看不利于员工持股制度的健康发展。所以，从这个角度来讲，日本政府对于员工持股制度所采取的政策发展基本经济学原理，更有利于日本员工持股制度长期、健康的发展。

三、员工持股制度的主要经验

回顾日本员工持股制度的基本历程以及主要做法，笔者认为，日本员工持股制度主要有三个方面的经验值得借鉴，即“员工持股制度排除高层管理者”“结合独特的文化传统，与现有的企业体制融为一体”以及“最大限度减少政府的直接干预”，具体如下。

（一）员工持股制度排除高层管理者

日本政府为了保证证券市场的公平竞争和公正地运行，于 1989 年颁布新修订的《证券交易法》，该法在原则上规定，有关企业的信息在没有公开披露之前，禁止公司董事和高级职员开展涉及本公司股票的交易（林晓光，1993），因为这些公司董事和高级职员往往掌握更多的企业内部信息，他们在企业没有公开披露相关信息之前进行股票交易甚至抛售，不利于日本形成公平和公正的竞争环境，不利于日本股票市场的健康发展。这种制度规定对日本的员工持股制度具有显著的影响，正是为了保证日本股票市场的健康运行，大多数日本公司在开展员工持股制度中往往将管理人员，比如公司董事、高级管理者等排除在外（张仁德和王文创，2000）。不过，尽管大多数日本公司的员工持股制度将高层管理人员排除在外是基于建立健康证券市场秩序的考量，但是，这种员工持股制度的惯例也具有其他方面的影响。这些影响的一个重要方面就是日本员工持股制度可能达到的效果更为明显。正如前面所述，员工持股制度的宏观经济社会效果就是可以降低社会整体的贫富差距，从而降低社会矛盾的发生率，保持社会和谐稳定。由于在经济中，大多数企业高管处于高收入阶层，所以，日本大多数企业员工持股制度将企业高管排除在员工持股制度之外，就能更好地实现员工持股制度降低社会收入差距过大的效果，日本战后在缩小贫富差距方面所取得的成功（瞿晓华，2011）或许与日本员工持股制度的制度设计和快速发展存在巨大的联系。

（二）结合独特的传统文化，与现有的企业体制融为一体

以企业为“家”的集团主义观念以及重视社会世俗伦理的基本伦理观念（申秀逸，2007）传统使战后日本逐渐形成终身雇佣制和年功序列制的独具特色的企业体制。所谓终身雇佣制，是指从各类学校毕业的求职者，一经企业正式录用直到退休始终在同一企业供职，除非属于劳动者自身的责任，企业主避免解雇员工的雇佣习惯（许珍，2013）；所谓年功序列制，是指在终身雇佣体制下形成的一种晋升和薪金评定标准，其中，年功就是工作年限，而序列则是企业职工随着年龄的增长，工资和职位不断提高的一个系列（邢雪艳，2007）。显而易见，基于日本历史传统文化而逐渐形成的终身雇佣制和年功序列制本身就使企业的职工与企业之间形成了利益的共同体（丁长发，2002），也就是说，年功序列制和终身雇佣制使企业职工的利益与企业的利益紧紧地联系在了一起，“企业兴则职工兴，企业衰则职工衰，企业亡则员工走”，这不仅极大地激励了企业的职工努力工作，而且保证了整体日本社会的稳定性。不难看出，一方面，日本终身雇佣制和年功序列制可以显著地促进员工持股制度在日本的快速发展，因为员工持股制度的目标之一就是调节资本持有者与劳动所有者之间的矛盾，促进职工与企业资本所有者之间形成一致的利益，而在这一点上，终身雇佣制和年功序列制与员工持股制度具有异曲同工之妙；另一方面，员工持股制度使终身雇佣制和年功序列制的“理想”进一步延伸，因为终身雇佣制和年功序列制都鼓励企业职工对所在企业的忠诚，降低了企业的离职率，而员工持股制度不仅能够显著地提高企业的留职率，而且由于员工持股制度还使企业职工成为所在企业的股东之一，因此，员工持股制度在提高企业留职率的同时，也促进了企业职工收入的进一步增加，只不过这种收入不是通过年功序列所带来的工资的增长，而直接表现为股权收益。总体而言，日本员工持股制度体现了日本传统文化，并与基于传统文化的终身雇佣制和年功序列制等企业机制融为一体。

（三）最大限度减少政府的直接干预

日本员工持股制度的一个主要特点就是充分调动企业和职工个人的积极性，制定支持性的制度措施，而不是充分发挥政府的直接干预，换句话说，日本员工持股制度试图最大限度地减少政府的直接干预措施。在日本员工持股制度顺利推进过程中，尽管政府发挥了重要的作用，比如确定员工持股制度的有效规则、确定员工持股会的法律地位等，但是，在提供税收优惠以及提供补贴方面，日本政府却很少提供相应的支持，以便最大限度地减少政府的直接干预，充分调动参与员工持股制度的企业和企业职工的积极性。如前所述，政府通过税收政策以及补贴政策对于任何经济行为的干预都会带来市场的扭曲，从经济意义上讲，任何市场扭曲都会带来资源的错误配置，从而降低经济的整体竞争力。在日本员工持股制度的推行过程中，政府并没有指定相应的直接支持性的税收和补贴政策，最大限度地降低了政府对于员工持股制度的干预程度，从而极大地降低了由于政府的直接干预所导致的员工持股制度的扭曲，避免了资源的错误配置。从日本员工持股制度的结果来看，日本员工持股制度并没有因为日本政府直接支持性的税收和补贴政策的缺乏而遭受挫折，这充分说明了，政府对于员工持股制度的直接干预需要根据特殊的国情和企业实际开展，不能“一刀切”。

第四节　国外企业员工持股制度比较

通过对美国、英国和日本的员工持股制度进行全面研究可以看到，尽管三个员工持股制度的终极目标在本质上是相同的，即使企业员工同时成为劳动和资本所有者；但是，在具体的发展阶段、主要做法以及主要经验方面却不尽相同。为了更好地吸收三国员工持股制度发展过程中的经验和教训，本研究得出以下几点启示（见表 5-1）。

表 5-1　美国、英国和日本员工持股制度对比

国别	阶段划分	主要做法	主要经验
美国	萌芽阶段、起步阶段、发展阶段、成熟阶段	杠杆型员工持股制度，非杠杆型员工持股制度	税收优惠支持，因企制宜
英国	缓慢发展阶段、快速发展阶段	股票分享计划，收入储蓄计划，股票期权计划	理论基础，国企改革
日本	自主摸索阶段、强制推行阶段、快速发展阶段、成熟运行阶段	日本员工持股制度在出资、管理、退出和政府四个方面具有自身显著的特征	排除高层，融合文化，企业为主

一、加强法律体系建设，形成员工持股制度法律支撑体系

20 世纪后半叶以来，美国的员工持股制度迅速发展与美国政府不断加大的支持力度不可分割（张仁德和王文创，2000）。为了促进美国员工持股制度的发展，美国国会于 1974 年颁布《工人收入保障法》，1980 年颁布《克莱斯勒贷款法案》，1984 年颁布《直接减税法》，1986 年颁布《税收改革法》等重要的法律法规，这些法律法规从政府政策、税收等方面对推进员工持股制度做出了明确的规定，有效地支持和促进了美国员工持股制度的发展。不仅如此，在美国员工持股制度的法律规范中，除了联邦政府颁布的相应法律之外，美国州政府颁布的涉及员工持股制度的法律规范也对美国员工持股制度法律体系起到锦上添花的作用，据统计，美国一半以上的州也颁布了鼓励员工持股的法律（胡军等，2006）。可以说，

美国员工持股制度的顺利发展和20世纪后半叶的快速推进与美国逐渐形成的支持性法律体系密不可分。

20世纪90年代，我国也颁布了一系列的法律法规促进员工持股制度的发展，比如，1992年，国家体改委颁布的《股份有限公司规范意见》和1993年发布的《定向募集股份有限公司内部员工持股管理办法》，对于定向募集方式设立的公司和社会募集方式设立的公司内部员工持股比例、内部职工股期限、内部员工持股形式以及“职工”的范围做出了相应的规定，在一定程度上指引和规范了我国员工持股制度的发展。2005年、2006年、2012年，我国也分别颁布了新修订的《公司法》《上市公司股权激励管理办法》《上市公司员工持股制度管理暂行办法细则》等法律法规，推动了我国员工持股制度的探索向制度化层面的深化（袁田，2013）。但是，与国外发达国家相比，由于我国推进员工持股制度较晚，我国尚未形成完善的员工持股制度法律体系，没有制定员工持股制度实施方案、员工持股会章程等法律法规（丁巍，2007）。我国中央政府和各级地方政府部门需要基于美国的经验，进一步制定相关的法律规范，形成全国性以及地方独具特色的员工持股制度法律体系，对员工持股制度的范围、持股比例、性质等做出规定，引导员工持股制度在我国获得良性发展。

二、结合具体国情，建设具有中国特色员工持股制度

英国员工持股制度的快速推进具有坚实的理论信念支撑，中国推进国内企业员工持股制度的发展也需要坚实的理论基础。我国是社会主义国家，按照邓小平的理论，社会主义的本质就是“解放生产力，发展生产力，消灭剥削，消除两极分化，最终达到共同富裕”（邓小平，1993）。所以，在社会主义制度下，贫富差距、职工失业等社会问题不应有任何“容身之处”。显而易见，邓小平关于社会主义本质的理论与员工持股制度具有极大的相容性，社会主义本质要求消灭剥削可以通过职工成为企业股东来实现，社会主义本质要求消除两极分化也可以通过员工持股制度提高职工的资产性收入来实现。如此一来，我国的社会主义制度以及邓小平所提出的社会主义本质理论就可以成为我国发展员工持股制度的理论基础，我国需要结合社会主义的国家性质以及社会主义本质，建设具有中国特色的员工持股制度。

结合社会主义的国家性质以及社会主义本质打造有中国特色的员工持股制度，要求实施员工持股制度的企业不仅要树立崇高的社会主义理想，从而通过员工持股制度为建设社会主义奉献自己的力量；而且，从具体的效果来说，打造中国特色的员工持股制度要求企业最大限度地通过股权的分享同职工建立利益共同体，使职工更多地分享到由于企业的发展所带来的成果。不仅如此，打造中国特色的员工持股制度还要求为参与员工持股制度的职工提供尽可能多的激励，从而通过激励促进职工更好地工作，真正带动企业发展壮大。

三、将员工持股制度推进与国有企业改革相结合

员工持股制度是英国国有企业改革过程中的重要举措，可以说，国有企业的私有化改革促进了员工持股制度在英国的发展，而员工持股制度在国有企业私有化过程中的实施保证了英国国有企业改革的顺利推进。当前，我国国有企业改革进入了关键时期，中共十八届三中全会指出，要“鼓励非公有制企业参与国有企业改革，鼓励发展非公有资本控股的混合所有制企业，鼓励有条件的私营企业建立现代企业制度”（习近平，2013）。可以说，我国的国有企业改革即将向部分私有化迈出重要的步伐。英国国有企业私有化过程中员工持股制度的成功实施，为我国在新时期全面推进国有企业的多种所有制经营提供了重要的参考。我国在新时期国有企业改革中，要将员工持股制度推进与国有企业改革紧密地结合在一起，最大限度地吸取英国国有企业改革过程中员工持股制度的成功经验。

当然，由于我国是社会主义国家，国有经济的社会主义市场经济改革还没有完全完成，与英国相比，无论是基本的国家制度，还是国有企业的基本情况均有不同。所以，我国在国有企业改革过程中员工持股制度的引入还需要结合我国的基本国情和特殊的国有企业特征。在新时期，推进中国员工持股制度，应当按照国有企业的功能定位、人力资本性质等因素进行区别对待，分类指导，有序推进（黄群慧等，2014），从而在保证我国国有企业改革成功的同时，最大限度地推进我国经济社会发展。

四、因地制宜，根据实际情况发展员工持股制度

尽管传统的经济理论一般认为，员工持股制度能够为企业带来劳动生产率和

企业价值的提高，但是，Mauldin（1999）却认为，并不是所有的员工持股制度都能带来企业生产率的提高。宁向东和高文瑾（2004）通过对 638 家发行内部职工股的上市公司的计量分析也发现，员工持股制度能否带来财务绩效的提高要视具体情况而定。通过对日本的员工持股制度进行分析，我们可以看到，日本的员工持股制度在员工持股制度主要做法方面与美国和英国不相同，比如，在美国的员工持股制度安排中，企业高层管理者可以参与员工持股制度，而日本的员工持股制度却限制高层管理者的参与（张仁德和王文创，2000）。由于我国为社会主义市场经济国家，基本经济的组成成分不仅包括私营企业、外资企业，还存在大量中央和地方控制的国有企业，我国企业制度、基本的经济制度同美国、英国和日本均不相同。所以，在设计我国的员工持股制度时，我们也应当因地制宜，结合我国的基本经济制度和经济发展阶段以及企业的具体制度安排探索适合我国基本情况的员工持股制度。

本章小结

本章分为四节，分别对美国员工持股制度经验、英国员工持股制度经验、日本员工持股制度经验以及国外员工持股制度比较进行了分析和总结。

在对“美国企业员工持股制度经验”的研究中，笔者将美国的员工持股制度的发展历程分为四个阶段，分别为萌芽阶段、起步阶段、发展阶段和成熟阶段。杠杆型员工持股制度和非杠杆型员工持股制度是美国员工持股制度的典型做法。在推进杠杆型员工持股制度或非杠杆型员工持股制度的过程中，为员工持股制度的实施提供税收优惠政策并且根据企业自身的财务状况，选择员工持股制度的具体操作规范是美国员工持股制度可供我国推进企业员工持股制度借鉴的经验。

在对“英国企业员工持股制度经验”的研究中，笔者首先将英国的员工持股制度的基本历程分为两个阶段，分别为缓慢发展阶段和快速推进阶段。对于英国员工持股制度的推进来说，股票分配计划、收入储蓄计划以及股票期权计划是典型的做法。对于我国推进企业员工持股制度而言，英国员工持股制度经验主要包括两个重要方面，分别为：围绕坚实的理论信念，踏实推进具体员工持股制度实践；以国有企业改革为核心，带动所有企业开展员工持股制度。

在对“日本企业员工持股制度经验”的研究中，笔者将日本员工持股制度基本历程分为四个阶段，分别为自主摸索阶段、强制推行阶段、快速发展阶段和成熟运行阶段。同美国和英国的员工持股制度的推进典型做法不尽相同，在员工持股制度的出资方面，日本员工直接出资购买是主要的资金来源；在员工持股制度的管理方面，员工持股会是多数日本推进员工持股制度的企业原始的员工持股制度股权托管机构；在员工持股制度的退出机制方面，日本员工持股制度的退出机制在上市公司和非上市公司之间具有显著的区分；在员工持股制度的建立和运营过程中，日本政府并没有积极响应的税收优惠，而且扮演着制度规范的供给者的角色。

通过对美国员工持股制度经验、英国员工持股制度经验和日本员工持股制度经验进行分析，笔者得出四条可供我国借鉴的经验。首先，推行企业员工持股制度建设要“加强法律体系建设，形成员工持股制度法律支撑体系”。其次，推行企业员工持股制度建设要“结合具体国情，建设具有中国特色员工持股制度”。再次，推行企业员工持股制度建设要“将员工持股制度推进与国有企业改革相结合”。最后，推行企业员工持股制度建设要“因地制宜，根据实际情况发展员工持股制度”。

第六章　中国混合所有制企业员工持股制度典型实践

根据国家统计局[①]（2011）对于我国经济区域的划分标准，我国经济区域可以划分为四个地区，分别为东部地区、中部地区、西部地区和东北地区[②]。四大区域划分在一定程度上科学地反映了我国不同区域之间的经济社会发展状况的不同，成为《中共中央、国务院关于促进中部地区崛起的若干意见》《国务院发布关于西部大开发若干政策措施的实施意见》等一系列党和国家政策文件的重要依据。循着相似的思路，为了全面把握和了解我国不同区域混合所有制企业员工持股制度推进的状况，从而科学反映我国混合所有制企业员工持股制度实践的基本状况，笔者分别根据东部地区、中部地区、西部地区和东北地区四大经济区域的划分，选取每个区域的一家典型企业进行案例研究。其中，在东部地区，笔者选择了山东黄金作为研究混合所有制企业员工持股制度实践的案例；在中部地区，笔者选择海螺水泥作为研究混合所有制企业员工持股制度实践的案例；在西部地区，笔者选择西宁特钢作为研究混合所有制企业员工持股制度实践的案例；在东北地区，笔者选择东北制药作为研究混合所有制企业员工持股制度实践的案例。

---

① 国家统计局. 东部、中部、西部和东北四大经济区域划分［EB/OL］. 阳泉机关党建，http：//www.yqjgdj.gov.cn/art/2014/2/28/art_10246_422856.html，2014-02-28/2016-11-27.

② 东部地区包括：北京市、天津市、上海市、河北省、山东省、江苏省、浙江省、福建省、台湾省、广东省、香港特别行政区、澳门特别行政区、海南省。中部地区包括：山西省、河南省、湖北省、安徽省、湖南省、江西省。西部地区包括：内蒙古自治区、新疆维吾尔自治区、宁夏回族自治区、陕西省、甘肃省、青海省、重庆市、四川省、西藏自治区、广西壮族自治区、贵州省、云南省。东北地区包括：黑龙江省、吉林省、辽宁省。

第一节 东部地区（山东黄金）典型企业实践

山东黄金矿业股份有限公司（以下简称“山东黄金”）成立于2000年1月，是一家集采、选、冶于一体的大型上市公司。从股权关系来看，山东黄金的控股股东为国有法人单位，山东省人民政府国有资产监督管理委员会全资控股的山东黄金集团有限公司为国有独资法人，其控制山东黄金50.25%的股权，处于绝对控股地位（见图6-1）。从前十大关系的角度来看，山东黄金的前十大股东分别为山东黄金集团有限公司、全国社保基金一零八组合、中央汇金资产管理有限责任公司、山东黄金集团青岛黄金有限公司、全国社保基金一零二组合、中国工商银行股份有限公司—诺安灵活配置混合型证券投资基金、中国银行股份有限公司—富国改革动力混合型证券投资基金、中国农业银行股份有限公司—富国中证国有企业改革指数分级证券投资基金、交通银行股份有限公司—工银瑞信双利债券型证券投资基金和王卫列。不难看出，山东黄金是典型的混合所有制企业，其推行的员工持股制度实践可以为其他公司提供经验借鉴。

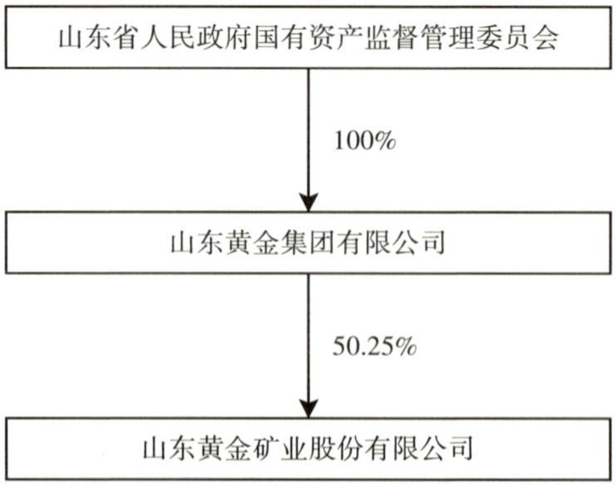

图6-1 山东黄金同控股股东之间的产权及控制关系

资料来源：《山东黄金矿业股份有限公司2015年年度报告》。

一、公司概况

山东黄金的业务主要为黄金开采、选冶，黄金矿山专用设备、建筑装饰材料（不含国家法律法规限制产品）的生产、销售，经营范围涵盖了黄金地质探矿、开采、选冶，贵金属、有色金属制品、黄金珠宝饰品提纯、加工、生产、销售，黄金矿山专用设备及物资、建筑材料的生产、销售等，主要生产标准金锭和各种规格的投资金条和银锭等产品。

山东黄金始终坚持以“资源是企业不可撼动的根本利益”为发展理念，依托现有生产矿山，在全面提升资源综合利用，不断深化矿产资源整合的同时，加大探矿增储力度，狠抓安全生产，实现了企业产能规模、经济效益的稳步提升。山东黄金所属矿山的生产装备水平和机械化程度在国内矿业界首屈一指，特别是井下无轨采掘设备配置已达到世界先进水平。山东黄金现有生产矿山拥有多项之最，包括全国乃至亚洲累计产金最多的“玲珑金矿”，全国装备水平和机械程度最高的“三山岛金矿”，全国首座数字化矿山“焦家金矿”，“国家环境友好企业”中唯一的矿山企业“新城金矿”，全国矿产金交易量最大的“精炼厂”。目前，山东黄金正致力于打造国内黄金选冶“航母”，建成了国内首家万吨级选冶规模的选厂，日选冶能力将得到成倍增长。

2015 年，山东黄金矿产金产量达到 27.3 吨，同比增长 1.23%；2015 年年底山东黄金总资产 226.78 亿元，同比增长 0.35%；负债总额 123.91 亿元，资产负债率为 54.64%，同比降低 1.66 个百分点；实现营业收入 385.73 亿元，同比降低 15.77%；实现利润总额 8.5 亿元，同比降低 25.96%；净利润 6.01 亿元，同比降低 29.5%；净资产收益率加权平均为 6.23%，同比降低 3.18 个百分点；平均每股收益为 0.41 元/股，同比降低 29.31%。

二、公司基本情况

（一）山东黄金规模变化

1. 资产总额稳步增长，但近年来增长速度放缓

根据山东黄金历年年度报告所披露的数据显示，以资产总额作为衡量指标，山东黄金的规模稳步提升。具体来看，2011 年，山东黄金的资产总额为 126.61

亿元，2012 年就增加到 174.6 亿元，较 2011 年增长了 47.99 亿元；2013 年、2014 年和 2015 年，山东黄金资产规模进一步提升，三个年份的资产规模分别增加到 218.92 亿元、225.99 亿元和 226.78 亿元。

不过，从增长率角度来看，山东黄金的资产规模的增长速度却呈现出下降趋势。2011 年，山东黄金资产规模的增长速度为 32.12%，2012 年甚至增加到 37.91%，较 2011 年，增长速度提升 5.79 个百分点。之后，山东黄金资产规模的增长速度就呈现逐年下降趋势，2013 年下降到 25.38%，2014 年下降到 3.23%，2015 年的资产规模增长速度甚至低于 0.5%，仅为 0.35%，如图 6–2 所示。

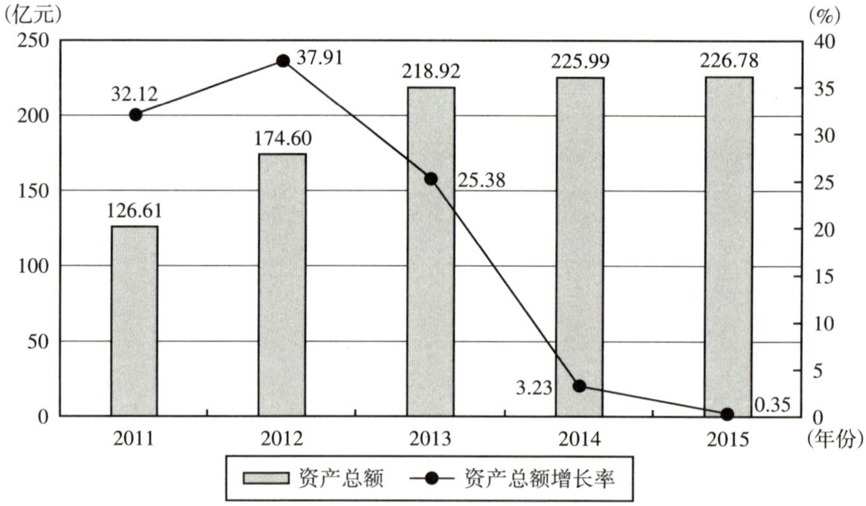

图 6–2　2011~2015 年山东黄金资产规模变化

资料来源：笔者根据历年“山东黄金年报”整理。

2. 员工规模整体呈现出降低趋势，但降低速度不断放缓

从绝对数量角度来看，山东黄金员工规模整体呈现出降低趋势。尽管 2012 年山东黄金的员工总人数为 13628 人，较 2011 年增加了 92 人。但是，2012 年之后，山东黄金的人员规模不断缩小，其中，2013 年大幅下降到 13251 人，较 2012 年减少了 377 人。2014 年和 2015 年，山东黄金员工规模进一步下降，其中，2014 年下降到 12985 人、2015 年下降到 12793 人。

不过，从山东黄金员工规模的下降速度来看，尽管 2011 年和 2012 年山东黄金员工规模呈现出增长趋势，员工规模变化率为正值，但是，2012 年之后山东

黄金员工规模的下降趋势使得山东黄金员工规模变化率为负值。不过，从 2013~2015 年山东黄金员工规模的变化速度来看，山东黄金员工规模降低速度不断下降。其中，较 2013 年的-2.77%而言，2015 年，山东黄金的员工规模下降速度降低为-1.48%，如图 6-3 所示。

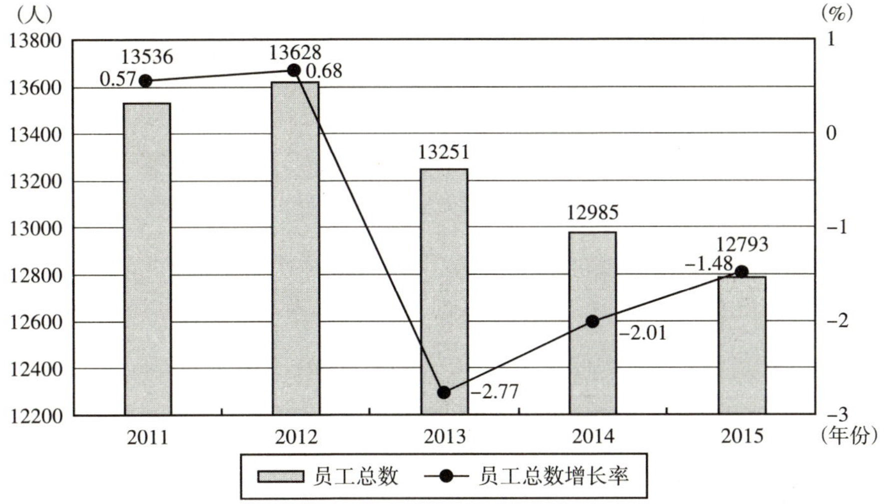

图 6-3　2011~2015 年山东黄金员工规模变化

资料来源：笔者根据历年“山东黄金年报”整理。

（二）山东黄金成长性变化

1. 营业收入呈现倒 U 型的变化特点

从 2011~2015 年山东黄金营业收入的金额角度来看，2011~2012 年，山东黄金的营业收入金额大幅增长，较 2011 年的 394.15 亿元，2012 年，山东黄金营业收入增加到 502.28 亿元，增加了 108.13 亿元。不过，2012 年之后，山东黄金营业收入金额不断降低，2013 年、2014 年和 2015 年山东黄金的营业收入分别下降到 461.68 亿元、457.94 亿元和 385.73 亿元。总体来看，以营业收入来衡量，山东黄金营业收入所表现出的倒 U 型的变化特点反映了山东黄金的成长性的倒 U 型的变化趋势，如图 6-4 所示。

2. 最近几年营业收入增长率变为负值

与山东黄金的营业收入金额的变化趋势相匹配，山东黄金营业收入表现为前两年为正值，后三年为负值的变化特点。其中，2011 年和 2012 年，山东黄金的

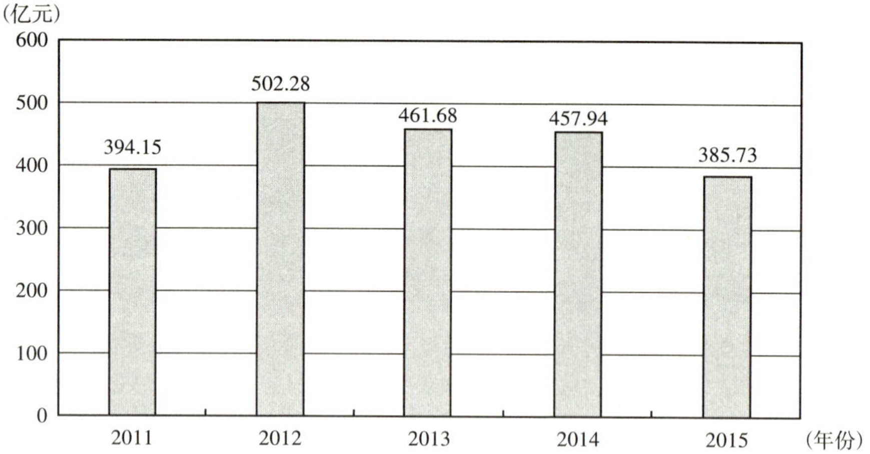

图 6-4　2011~2015 年山东黄金营业收入变化情况

资料来源：笔者根据历年“山东黄金年报”整理。

营业收入增长率分别为 25.07%和 27.44%，反映了山东黄金在 2011 年和 2012 年的营业状况较好。不过，尽管 2013 年，随着我国经济社会发展进入新常态，山东黄金的营业收入也受到影响，其中，2013 年的营业收入增长率下降到-8.08%；尽管 2014 年的营业收入下降速度降低，仅为-0.81%，但是，2015 年，山东黄金的营业收入又大幅下降，较 2014 年而言，2015 年山东黄金的营业收入增长率下降了 15.77%，如图 6-5 所示。

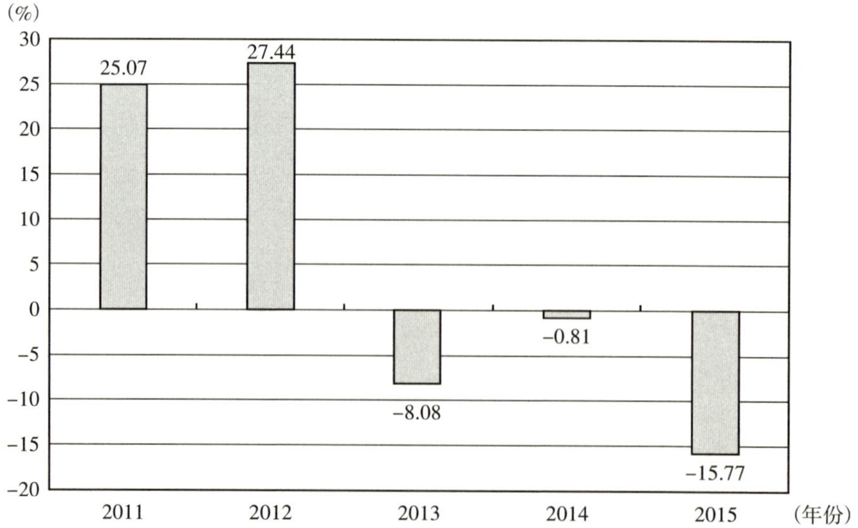

图 6-5　2011~2015 年山东黄金营业收入变化率情况

资料来源：笔者根据历年“山东黄金年报”整理。

（三）山东黄金盈利性变化

1. 利润总额整体呈现出下降趋势

以利润总额作为山东黄金盈利性的衡量指标，从 2011~2015 年山东黄金利润总额的变化特点来看，山东黄金利润总额整体表现为下降趋势。具体来看，2011 年，山东黄金的利润总额为 26.92 亿元，2012 年提高到 29.15 亿元，增长率为 8.28%。尽管较 2011 年山东黄金利润总额的增长率而言，山东黄金利润总额的增长率大幅下降，但是，山东黄金的利润总额依然处于增长区间。与之形成鲜明对比的是 2012 年之后山东黄金利润总额的变化趋势，2012 年之后，山东黄金利润总额不断下降，其中，2013 年下降为 14.81 亿元，较 2012 年下降了 49.19%；2014 年下降到 11.48 亿元，较 2013 年下降了 22.5%；2015 年，山东黄金的利润总额跌破 10 亿元，当年利润总额仅为 8.5 亿元，在 2014 年的基础上下降了 25.96%。山东黄金利润总额的整体表现反映了山东黄金盈利性的不断降低，如图 6–6 所示。

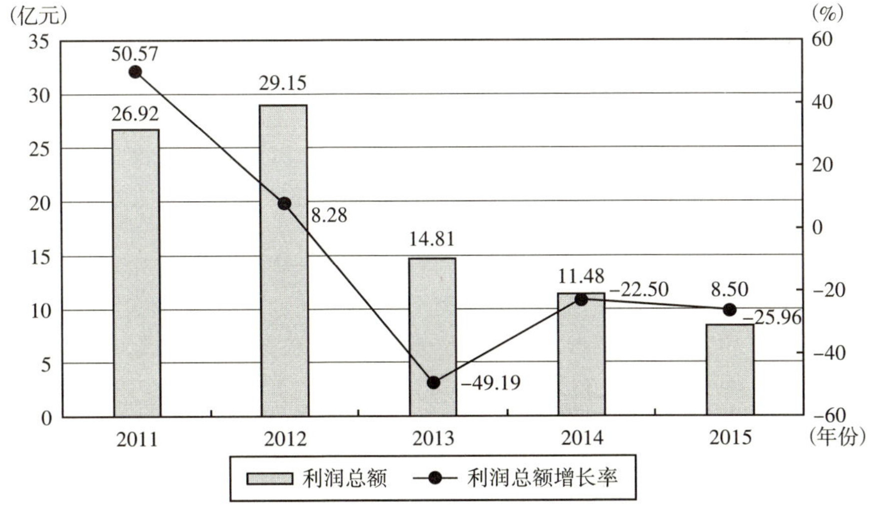

图 6–6　2011~2015 年山东黄金利润总额变化情况

资料来源：笔者根据历年“山东黄金年报”整理。

2. 尽管下降速度有所收窄，但是净资产利润率呈现出整体下降趋势

2011~2015 年，山东黄金的净资产利润率整体呈现出下降的趋势，其中，2011 年的净资产利润率最高，为 42.09%，较 2010 年增长了 7.95%。但是，到了

2012 年，山东黄金的净资产利润率就进入了下降区间，当年净资产利润率较 2011 年下降了 21.43%，仅为 33.07%。2013 年，山东黄金的净资产利润率进一步下降到 16.02%，较 2012 年大幅下降 51.56 个百分点。之后，山东黄金净资产利润率的下降速度有所减弱，但是依然处于下降区间，其中，2014 年净资产利润率下降到 11.63%；2015 年的净资产利润率下降到 8.26%，如图 6-7 所示。

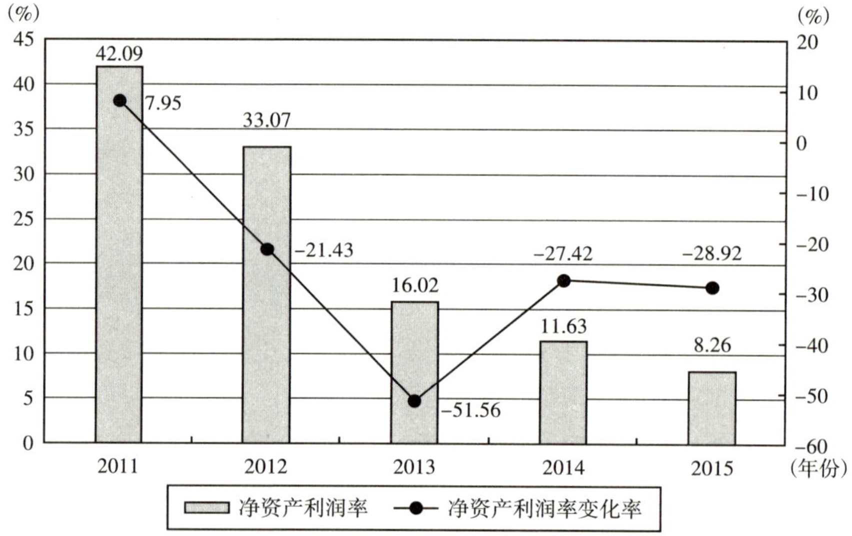

图 6-7 2011~2015 年山东黄金净资产利润率变化情况

资料来源：笔者根据历年"山东黄金年报"整理。

（四）山东黄金风险性变化

1. 负债总额不断提高，负债总额变化速度呈现出不规则变动

2011~2015 年，山东黄金负债总额整体呈现出上升趋势，其中，2011 年山东黄金的负债总额为 62.63 亿元，到 2014 年就增长到 127.23 亿元，4 年时间增加了 64.6 亿元。尽管 2015 年山东黄金的负债总额有所下降，但是山东黄负债总额依然处于高位，当年负债总额达到 123.91 亿元，较 2014 年仅降低了 2.61 个百分点。整体来看，山东黄金负债总额整体呈现出不断提升趋势，负债总额的变化速度呈现出不规则变动，如图 6-8 所示。

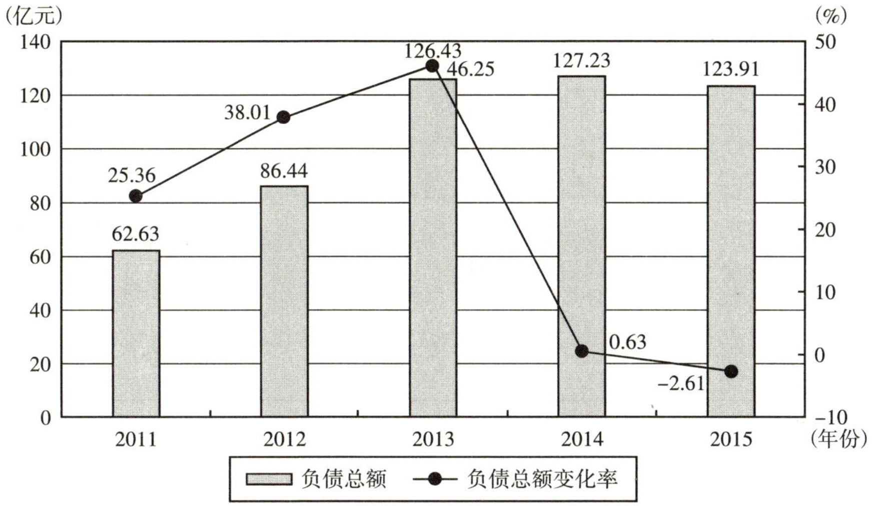

图 6-8　2011~2015 年山东黄金负债总额变化情况

资料来源：笔者根据历年“山东黄金年报”整理。

2. 资产负债率体现出不规则变动特点

以资产负债率作为山东黄金风险性的衡量指标，通过对 2011~2015 年山东黄金资产负债率进行考察，笔者发现，山东黄金的资产负债率表现为不规则的变化趋势。其中，2011 年和 2012 年，山东黄金资产负债率不仅处于 50%以下，而且变化趋势不是很明显，两个年份的资产负债率分别为 49.47%和 49.51%，反映了 2011 年和 2012 年山东黄金的风险性处于较好水平。不过，2013 年，山东黄金的资产负债率大幅提升至 57.75%，山东黄金在 2013 年的风险性大幅提高。之后，随着山东黄金资产负债率的下降，山东黄金的风险性不断降低。具体来看，2014 年山东黄金的资产负债率在 2013 年的基础上下降到 56.30%；2015 年，山东黄金的资产负债率又在 2014 年的基础上下降到 54.64%，如图 6-9 所示。

三、员工持股制度设计

山东黄金是山东国资委下属地方国有上市公司，为典型的混合所有制企业。2015 年 5 月 5 日，山东黄金第四届董事会第八次会议（临时）和 5 月 22 日召开的 2015 年第二次临时股东大会分别审议并通过了《关于〈山东黄金第一期员工持股计划（草案）〉及其〈摘要〉的议案》以及《关于公司与员工持股计划管理人中信证券股份有限公司签署〈资产管理合同〉的议案》，不仅做出了在公司内部推进

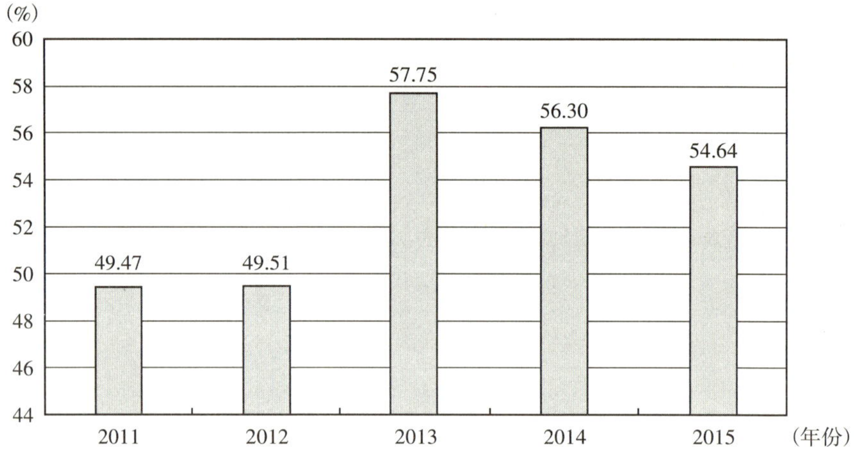

图 6-9　2011~2015 年山东黄金资产负债率变化情况

资料来源：笔者根据历年“山东黄金年报”整理。

员工持股制度的决定，而且对于员工持股制度推进的基本内容进行了详细的描述，标志着山东黄金员工持股制度探索的开始。山东黄金推进员工持股制度实践的初衷是进一步落实中共十八届三中全会所提出的“允许混合所有制经济实行企业员工持股制度，形成资本所有者和劳动者利益共同体”的精神。根据《山东黄金第一期员工持股计划（草案）》的基本内容，山东黄金员工持股制度分别就员工持股制度的目的、坚持的原则、参与对象和确定标准、资金和股票来源、存续期和变更、资产管理合同、持股人会议、管理委员会、员工持股计划参与公司融资、员工持股计划权益处置、开展员工持股计划的程序以及其他事项进行了详细的描述，如表 6-1 所示。

表 6-1　山东黄金员工持股制度框架设计和基本内容

编号	基本框架	基本内容
1	推行目的	• 进一步增强职工的凝聚力和公司发展的活力 • 提升公司治理水平 • 更好地促进公司长期、持续、健康发展
2	基本原则	• 依法合规原则 • 自愿参与原则 • 风险自担原则

续表

编号	基本框架	基本内容
3	参与对象和确定标准	• 确定标准：依据《公司法》《证券法》《上市公司证券发行管理办法》《指导意见》等有关法律、行政法规、规章、规范性文件及《公司章程》的相关规定而确定 • 参与对象：①总份额不超过 17189.75 万份，总金额不超过 17189.75 万元；②公司董事、监事和高级管理人员合计 14 人（认购 2972.5 万份，即 205 万股，占比 17.29%）；③公司及下属相关单位员工合计为 117 人，认购不超过 14217.25 万份，即 980.5 万股，占比约 82.71%；④标的股票总数未超过本次交易后公司股本总额的 10%，单个员工所获股份权益对应的股票总数未超过公司股本总额的 1%
4	资金和股票来源	• 资金来源：参加对象的合法薪酬及其他合法方式自筹资金，不包含任何杠杆融资结构化设计产品 • 股票来源：非公开发行的股票（员工认购由资产管理人设立的山东黄金定向资产管理计划，该计划通过认购非公开发行的股票持有股票） • 标的股票价格：发行价格不低于定价基准日（公司第四届董事会第十二次会议决议公告日）前 20 个交易日公司股票交易均价的 90%
5	存续、变更和终止	• 存续期：84 个月，后 48 个月为股票限售解禁后的减持期间 • 锁定期：36 个月 • 禁止行为：规定三种不得买卖公司股票情形
6	管理模式和管理机构	• 管理模式：委托给资产管理机构管理 • 管理机构：委托中信证券作为管理机构（签订资产管理合同）
7	管理合同	• 计划名称：中信证券山东黄金投资 1 号定向资产管理计划 • 合同当事人：资产委托人、资产管理人、资产托管人 • 投资范围：山东黄金非公开发行股票 • 合同期限：合同生效起到财产清算完成 • 管理费用计提和支付：包括管理费用、托管费用和其他费用；计提、标准和支付由当事人协商
8	持有人会议	• 持有人权利：参加持有人会议、持股计划的其他权益 • 持有人义务：认购并及时出资、承担风险 • 持有人会议职权：选举权和罢免权、审议员工持股制度、授权管理委员会行使职权 • 会议召集：首次会议由董事长负责召集和主持，此后由管理委员会负责 • 表决程序：过半数表决通过制度
9	管理委员会选举和职权	• 定位：员工持股制度日常监督管理机构 • 构成：七名委员，由持有人会议选举产生，主任由全体成员过半数选举通过 • 基本义务：五项基本义务 • 职责：八项基本职责 • 主任职权：三项基本职权 • 决策机制：过半数决策、同股同权
10	公司融资参与	• 资产管理机构和管理委员会商议决定是否参与公司配股、增发、可转债等方式融资

续表

编号	基本框架	基本内容
11	权益处置	• 存续期内不得随意转让 • 依法享有收益 • 丧失民事行为能力、退休、离职或调动、死亡等情况的处置办法 • 存续期届满或提前终止后的处置办法
12	实施程序	• 公司拟定员工持股制度草案 • 董事会审议、独立董事发表独立意见 • 监事会发表意见 • 职工代表大会等程序征求意见 • 律师事务所出具法律意见书 • 公告董事会、员工持股计划草案、独立董事意见、监事会意见等 • 国资委报批 • 召开股东大会审议 • 具体实施员工持股制度
13	其他事项	• 包括财务、会计、税收等问题

资料来源：笔者根据《山东黄金矿业股份有限公司第一期员工持股计划（草案)》整理。

需要特别注意的是，从资金来源角度来看，山东黄金的员工持股制度设计直接将杠杆型员工持股制度排除，所有参与员工持股制度的员工不能通过杠杆的方式筹集参与员工持股制度的资金。从参与对象的角度来看，山东黄金员工持股制度设计不仅包括一般的员工，更将公司的董事、监事和高级管理人员纳入其中。从员工持股制度的时期设置方面来看，山东黄金员工持股制度设计了存续期的概念，从而使得该员工持股制度所筹集的资金表现为“特殊基金”的特点。不仅如此，由于该员工持股制度设计中员工的出资完全交由资产管理公司进行管理，因此也使得员工持股制度设计中员工的出资所表现的“特殊基金”的特点更为明显。

四、员工持股制度（预期）成效

山东黄金员工持股制度开始于 2015 年。由于山东黄金员工持股制度的推行以及效果的显现是一个长期的过程，因此对于山东黄金员工持股制度（预期）成效的分析就需要基于山东黄金员工持股制度的设计。通过对山东黄金员工持股制度设计进行分析，笔者认为，山东黄金员工持股制度可以收到以下几个方面的成效。

第一，形成推进混合所有制企业员工持股制度设计的山东黄金经验。山东黄金为山东省国资委作为实际控制人的地方国有企业，同时又是上市公司，所以山东黄金是典型的混合所有制企业。作为混合所有制国有企业，山东黄金推进员工持股制度本身就具有探索的意义和价值，通过开展员工持股制度，山东黄金担负着探索出一条作为混合所有制企业开展员工持股制度的路子的使命。因此，经过若干年的员工持股制度实践的推进，笔者相信山东黄金一定能够探索出一条具有混合所有制企业特色的员工持股制度设计。

第二，提升山东黄金的公司治理水平。山东黄金员工持股制度设计不仅成立了管理委员会作为员工持股制度的日常监督管理机构，而且还设计了资产管理合同的机制，将资产管理公司纳入其中，作为员工持股制度所形成资产的管理人。如此一来，作为员工持股制度受托人的资产管理公司就可以基于所持有的公司股份参与到公司的治理机制之中，从而进一步实现山东黄金公司治理结构参与主体的多元化，推进山东黄金公司治理水平的提升。

第三，进一步增强职工的凝聚力和公司发展活力。尽管山东黄金员工持股制度的参与人员仅有 131 人，而员工持股制度所持有的标的股票总数也没有超过交易后公司股本总额的 10%，但是，一方面，131 个第一期员工持股制度的参与人员通过员工持股制度实现了企业雇员到企业雇员和资本所有者的转变，从而形成了山东黄金的员工和山东黄金股东身份的统一，从而能够提升参与职工的凝聚力，促使他们以公司主人翁的身份努力工作；另一方面，131 个第一期员工持股制度的参与人员能够形成对于其他员工的极大的引领作用，推进其他未参与第一期员工持股制度的员工积极努力工作，争取早日加入山东黄金员工持股制度，从而起到了提升公司发展活力的作用。

第四，推进公司长期、持续、健康发展。推进山东黄金长期、持续、健康发展是山东黄金公司开展员工持股制度探索的基本出发点。通过推行员工持股制度，山东黄金不仅能够提升公司治理水平，而且能够提升员工的凝聚力和公司的发展活力，从而能够实现对于公司长期发展的推进作用，有利于公司持续、健康发展。

第二节 中部地区（海螺水泥）典型企业实践

安徽海螺水泥股份有限公司（以下简称“海螺水泥”）成立于1997年9月1日，主要从事水泥及商品熟料的生产和销售，是世界上最大的单一品牌供应商。从股权关系来看，安徽海螺集团有限责任公司控制海螺水泥36.78%的股权，为第一大股东，安徽海螺集团有限责任公司由安徽省投资集团控股有限公司控股51%，安徽省投资集团控股有限公司由安徽省国有资产监督管理委员会100%控股，为国有独资公司。所以，安徽省国有资产监督管理委员会为海螺水泥的实际控制人（见图6-10）。海螺水泥前十大股东分别为海螺集团、香港中央结算（代理人）有限公司、海创投资、中国证券金融股份有限公司、中央汇金资产管理有限责任公司、香港中央结算有限公司、兴元资产管理有限公司—客户资金、富达基金（香港）有限公司—客户资金、嘉实基金—农业银行—嘉实中证金融资产管理计划、博时基金—农业银行—博时中证金融资产管理计划。显而易见，海螺水泥是典型的混合所有制企业，其推行的员工持股制度实践可能成

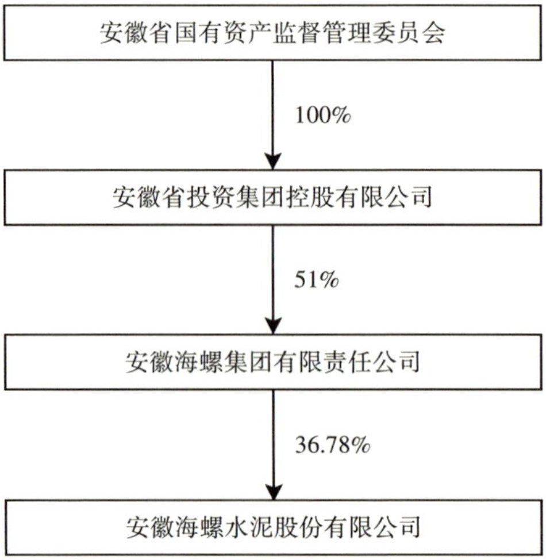

图6-10 海螺水泥同控股股东之间的产权及控制关系

资料来源：《安徽海螺水泥股份有限公司2015年度报告》。

为中部地区混合所有制企业推进员工持股制度实践的代表，为其他公司提供经验借鉴。

一、公司概况

海螺水泥主营业务为水泥及商品熟料的生产、销售，生产产品广泛应用于国家基础设施建设，包括铁路、公路、机场、水利工程等大型基建项目，以及城市房地产开发和农村市场。水泥属于区域性产品，销售半径受制于运输方式及当地水泥价格，销售模式有别于日常消费品。为此，公司在全国设立 300 多个市场部，采取直销为主、经销为辅的营销模式，不断完善“T”型发展战略，在沿长江两岸石灰石资源丰富的地区建设熟料生产基地，在长江中下游及沿海缺乏石灰石资源但市场广阔的地区建设粉磨站、中转库以及其他销售网点，并充分利用长江“黄金水道”作为运输通道，发挥水路物流优势迅速占据市场。

海螺水泥产品质量卓越，享誉全国，并远销海外；下属 100 多家子公司，分布在省内基地和 12 个区域，横跨华东、华南和西部 18 个省、市、自治区和印度尼西亚等国，形成了集团化管理和国际化、区域化运作的经营管理新格局，成就了“世界水泥看中国，中国水泥看海螺”的美誉。公司生产线全部采用先进的新型干法水泥工艺技术，具有产量高、能耗低、自动化程度高、劳动生产率高、环境保护好等特点。公司在华东、华南地区拥有丰富的优质石灰石矿山资源，含碱度低，碳酸钙含量高，为生产高品质低碱水泥提供了得天独厚的原材料；公司生产全部采用新型干法旋窑工艺技术，装备先进，实现了从矿石开采到码头装运的全程自动化控制，按照 ISO9001 国际质量认证体系进行质量管理和监控；依靠完备的铁路、公路及水路运输系统，形成了专业化生产体系和庞大的市场营销网络。

2015 年，按中国会计准则编制的主营业务收入为 497.29 亿元，较上年同期减少 15.66%。截至 2015 年，公司熟料产能达 2.29 亿吨，水泥产能达 2.9 亿吨，骨料产能 2340 万吨，余热发电总装机容量达 1183 兆瓦；2015 年，公司共生产熟料 2.07 亿吨，同比增长 5%，生产水泥 2.24 亿吨，同比增长 2%。2015 年，公司主营业务收入和利润总额分别达到 497.29 亿元和 100.39 亿元。

二、公司基本情况

（一）海螺水泥规模变化

1. 资产总额不断提升，但是增加速度波动下降

以资产总额作为衡量海螺水泥规模的指标，考察 2011~2015 年海螺水泥资产规模的变化趋势。通过对 2011~2015 年海螺水泥的资产总额进行考察，笔者发现，海螺水泥的资产总额不断提升，但是增加速度呈现出波动下降的特点。具体来看，2011 年，海螺水泥的资产总额为 840.03 亿元，较 2010 年增加了 39.05%。2012 年，尽管海螺水泥的资产总额增长有所放缓，当年增长率为 4.19%，但是资产总额依然处于增长趋势，当年资产总额达到 875.24 亿元。2012 年之后，海螺水泥的资产规模增长速度不断增加，2013 年和 2014 年的资产总额增长速度分别为 6.37%和 9.84%。在海螺水泥资产总额增长速度的驱动下，海螺水泥的资产总额在 2014 年突破 1000 亿元，达到 1022.53 亿元。2015 年，尽管海螺水泥的资产总额增长速度再次下降，但是，海螺水泥的资产总额增长到 1057.81 亿元，如图 6-11 所示。

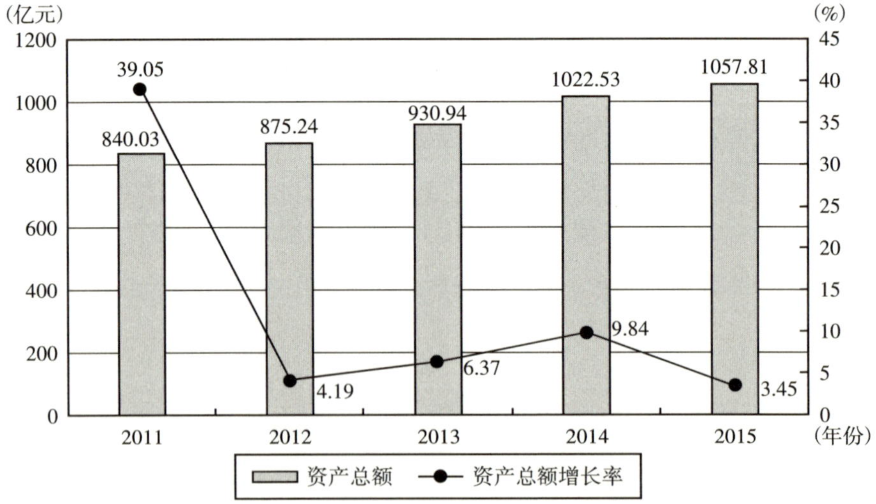

图 6-11 2011~2015 年海螺水泥资产规模变化

资料来源：笔者根据历年“海螺水泥年报”整理。

2. 员工人数整体呈现出增长态势，增长速度波动下降

以员工人数标识海螺水泥的规模变化，通过对 2011~2015 年海螺水泥员工人数的变化进行考察，笔者发现，海螺水泥员工人数整体呈现出增长态势，但是增长速度波动下降。具体来看，2011 年，海螺水泥员工人数为 42876 人，较 2010 年增加了 29.44%。2012 年，海螺水泥员工人数进一步增加到 43875 人，但是增长速度大幅放缓，当年的增长速度仅为 2.33%。2013 年和 2014 年，不仅海螺水泥的员工人数进一步增加，而且员工人数的增长速度也明显反弹。其中，2013 年的员工总数和员工总数增长率分别为 45235 人和 3.1%；2014 年的员工总数和员工总数增长率分别为 48439 人和 7.08%。2015 年，海螺水泥的员工人数出现首次下降，当年员工人数为 47832 人，与之相匹配，海螺水泥的员工人数增长率不仅再次下降，而且表现为负值，仅为-1.25%，如图 6-12 所示。

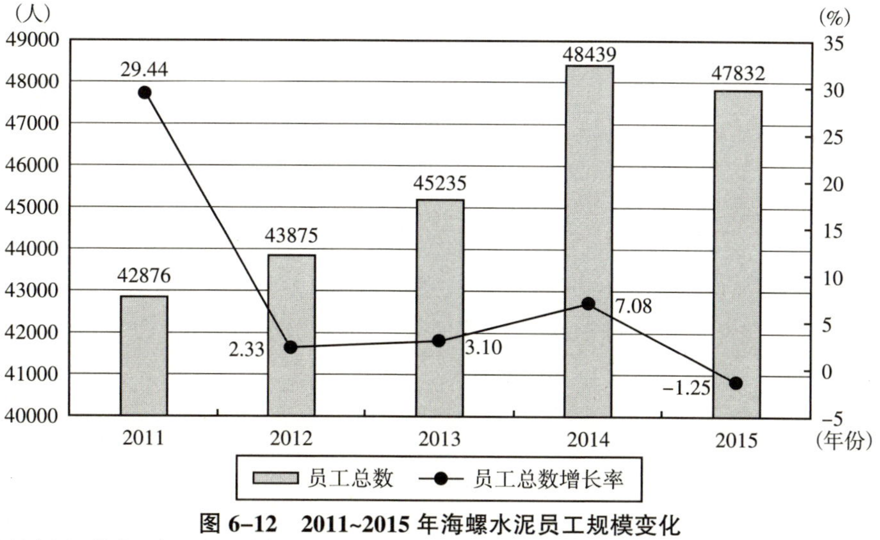

图 6-12　2011~2015 年海螺水泥员工规模变化

资料来源：笔者根据历年“海螺水泥年报”整理。

（二）海螺水泥成长性变化

1. 营业收入呈现出不规则变动特点

以营业收入的变化作为衡量海螺水泥成长性的指标，通过对 2011~2015 年海螺水泥营业收入的变化进行考察，笔者发现，2011~2015 年 5 年间，海螺水泥的营业收入呈现出不规则变动特点。其中，2011 年，海螺水泥的营业收入为

486.54 亿元，2012 年下降到 457.66 亿元。2013 年和 2014 年，海螺水泥的营业收入又呈现出增长态势，两个年份的营业收入分别增加到 552.62 亿元和 607.59 亿元。不过，2015 年终结了 2012 年之后海螺水泥营业收入的增长趋势，当年营业收入较 2014 年大幅下降，当年营业收入实现仅为 509.76 亿元，如图 6–13 所示。

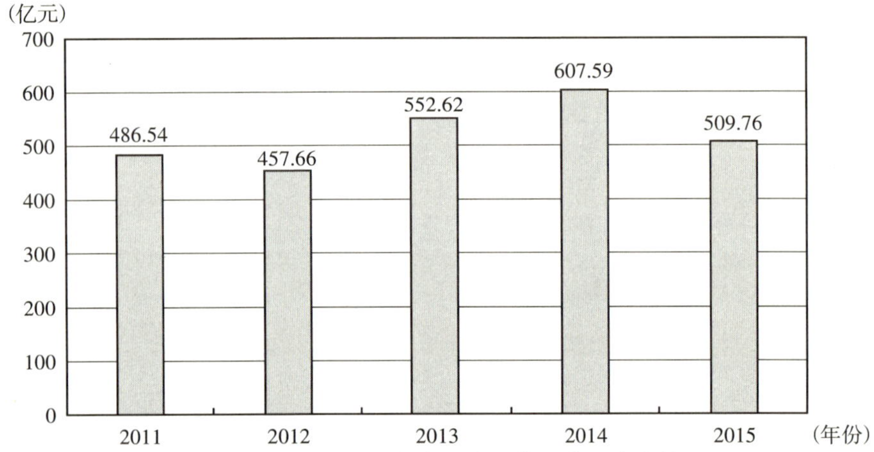

图 6–13　2011~2015 年海螺水泥营业收入变化情况

资料来源：笔者根据历年"海螺水泥年报"整理。

2. 营业收入增长率呈现出波动下降趋势

与海螺水泥营业收入的波动变化相匹配，海螺水泥营业收入增长率也呈现出波动变化特点，但是，从趋势来看，海螺水泥营业收入增长率又表现出波动下降的趋势。具体来看，2011 年，海螺水泥营业收入增长率相对最高，为 40.99%。不过，随着 2012 年海螺水泥营业收入的大幅下滑，当年营业收入增长率表现为负值，为–5.94%。2012 年之后，尽管 2013 年和 2014 年的营业收入有所提高，但是营业收入增长率下降，两个年份的营业收入增长率分别为 20.75%和 9.95%。2015 年，海螺水泥营业收入增长率不仅再次下滑，而且表现为负值，当年营业收入增长率为–16.1%，如图 6–14 所示。

(三) 海螺水泥盈利性变化

1. 利润总额和利润总额变化率均呈现出波动变化特点

以利润总额作为海螺水泥盈利性的衡量指标，通过对海螺水泥利润总额进行

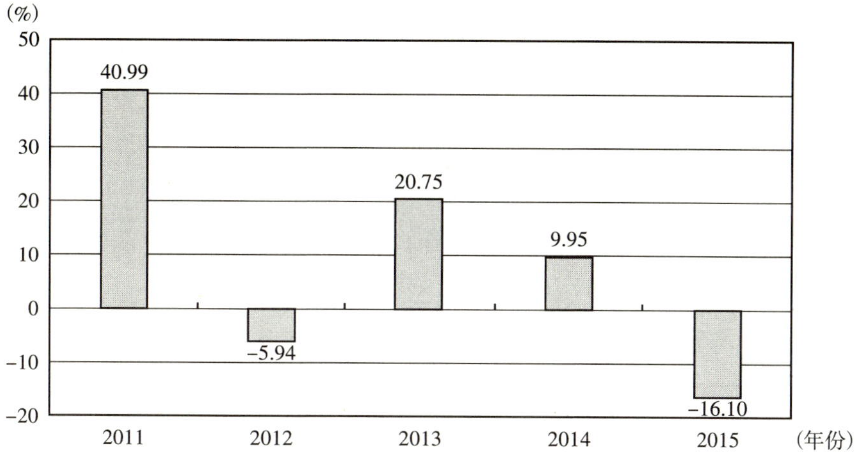

图 6-14　2011~2015 年海螺水泥营业收入变化率情况

资料来源：笔者根据历年“海螺水泥年报”整理。

考察，笔者发现，无论是利润总额的变化趋势，还是利润总额变化率的变化趋势，均呈现出波动变化特点。具体来看，2011 年和 2014 年分别为 2011~2015 年间海螺水泥利润总额的极大值点，两个年份的利润总额分别为 156.52 亿元和 148.83 亿元。2012 年和 2015 年分别为 2011~2015 年间海螺水泥利润总额的极小值点，两个年份的利润总额分别为 80.88 亿元和 100.39 亿元。与之相应，2011~2015 年间，海螺水泥利润总额变化率在 2011 年和 2013 年出现极大值点，两个年份的利润总额增长率分别为 93.76%和 56.18%。2011~2015 年间，海螺水泥利润总额变化率在 2012 年和 2015 年出现极小值点，两个年份的利润总额增长率分别为−48.33%和−32.54%，如图 6-15 所示。

2. 净资产利润率波动下降，净利润变化率呈现出波动变化特点

从净资产利润率的角度来看，海螺水泥净资产利润率的变化率呈现出波动变化趋势。其中，2011 年和 2013 年分别为 2011~2015 年间海螺水泥净资产利润率变化率的极大值点，两个年份的净资产利润率的变化率分别为 47.39%和 36.01%；2012 年和 2015 年分别为海螺水泥净资产利润率变化率的极小值点，两个年份的净资产利润率的变化率分别为−52.7%和−36.47%。

海螺水泥净资产利润率呈现出波动下降趋势，尽管在 2011 年和 2013 年，海螺水泥净资产利润率表现为 2011~2015 年间的两个极大值点，当年的净资产利润率分别为 33.42%和 21.49%，而与此同时，2012 年和 2015 年也分别是海螺水泥

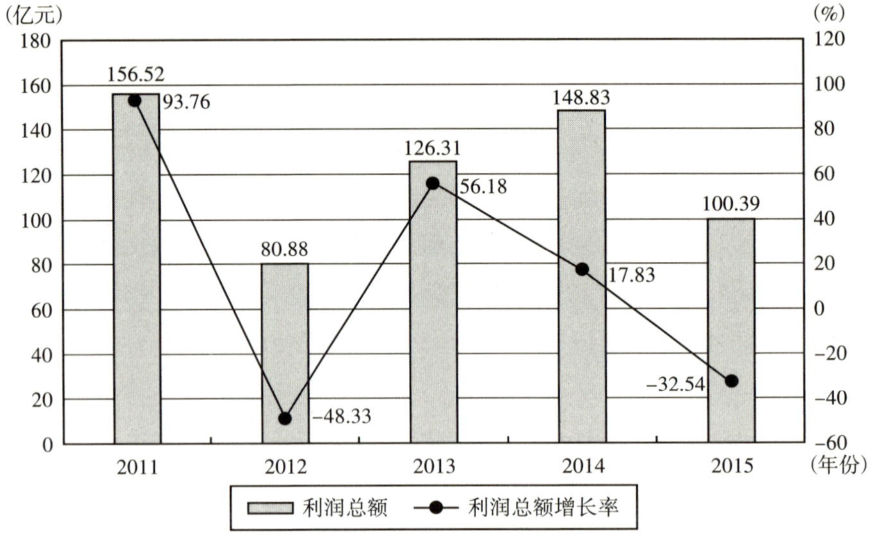

图 6-15 2011~2015 年海螺水泥利润总额变化情况

资料来源：笔者根据历年“海螺水泥年报”整理。

净资产利润率的极小值点，当年的净资产利润率分别为 15.8%和 13.58%，但是总体看来，海螺水泥的净资产利润率是下降的趋势，如图 6-16 所示。

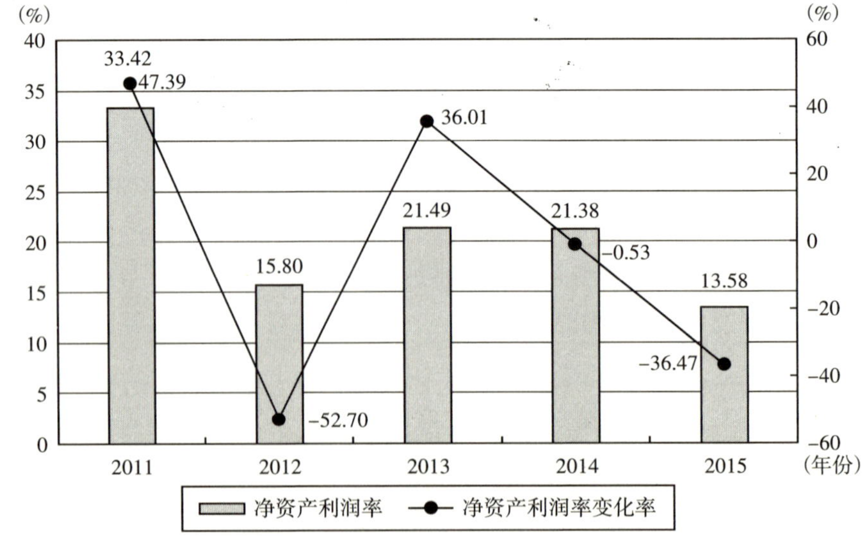

图 6-16 2011~2015 年海螺水泥净资产利润率变化情况

资料来源：笔者根据历年“海螺水泥年报”整理。

（四）海螺水泥风险性变化

1. 负债总额不断下降，下降速度呈现出 L 型变化特点

以负债总额作为海螺水泥风险性的指标，通过对 2011~2015 年海螺水泥的负债总额进行考察，笔者发现，海螺水泥负债总额不断下降，而下降速度呈现出 L 型变化特点。具体来看，2011 年，海螺水泥负债总额为 371.62 亿元，较 2010 年增加了 49.97%，反映了海螺水泥当年的风险性大幅提升。但是之后，海螺水泥的负债总额不断下降，其中，2012 年下降到 363.47 亿元，2013 年下降到 343.29 亿元，2014 年和 2015 年又分别下降到 326.42 亿元和 318.7 亿元。与海螺水泥负债总额的不断下降趋势相匹配，海螺水泥负债总额的下降速度呈现出 L 型特点。其中，2011 年相对最高，之后均处于负值。其中，2012 年为–2.19%，2013 年，海螺水泥负债总额的下降速度降至最低点，为–5.55%。尽管 2014 年和 2015 年较 2013 年分别有所提升，两个年份的负债总额变化率分别为–4.92%和–2.37%，但是变化不大，如图 6–17 所示。

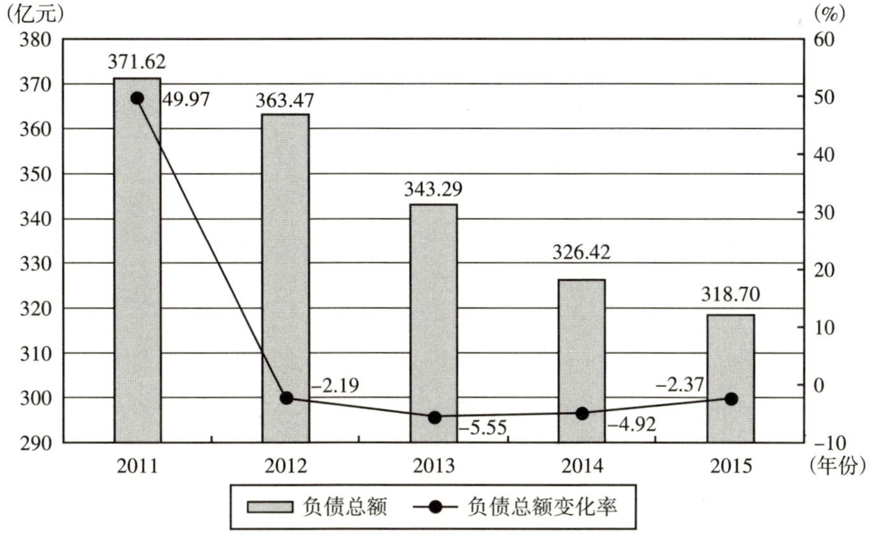

图 6–17 2011~2015 年海螺水泥负债总额变化情况

资料来源：笔者根据历年“海螺水泥年报”整理。

2. 资产负债率呈现出下降趋势

以资产负债率来衡量海螺水泥风险性，通过对海螺水泥 2011~2015 年的资产负债率进行考察，笔者发现，2011 年以来，海螺水泥资产负债率不断下降，反映了海螺水泥风险性不断降低。其中，2011 年海螺水泥的资产负债率相对最高，为 44.24%，2015 年海螺水泥的资产负债率相对最低，为 30.13%，如图 6-18 所示。

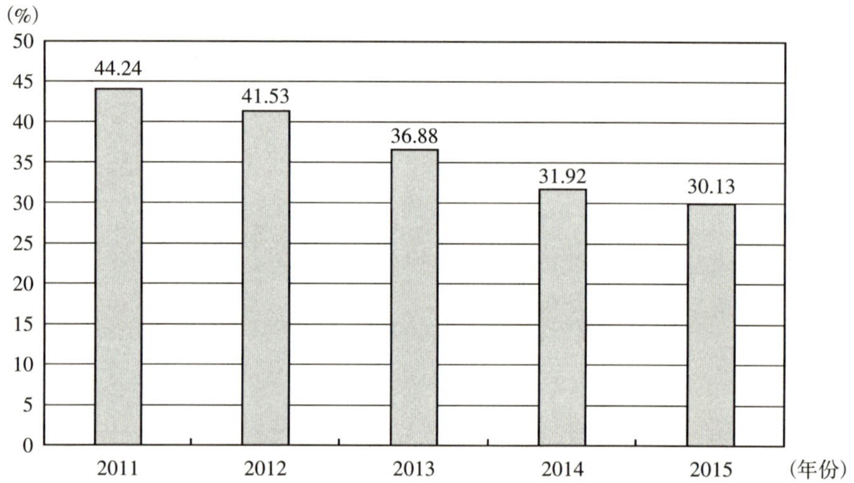

图 6-18 2011~2015 年海螺水泥资产负债率变化情况

资料来源：笔者根据历年“海螺水泥年报”整理。

三、员工持股制度实践

海螺水泥是安徽省国资委下属国有企业，作为上市公司，海螺水泥所推行的员工持股制度是典型的混合所有制企业推进员工持股制度。海螺水泥员工持股制度开始于我国激励性混合所有制企业员工持股阶段，并且自 2002 年首次推出以来，经过近 15 年的发展，海螺水泥员工持股制度设计不断完善，海螺水泥员工持股制度也获得了丰富的经验。

进入 21 世纪之后，鉴于我国宏观经济环境发生的巨大变化，我国宏观经济政策不断收紧，甚至提出了“三年不产新项目”的要求。对于水泥行业而言，在国家宏观经济政策收紧的情况之下，银行贷款的缺乏使得海螺水泥面临巨大的融资压力。为此，在当时安徽省相关政策的指导下，经安徽省政府批准，2002 年，海螺水泥以 7758 名员工现金出资的方式，通过集团工会积极参股。海螺水泥首次推进员工持股制度的一个重要特点就是设立了新的公司，从而实现了将员工持股制度的推行同国有企业改制结合在一起。集团经营管理层和其他自然人以及集团工会或下属公司共同设立了具有独立决策组织结构、独立经营管能力的海创公司。2006 年，海螺水泥成为我国证监会的试点企业，按照证监会相关文件要求，海螺水泥实行了定向收购首期员工持股制度所涉及的所有股份，并通过定向增发的方式将新一轮的股份搬到上市公司中，于 2007 年 4 月顺利完成，从而实现了员工的利益同上市公司的利益相统一的目标。

2013 年 12 月，2002 年员工持股制度推行初期所设置的海创公司在香港成功挂牌上市，在安徽省巡视组的建议下，海螺水泥将新员工纳入员工持股制度的考量范围，分批对 1 万余名年轻的技术骨干等员工实行股权激励。再加上之后所开展的对 8500 多名员工的股权激励的推行，海螺水泥员工持股制度范围已经扩展到 2 万多人，[①] 在海螺水泥总计 5 万多人的员工队伍中，海螺水泥的员工持股制度推行的广度和深度不能不令人赞叹。

四、员工持股制度（预期）成效

海螺水泥推行员工持股制度收到了较好的成效，不仅解决了推行员工持股制度之初所面临的公司资金贫乏问题，而且实现了企业和员工个人的共同发展，具体包含以下几个方面。

首先，海螺水泥员工持股制度的推行应对了当年公司所面临的宏观经济政策趋近、资金来源困难的压力。通过推行员工持股制度，海螺水泥公司获取了员工持股制度的资金投入，解决了公司发展所面临的燃眉之急，为公司建设新厂、持续开展业务活动创造了条件。

其次，海螺水泥员工持股制度的推行推进了公司的发展壮大和经济效益的提高。从海螺水泥规模变化的角度来看，1993 年，海螺水泥的总资产和净资产分

---

① 海螺水泥. 员工持股经典案例：海螺靠这点将效率提高 50%！［EB/OL］. 海螺水泥官方网站，http：//www.conch.cn/dt2111111116.asp？ docid=2111320260。

别为 4.6 亿元和 1000 万元[①]，到了 2015 年，海螺水泥的总资产已经达到了 1057.81 亿元，净资产达到了 686.19 亿元，经过近 15 年的发展，已经取得了极大的成就。从海螺水泥经济效益的角度来看，1993 年的利税总额不足 9000 万元，2015 年，仅公司利润就达到了 100.39 亿元，增长显著。不仅如此，随着公司的发展壮大和经济效益的提高，海螺水泥还在香港成功上市，标志着海螺水泥的公司治理水平、管理能力受到了社会各界的普遍认可。

最后，海螺水泥员工持股制度的推行还为我国混合所有制改革背景之下的员工持股制度试点提供了经验借鉴。2015 年 12 月，国务院国资委副秘书长彭华岗透露，2016 年我国将全面展开包括混合所有制企业员工持股制度在内的 10 项试点工作，[②] 标志着党中央和国务院在对混合所有制企业推进员工持股制度做出顶层设计之后，我国混合所有制企业推进员工持股全面进入试点阶段。在我国国有企业尤其是中央企业开展员工持股制度试点的背景之下，作为混合所有制企业推进员工持股制度的先行者，海螺水泥所取得的经验可以为同为开展混合所有制改革的国有企业提供借鉴。

第三节　西部地区（西宁特钢）典型企业实践

西宁特殊钢股份有限公司（以下简称“西宁特钢”）成立于 1996 年 1 月 31 日，是中国西部地区最大的资源型特殊钢生产基地，是国家级创新型企业、国家军工产品配套企业。从股权结构来看，西宁特钢的控股股东西宁特殊钢集团有限公司持有 49.87%股份，处于控股地位；西宁特殊钢集团有限公司由青海省国有资产投资管理有限公司持有 29.25%股份，为国有控股法人；青海省政府国有资产监督管理委员会控股青海省国有资产投资管理有限公司 100%股权，青海省国

---

① 中国企业报. 混合所有制改革之海螺集团模式：员工持股刷新发展动力［EB/OL］. 同花顺财经，http：//news.10jqka.com.cn/20150307/c571018192.shtml.

② 中国证券报. 国企改革“十项试点”将出第二批试点望启动［EB/OL］. 中国证券网，http：//news.cnstock.com/news/sns_yw/201602/3713892.htm.

有资产投资管理有限公司为国有独资法人（见图 6-19）。从前十大股东角度来看，西宁特殊钢集团有限责任公司、国网青海省电力公司、中国证券金融股份有限公司、林锦平、交通银行股份有限公司—长信量化先锋、混合型证券投资基金、于沛涔、王建斌、中央汇金资产管理有限责任公司和沈杏女为前十大股东。显而易见，西宁特钢既有国有法人持股，又有非国有法人持股，为混合所有制企业，可以作为西部地区混合所有制企业员工持股制度的开展企业为其他公司开展员工持股制度提供经验借鉴。

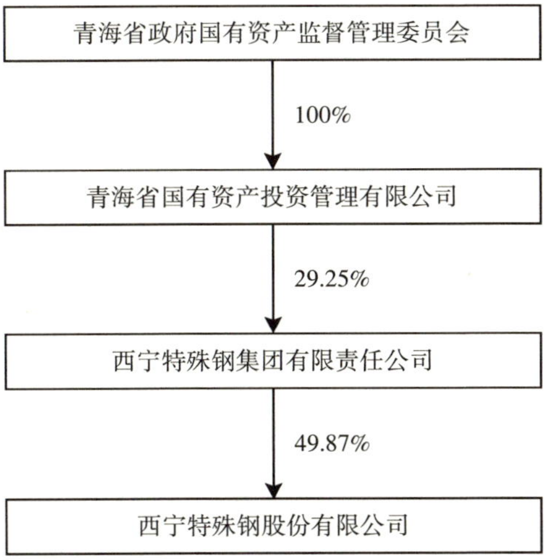

图 6-19　西宁特钢同控股股东之间的产权及控制关系

资料来源：《西宁特殊钢股份有限公司 2015 年年度报告》。

一、公司概况

西宁特钢拥有铁矿、煤矿、钒矿、石灰石矿等资源 10.7 亿吨，已形成年采选铁矿 700 万吨、铁精粉 200 万吨、原煤 120 万吨、焦炭 80 万吨、铁 160 万吨、钢 160 万吨、钢材 160 万吨的综合生产能力，是集“钢铁制造、煤炭焦化、铁多金属、地产开发”四大产业板块为主体的资源综合开发型钢铁联合企业集团，是中国四大特钢企业集团之一，产品广泛应用于汽车、铁路、船舶、石油化工、矿山机械、兵器装备及航空航天等行业，曾荣获中国首次载人交会对接任务天宫一号、神舟九号和长征二号 F 研制配套物资供应商、中国航天突出贡献供应商、0910 工程突出贡献奖、冶金产品实物质量金杯奖等 190 多个省部级以上荣誉称号。

公司经营模式包括生产模式、销售模式和采购模式三个层面。在生产模式层面，由于西宁特钢销售的特点是品种多、数量较小且分散，公司的生产和销售企业已形成了富有自身特色的订单式的经营模式。在销售模式层面，西宁特钢采取年度—月度销售模式，即先行确定一年内的供货品种和总供货量，具体交货时，按月订单执行，如此一来，西宁特钢就可以根据客户的月订单情况确定自身生产的品种及数量。在采购模式层面，西宁特钢同样采用年度—月度采购模式，即对原材料的采购合同期限一般为一年，先行确定一年内的订货数量和品种，具体采购时，按月订单执行。

经过近年来的快速投建，我国特钢总体产能超过了现实消费能力，从而导致企业的经营压力加大，市场竞争更趋激烈。从产品品种结构分析，国内特钢产品中的普通产品多，高端产品少，高端特钢产品仍需大量进口。为此，公司主动适应经济发展新常态，准确把握行业发展新趋势，坚持绿色、环保、可持续发展理念，坚定不移走“一业为主、多元协同”特色发展道路；以改革统揽全局，推进企业转型升级，坚持依法治企，强化创新驱动；以体制机制创新为基础，激发发展活力；以管理创新为核心，提升管控运营水平；以技术创新为动力，促进结构调整和质量提升；以探索实践混合所有制经济发展为契机，着力开发新的经济增长点，持续培育竞争新优势。

二、公司基本情况

（一）西宁特钢规模变化

1. 资产总额稳步提升

以资产规模作为衡量西宁特钢规模的指标，通过对 2011~2015 年西宁特钢资产规模变化情况进行考察，笔者发现，西宁特钢资产规模稳步提升。具体来看，2011 年，西宁特钢的资产规模为 134.10 亿元，较 2010 年增加了 11.79%。2012 年、2013 年和 2014 年，西宁特钢的资产规模分别较上年增加了 11.05%、16.85% 和 30.37%，使得西宁特钢的资产总额在三个年份分别增加到 148.92 亿元、174.02 亿元和 226.87 亿元。尽管 2015 年，西宁特钢的资产规模增长速度有所放缓，但是，当年资产规模依然在 2014 年的基础上增加到了 253.8 亿元，如图 6–20 所示。

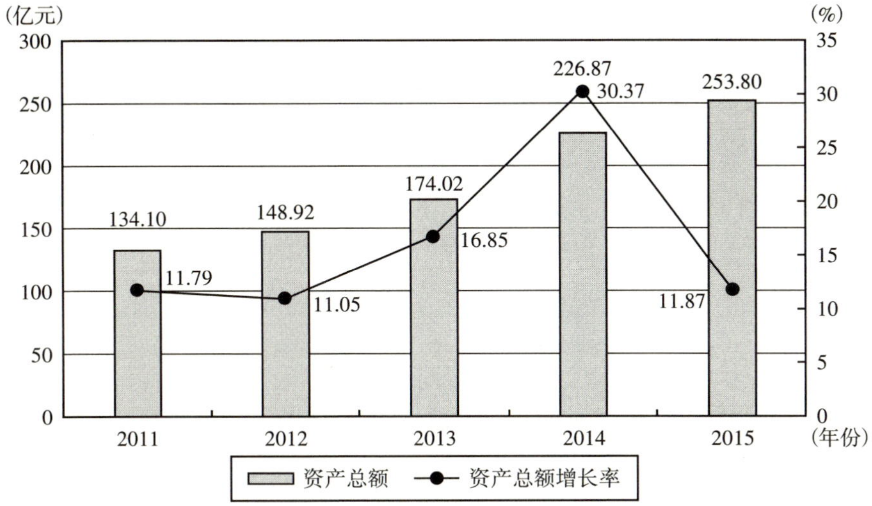

图 6–20　2011~2015 年西宁特钢资产规模变化

资料来源：笔者根据历年“西宁特钢年报”整理。

2. 员工人数变化率呈现出波动变化，员工人数也呈现出波动变化特点

以员工人数作为反映西宁特钢规模的指标，通过对 2011~2015 年西宁特钢员工规模变化情况进行考察，笔者发现，西宁特钢员工人数变化率呈现出波动变化，而员工人数也呈现出波动变化特点。具体来看，2011~2015 年间，员工人数变化率分别在 2013 年和 2015 年达到了极小值点，当年的员工人数变化率分别为–19.99%和–1.47%；2011 年和 2014 年分别为员工人数变化率的极大值点，当年的员工人数变化率分别为 15.51%和 31.39%。与之相对应，2011~2015 年间，员工人数分别在 2012 年和 2014 年达到了极大值点，当年的人数分别为 10375 人和 10907 人；员工人数分别在 2011 年、2013 年和 2015 年达到了极小值点，三个年份的员工人数分别为 9788 人、8301 人和 10747 人，如图 6–21 所示。

（二）西宁特钢成长性变化

1. 营业收入呈现出波动下降趋势

以营业收入作为西宁特钢成长性的衡量指标，通过对 2011~2015 年西宁特钢的营业收入进行考察，笔者发现，西宁特钢营业收入呈现出波动下降趋势。具体

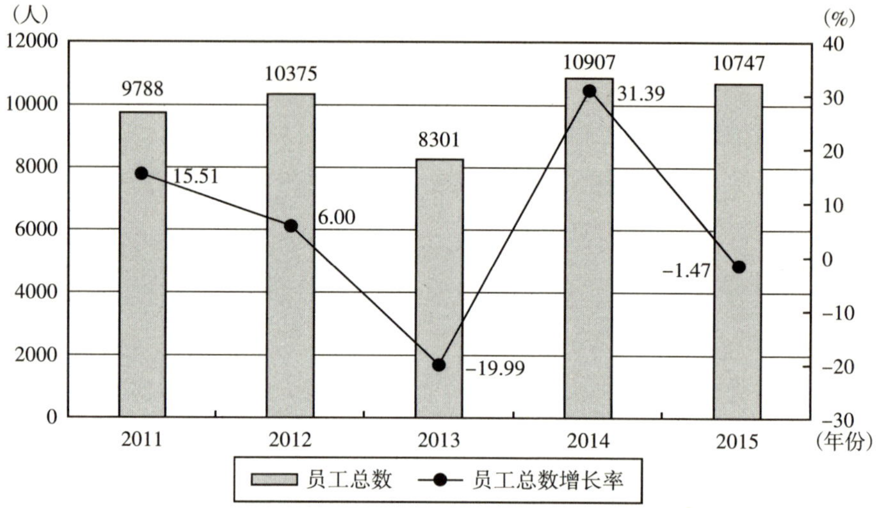

图 6-21　2011~2015 年西宁特钢员工规模变化

资料来源：笔者根据历年“西宁特钢年报”整理。

来看，2011~2012 年，西宁特钢营业收入由 2011 年的 82.08 亿元下降到 2012 年的 68.71 亿元。2012 年之后，直到 2014 年，西宁特钢营业收入呈现出增长趋势，其中，2013 年在 2012 年的基础上增加到 70.32 亿元，2014 年在 2013 年的基础上增加到 73.14 亿元。2014 年之后，西宁特钢营业收入再次下降，2015 年，西宁特钢营业收入在 2014 年的基础上下降到 60.53 亿元，并且为 5 年来的最低值，如图 6-22 所示。

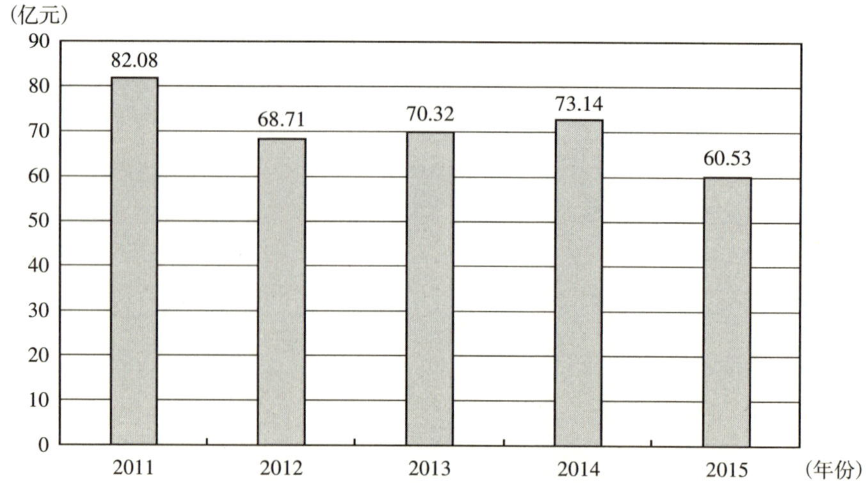

图 6-22　2011~2015 年西宁特钢营业收入变化情况

资料来源：笔者根据历年“西宁特钢年报”整理。

2. 营业收入变化率波动变化

同西宁特钢营业收入变化趋势相对应，西宁特钢营业收入变化率呈现出波动变化特点。其中，2011 年和 2014 年分别为 2011~2015 年间营业收入变化率的极大值点，两个年份的营业收入变化率分别为 16.39%和 4.01%；2012 年和 2015 年分别为营业收入变化率的极小值点，两个年份的营业收入变化率分别为–16.29%和–17.24%，如图 6–23 所示。

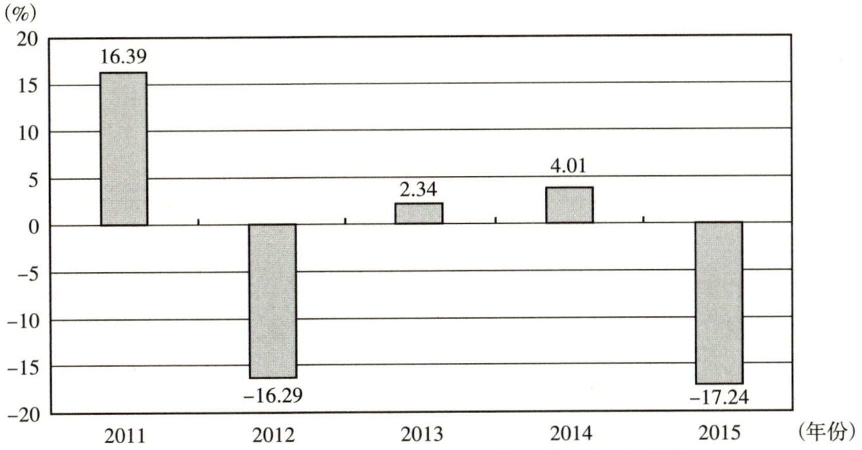

图 6–23　2011~2015 年西宁特钢营业收入变化率情况

资料来源：笔者根据历年“西宁特钢年报”整理。

（三）西宁特钢盈利性变化

1. 利润总额波动下降

以利润总额作为衡量西宁特钢盈利性的指标，通过对 2011~2015 年西宁特钢利润总额的变化进行考察，笔者发现，西宁特钢利润总额呈现出波动下降趋势，反映了西宁特钢盈利性呈现出波动变化趋势。具体来看，2011 年西宁特钢的利润总额相对最高，当年实现利润 6.09 亿元；2015 年，西宁特钢的利润总额相对最低，当年利润表现为负值，为–17.41 亿元。2011~2013 年，西宁特钢利润总额呈现出下降趋势，其中，2013 年相对最低，为–0.02 亿元。尽管 2014 年，西宁特钢利润总额转降为增，但是当年仅实现利润 2.14 亿元。整体来看，西宁特钢盈利总额波动下降，如图 6–24 所示。

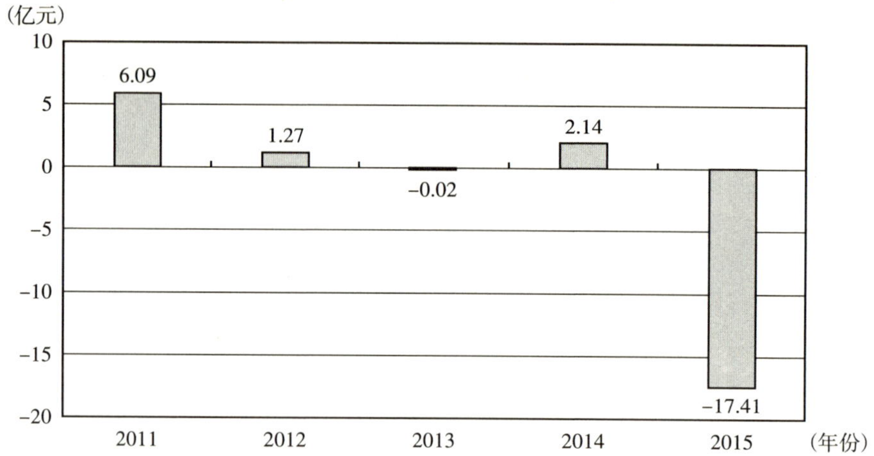

图 6-24 2011~2015 年西宁特钢利润总额变化情况

资料来源：笔者根据历年“西宁特钢年报”整理。

2. 净资产利润率波动下降

同资产总额的变化特点相一致，西宁特钢的净资产利润率也呈现出波动下降趋势。2011 年和 2015 年分别为 2011~2015 年间的最大值点和最小值点，其中，2011 年净资产利润率为 17%，2015 年的净资产利润率是负值，为-95.75%。2012 年和 2014 年，西宁特钢净资产利润率表现为正值，两个年份的净资产利润率分别为 3.47%和 6.13%。2013 年，西宁特钢净资产利润率表现为负值，为-0.06%，如图 6-25 所示。

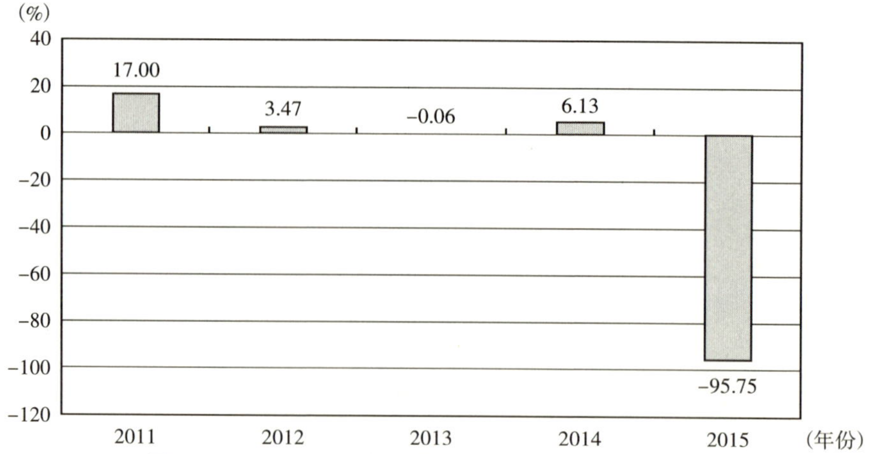

图 6-25 2011~2015 年西宁特钢净资产利润率变化情况

资料来源：笔者根据历年“西宁特钢年报”整理。

（四）西宁特钢风险变化

1. 负债总额不断增加，反映了风险性不断提高

以负债总额作为衡量西宁特钢风险性的指标，通过对西宁特钢的负债总额进性考察，笔者发现，2011~2015 年，西宁特钢的负债总额不断增加，反映了西宁特钢的风险性不断提高。具体来看，2011~2014 年间，无论是西宁特钢的负债总额，还是负债总额的变化趋势，均呈现出逐年增加的趋势，2014 年的负债总额增加到 191.88 亿元，当年的负债总额变化率达到最高水平，为 38.88%。2015 年，尽管西宁特钢的负债总额变化率较 2014 年下降到 22.79%，但是，西宁特钢的负债总额依然保持攀升趋势，当年的负债总额又增加到了 235.62 亿元，反映出西宁特钢风险性不断增加，如图 6–26 所示。

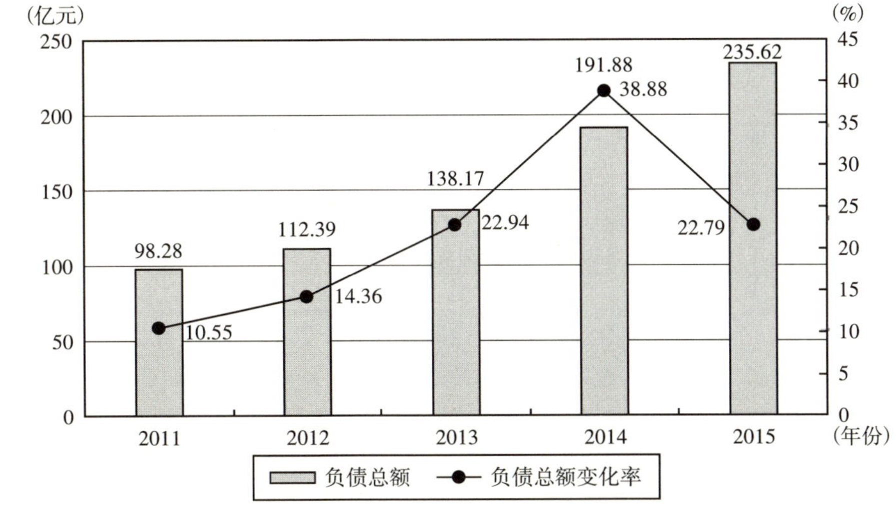

图 6–26　2011~2015 年西宁特钢负债总额变化情况

资料来源：笔者根据历年“西宁特钢年报”整理。

2. 资产负债率呈现出整体攀升态势

同负债总额的不断攀升相匹配，以资产负债率为衡量指标的西宁特钢风险性也呈现出不断提升趋势。具体来看，2011 年，西宁特钢的资产负债率为 73.28%，之后，西宁特钢的资产负债率每年有所攀升，其中，2014 年，西宁特钢的资产负债率超过 80%，达到 84.58%；2015 年，西宁特钢的资产负债率甚至超过 90%，达到 92.84%，如图 6–27 所示。

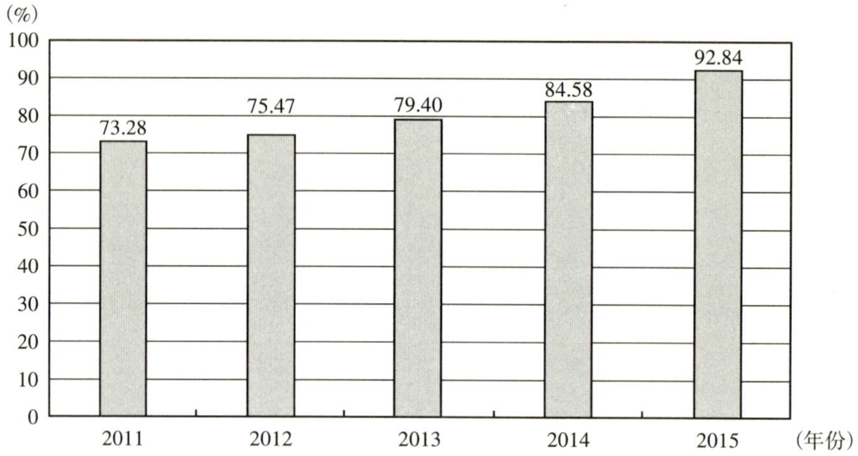

图 6-27　2011~2015 年西宁特钢资产负债率变化情况

资料来源：笔者根据历年“西宁特钢年报”整理。

三、员工持股制度实践

2015 年，西宁特钢公司六届二十五次董事会和 2015 年第三次临时股东大会审议并通过了《西宁特殊钢股份有限公司第一期员工持股计划（认购非公开发行股票方式）》，标志着西宁特钢公司员工持股制度实践的开始。西宁特钢公司为青海省国资委下属国有企业，作为上市公司，西宁特钢公司是典型的混合所有制企业。尽管较山东黄金和海螺水泥，西宁特钢的员工持股制度绝对规模较小，但是，西宁特钢公司员工持股制度的探索也充分展示了西宁特钢的决心。西宁特钢公司员工持股制度涉及的人员不超过 169 人，认购的股数也不超过 389.9 万股，代表着 2245.824 万股的权益。作为西宁特钢公司员工持股制度设计的基本蓝本，《西宁特殊钢股份有限公司第一期员工持股计划（认购非公开发行股票方式）》对公司员工持股制度的基本原则、员工持股制度规模、员工持股制度持有人认定、员工持股制度资金来源、员工持股制度的股票来源、员工持股制度的锁定期、员工持股制度的存续期、员工持股制度履行程序、员工持股制度的管理、员工持股制度的权益分配、员工持股制度的变更以及其他规定进行了详细的描述，如表 6-2 所示。

表 6-2　西宁特钢员工持股制度框架设计和基本内容

编号	基本框架	基本内容
1	基本原则	• 依法合规原则 • 自愿参与原则 • 风险自担原则
2	规模	• 非公开发行股票数量不超过 389.9 万股，累计不超过公司股本总额的 10% • 单个员工获取股份权益对应的股票总数累计不超过公司股本总额的 1% • 员工持股制度以“份”作为认购单位，股票数量所代表的 2245.824 万元对应着 2245.824 万份
3	持有人认定	• 法律法规要求：依据《公司法》《证券法》《指导意见》等有关法律、法规、规范性文件及《公司章程》的相关规定而确定 • 任职条件要求：公司或下属公司任职，领取报酬并签订劳动合同 • 对象条件：公司的董事、监事、高级管理人员；公司或下属公司的中层管理人员；公司或下属公司的核心业务人员、技术骨干 • 特殊排除：5 个方面标准的排除人员
4	资金来源	• 资金来源：通过合法薪酬以及法律、行政法规允许的其他方式筹集认购标的股票所需资金 • 重点排除：公司、下属公司和公司控股股东不得为员工提供任何形式的资金支持
5	股票来源	• 非公开发行的股票
6	锁定期	• 36 个月
7	存续期	• 48 个月 • 届满前 6 个月公告到期计划持有的股票数量
8	员工持股制度履行程序	• 员工持股制度实施前：通过职工代表大会等组织充分征求员工意见 • 经过董事会审议通过 • 独立董事和监事会发布意见 • 公司公告董事会决议、持股制度草案、独立董事和监事会意见等 • 员工申购 • 律师事务所出具法律意见书 • 取得青海省国资委批复 • 股东大会审议 • 提交证监会审核
9	员工持股制度管理	• 公司股东大会：审批员工持股制度，授权董事会具体办理 • 董事会：具体推进员工持股制度（包括独立董事发表独立意见） • 监事会：发表意见 • 持有人会议：员工持股制度最高权力机构，全体持有人组成，按照持有份额行使表决权（职权：决定管理委员会委员和授权管理委员会履行修订员工持股管理办法、审议是否参与公司融资项目、决定存续期延长或提前终止等职权。召集：第一次由董事会召集，此后由管理委员会召集。会议提案：由管理委员会提出，3%以上份额持有人可以提交临时提案。会议通知：书面通知。表决程序：每单位份额一票，一般议案半数通过，管理办法和存续期相关提案 2/3 通过）

续表

编号	基本框架	基本内容
10	管理委员会	• 定位：持有人会议自治机构（3 名委员、设置 1 名主任） • 选举程序：公司推荐、单独或合计持有计划份额占计划总份额 10%及以上持有人推荐（同份额同权） • 职责：监督员工持股制度日常管理、行使持有人股东权利 • 管理委员会主任职责：由全体委员过半数选举产生，履行 3 个方面的职责 • 运行：会议召集、会议举行条件、投票权行使、会议记录等规定
11	权益分配	• 持有人的股份权益：股票分红、支付管理费用优先 • 股份权益限制：不享有投票权和表决权、不得转让 • 存续期相关股份权益处置 • 存续期届满后股份权益处置
12	变更、终止和延长	• 变更：经持有人会议审议通过、董事会审议通过，方可实施 • 终止：存续期届满、锁定期届满之后本持股计划所持资产全部为货币资金 • 延长：存续期届满前 2 个月，经持有人会议审议通过、董事会审议通过，可以延长
13	其他事项	• 包括财务、会计处理以及税收等问题

资料来源：笔者根据《西宁特殊钢股份有限公司第一期员工持股计划（认购非公开发行股票方式）》整理。

通过对西宁特钢员工持股制度框架和内容进行分析，可以看到，西宁特钢员工持股制度设计不仅没有将资产管理机构纳入自身的员工持股制度设计之中，而且对于员工通过员工持股制度参与公司治理也进行了相应的限制；不仅如此，该员工持股制度框架设计还没有对员工购买公司非公开发行的股权的价格做出安排。因此，从某种程度上讲，由于缺乏推进员工持股制度的经验，西宁特钢选择通过相对保守的方式推进员工持股制度可能是较为理性和科学的选择。

四、员工持股制度（预期）成效

尽管西宁特钢员工持股制度的推进相对较为保守，但是，较没有推行员工持股制度的企业而言，西宁特钢所推行的员工持股制度显然是一种进步，并取得了以下几个方面的成效。

首先，员工持股制度的推行有利于形成员工劳动提供者和资本所有者身份的统一，增强员工归属感。西宁特钢员工持股制度设计涉及公司董事、监事、高级管理人员、公司或下属公司的中层管理人员、公司或下属公司的核心业务人员和技术骨干，囊括 169 人，对于员工持股制度的参与人员而言，他们不仅是公司劳动的提供者，而且也变成了公司资本的提供者。如此一来，就实现了公司劳动提供者和资本提供者身份的统一，这是员工持股制度支持者所畅想的员工持股制度所可能产生的效果之一，对于西宁特钢而言，员工持股制度的推行显然能够达到这种身份统一性的效果。

其次，员工持股制度的推行有利于增强员工的工作积极性，提高企业的活力。西宁特钢员工持股制度设计尽管没有将所有的员工纳入其中，但是，也基本上形成了覆盖公司各个层级的人员，不仅直接提高了员工持股制度参与人员的积极性和主动性，而且还起到了对公司各个层级人员的引领和示范作用，推进了各个层级人员积极工作，增强了对于公司的归属感，从而在公司范围之内形成了“比学赶拼”的氛围，推动了企业活力的不断提升。

再次，员工持股制度的推行也将有利于西宁特钢经济绩效的提升。无论是形成员工持股制度参与人员的劳动提供者和资本提供者的身份的统一性，还是增强员工的积极性和提高企业的活力，均有利于公司各个层级员工生产效率的提高，从而推动西宁特钢成本的降低、收益的提升，实现西宁特钢经济利润的提高，最终提高西宁特钢经济绩效。

最后，员工持股制度的推行有助于提升西宁特钢参与人员的收入水平。从个人收入的角度来看，一方面，员工持股制度的推行使得员工持股制度参与人员在获取工资性收入的同时，也获得了资本性收入，从而即使在保证工资性收入不变的情况之下，也由于资本性收入的获取而提升自身整体收入；另一方面，员工持股制度的推行能够提升员工持股制度参与人员的工作积极性和主动性，从而提升公司的整体经济效益，由于公司整体的经济效益是员工获取工资性收入的基础或前提，所以，公司整体经济效益的提升有利于提高员工的工资性收入。因此，综合而论，西宁特钢员工持股制度的推行有助于提升西宁特钢员工持股制度参与人员的收入水平。

第四节　东北地区（东北制药）典型企业实践

东北制药集团股份有限公司（以下简称“东北制药”），前身为东北制药总厂，始建于1946年，至今已有70多年历史，公司属于医药行业，以生产和销售化学原料药品及制剂药品、经营医药产品批发及零售、生物制剂的生产与销售为主营业务，业务范围涵盖医药制造和医药商业两个子行业。从控股股东的角度来看，东北制药控股股东为东北制药集团有限责任公司，后者控制东北制药21.46%的股权；东北制药集团有限责任公司由沈阳市人民政府国有资产监督管理委员会和中国东方资产管理公司控股，其中，沈阳市人民政府国有资产监督管理委员会控股97.84%，中国东方资产管理公司控股2.16%，东北制药集团有限责任公司为国家控股法人（见图6–28）。从前十大股东来看，东北制药集团有限责任公司、中国华融资产管理股份有限公司、王梓龙、王绍林、辽宁方大集团实业有限公司、中国证券金融股份有限公司、吴秀英、吴海瑛、胡春凤和娄崑为前十大股东。显而易见，一方面，东北制药为国有控股企业；另一方面，东北制药的股东既包括国有法人，也包括非国有法人，所以，东北制药属于典型的混合所有制企业。作为东北地区混合所有制企业的代表，其员工持股制度的推进实践可以为其他混合所有制企业推进员工持股制度提供借鉴。

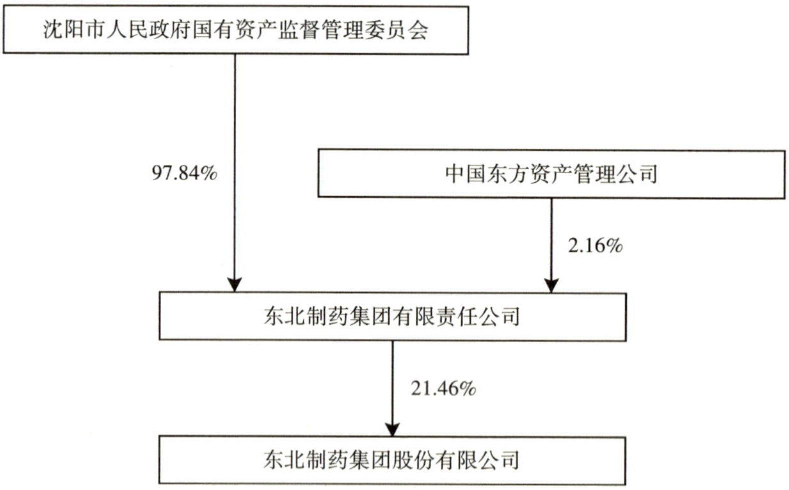

图6–28 东北制药同控股股东之间的产权及控制关系

资料来源：《东北制药集团股份有限公司2015年年度报告》。

一、公司概况

东北制药主要生产抗生素类、维生素类、心脑血管类、消化系统类、麻醉药品类、计生药品类、生物诊断试剂类等十大系列产品，400 多种化学原料药、医药中间体和制剂产品，具备完善的质量管理和控制体系，对采购、生产、仓储、运输、销售等全过程进行控制，产品符合 EP8 和 USP37 最新版本标准，并整体通过了 GMP 认证和 GSP 认证，通过了质量管理体系 ISO9001：2008、国际环境管理体系 ISO14001：2004、职业健康安全管理体系 GB/T28001-2011 三体系认证。

东北制药作为中国重要的药品生产与出口基地，主导产品远销 100 多个国家和地区。东北制药拥有制剂产品国家批准文号 366 个，现有 244 个品规药品进入《国家基本医疗保险、工伤保险和生育保险药品目录》甲乙类药品目录，其中基本药物产品批准文号 123 个。

东北制药医药商业业务主要通过下属供销公司开展，是集药品批发、快批、调拨、零售、配送于一体的大型医药商业公司，是东北地区最大的医药物流中心之一，拥有强大的终端客户，旗下东北大药房拥有 200 余家零售门店，区域综合竞争优势明显。东北制药还设有医药研究院、设计院和质量检验中心，并设有"博士后"科研工作站，聚集了一大批享有盛誉的顶尖级专家和管理人才，形成了较为完整的科研、生产、经营、培训体系，具有较强的新药研发与技术创新能力。

截至 2015 年，公司拥有员工 1.1 万人，总资产 87.6 亿元，年销售收入近 90 亿元，年出口创汇 1 亿美元，是国有大型综合性制药企业集团。面向未来发展，东北制药以"一切为了健康，向未知与不可能挑战"为核心价值观，瞄准国际国内先进标杆企业，致力于在化学制药、生物制药、医药商业、医药化工建设、医疗服务领域实现跨越式发展，着力打造国内一流、国际知名的大型医药企业集团。

二、公司基本情况

（一）东北制药规模变化

1. 资产总额呈现整体增加态势，资产总额变化率波动变化

以资产总额作为东北制药规模的衡量指标，通过对 2011~2015 年东北制药的资产规模进行考察，笔者发现，东北制药资产规模呈现出整体增长态势，但是，资产规模的增长速度呈现出波动变化特点。具体来看，2011 年，东北制药资产总额为 58.72 亿元，较 2010 年增加了 4.76%。2012 年，尽管东北制药的资产总额增长率下降到 2.06%，但是，东北制药的资产总额还是增加到 59.93 亿元。2013 年，东北制药资产总额在 2012 年的基础上猛增了 26.05%，达到 75.55 亿元。之后，东北制药资产总额的增长速度分别下降到 2014 年的 13.48%和 2015 年的 1.4%，从而使得 2014 年和 2015 年东北制药的资产总额增加为 85.73 亿元和 86.93 亿元。东北制药资产规模的整体增加反映出东北制药整体规模不断提高，如图 6–29 所示。

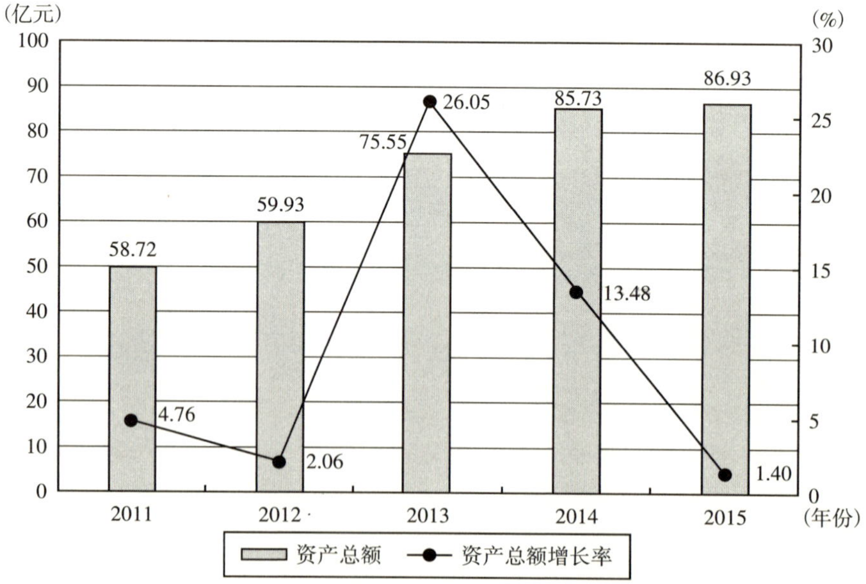

图 6–29　2011~2015 年东北制药资产规模变化

资料来源：笔者根据历年“东北制药年报”整理。

2. 员工人数不断下降，员工人数变化率呈现出 L 型变化特点

以员工人数作为东北制药规模的衡量指标，通过对东北制药的员工人数进行考察，笔者发现，2011 年之后，东北制药员工人数不断下降，员工人数的变化率呈现出 L 型变化特点。具体来看，2011 年，东北制药的员工人数为 9576 人，较 2010 年增加了 11.61%。之后，东北制药的员工人数一直处于降低的趋势，其中，2012 年较 2011 年降低了 4.02 个百分点，员工人数为 9191 人，2013 年和 2014 年分别较上一年降低了 1 个百分点和 1.04 个百分点，从而使得这两个年份的东北制药人数下降到 9099 人和 9004 人。2015 年，东北制药的员工人数跌破 9000 人大关，较 2014 年下降了 4.71 个百分点，员工人数降至 8580 人，如图 6–30 所示。

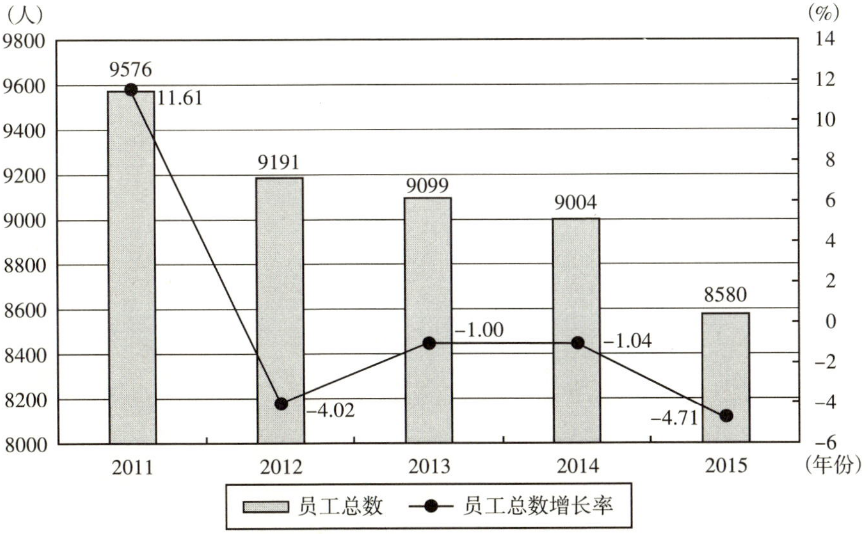

图 6–30 2011~2015 年东北制药员工规模变化

资料来源：笔者根据历年“东北制药年报”整理。

（二）东北制药成长性变化

1. 营业收入整体保持基本稳定趋势

以营业收入作为衡量东北制药成长性的指标，通过对东北制药 2011 年以来的营业收入进行研究，笔者发现，除了个别年份东北制药的营业收入出现波动之外，整体而言，东北制药营业收入基本保持长期的稳定态势。具体来看，除了

2014 年，东北制药的营业收入较 2013 年大幅提升至 43.33 亿元之外，其余年份的营业收入均保持在 38.7 亿元左右。其中，2011 年东北制药的营业收入为 38.83 亿元、2012 年的营业收入为 38.65 亿元、2013 年的营业收入为 38.71 亿元、2015 年的营业收入为 38.34 亿元，如图 6-31 所示。

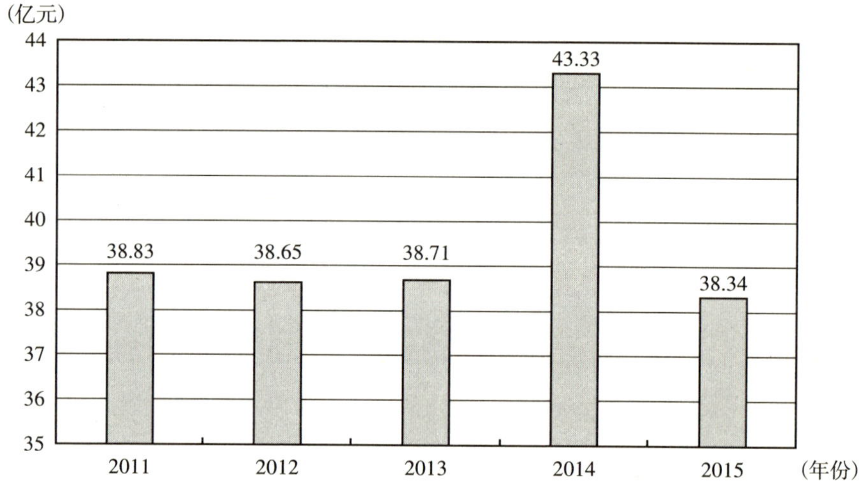

图 6-31　2011~2015 年东北制药营业收入变化情况

资料来源：笔者根据历年“东北制药年报”整理。

2. 营业收入变化率为负值年份占多数

从营业收入变化率的角度来看，2011~2015 年，除了 2013 年和 2014 年营业收入变化率为正值之外，其余年份的营业收入变化率均为负值，整体来看，营业收入变化率为负值的年份占多数，反映了 2011 年以来，东北制药多数年份的营业收入呈现出下降的趋势。具体来看，2013 年和 2014 年，东北制药的营业收入变化率为正值，较上年而言，两个年份的营业收入变化率分别为 0.15% 和 11.96%。2011 年、2012 年和 2015 年，东北制药的营业收入变化率为负值，较上年而言，三个年份的营业收入变化率分别降低 19.58 个百分点、0.46 个百分点和 11.51 个百分点，如图 6-32 所示。

（三）东北制药盈利性变化

1. 利润总额呈现出波动变化特点

以利润总额作为衡量东北制药盈利性的指标，通过对东北制药的利润总额进行考察，笔者发现，东北制药利润总额呈现出波动变化的特点。具体来看，2011

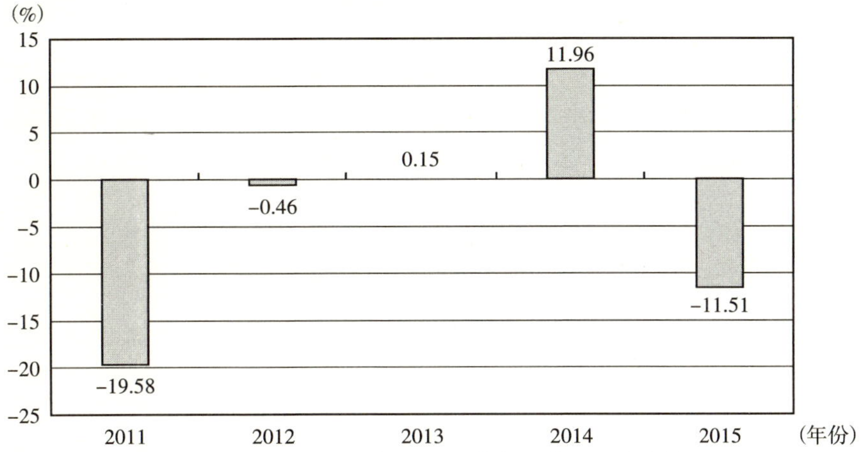

图 6-32　2011~2015 年东北制药营业收入变化率情况

资料来源：笔者根据历年“东北制药年报”整理。

年，东北制药的利润总额为负值，当年亏损 3.83 亿元。2012 年，东北制药的利润总额变为正值，当年实现盈利 0.42 亿元。但是，尽管如此，2013 年，东北制药的利润总额再次变为负值，当年亏损 1.59 亿元。2014 年和 2015 年，东北制药分别实现盈利和亏损，其中，2014 年实现盈利 1.06 亿元，2015 年亏损 4.07 亿元，如图 6-33 所示。

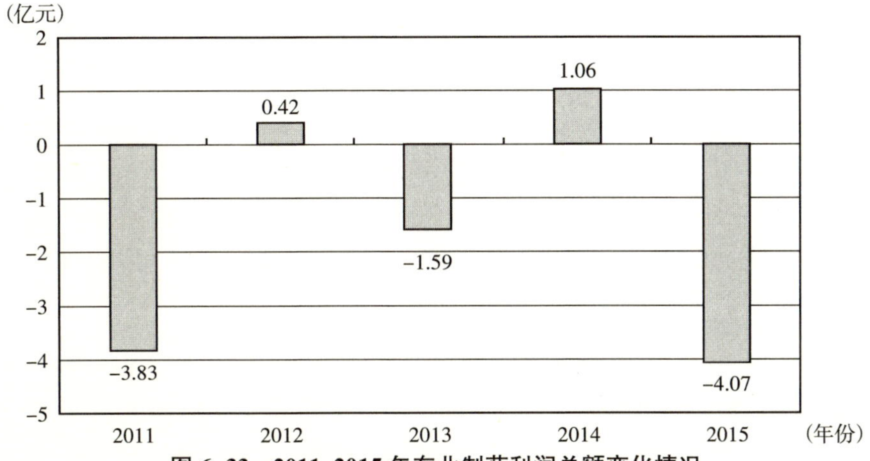

图 6-33　2011~2015 年东北制药利润总额变化情况

资料来源：笔者根据历年“东北制药年报”整理。

2. 净资产利润率呈现出波动变化特点

同利润总额的变化趋势相似，以净资产利润率为衡量指标，东北制药盈利性也呈现出波动变化特点。其中，2011 年、2013 年和 2015 年分别为东北制药的亏损年份，三个年份的净资产利润率分别为–21.89%、–9.94%和–16.95%。2012 年和 2014 年分别为东北制药的盈利年份，两个年份的净资产利润率分别为 2.43%和 3.83%，如图 6–34 所示。

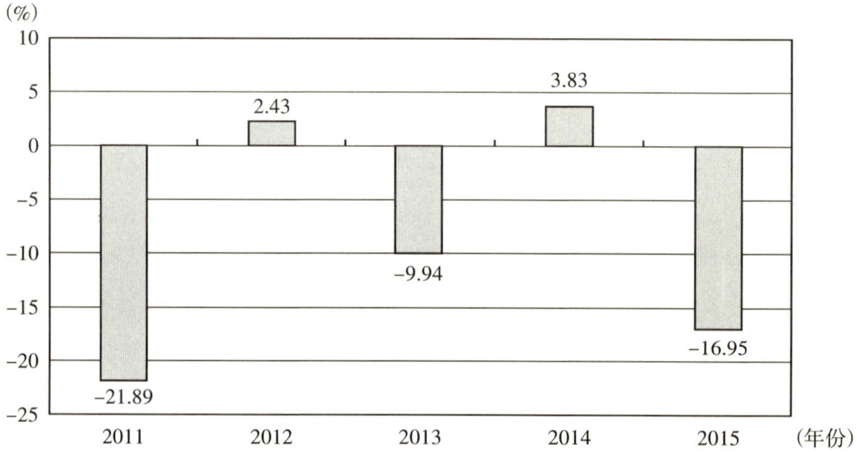

图 6–34　2011~2015 年东北制药净资产利润率变化情况

资料来源：笔者根据历年“东北制药年报”整理。

（四）东北制药风险性变化

1. 负债总额整体保持提升态势，负债总额变化率波动变化

以负债总额作为衡量东北制药风险性的指标，通过对 2011~2015 年东北制药的负债总额的变化趋势进行考察，笔者发现，东北制药负债总额整体保持提升态势，负债总额的变化率呈现出波动变化的特点。具体来看，2011~2015 年间，2011 年东北制药的负债总额相对最低，为 41.23 亿元。之后，尽管 2014 年，东北制药的负债总额较 2013 年有所降低，但是，2011 年以来东北制药的负债总额整体保持增长态势。其中，2012 年较 2011 年增加了 2.91%，达到 42.43 亿元；2013 年较 2012 年又猛增了 40.36%，达到 59.56 亿元；2015 年东北制药的负债总额相对最高，达到 62.92 亿元，较 2014 年增加了 8.26%，如图 6–35 所示。

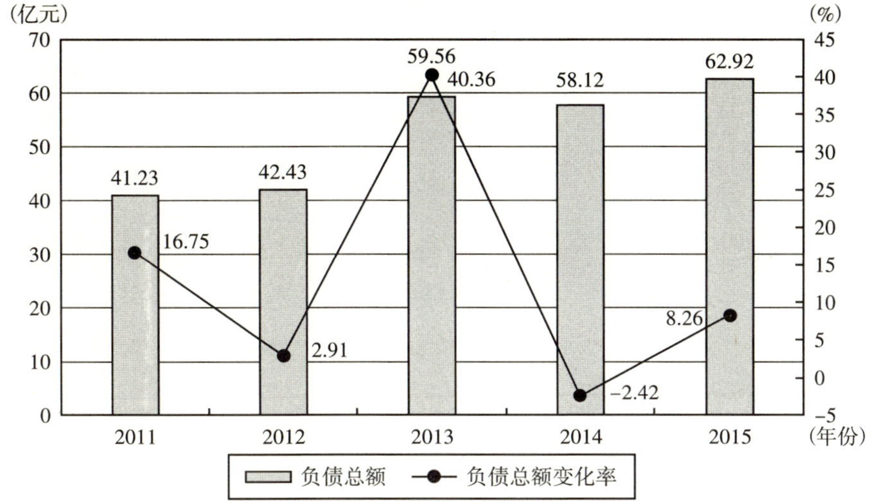

图 6-35　2011~2015 年东北制药负债总额变化情况

资料来源：笔者根据历年“东北制药年报”整理。

2. 资产负债率呈现出不规则变动特点

以资产负债率为衡量东北制药风险性的指标，通过对 2011~2015 年东北制药的资产负债率变化趋势进行研究，笔者发现，东北制药的资产负债率呈现出不规则的变化趋势。

具体来看，2011 年和 2012 年，东北制药的资产负债率相差无几，其中，2011 年的资产负债率为 70.21%，2012 年的资产负债率为 70.8%。2013 年，东北制药的资产负债率大幅提升至 78.83%，之后又降低到 2014 年的 67.79%。2015 年，东北制药的资产负债率再次提升至 72.38%，如图 6-36 所示。

三、员工持股制度实践

东北制药公司是辽宁省国资委下属国有控股上市公司，东北制药公司推进员工持股制度是东北地区典型的混合所有制企业推行员工持股制度的案例。2015年 12 月 4 日，东北制药组建员工持股计划工作领导小组；12 月 15 日，开展了首期员工持股制度说明会，并对公司及全资、控股子公司签订劳动合同的员工广泛征求了意见，之后形成了《〈东北制药集团股份有限公司首期员工持股计划（草案）〉讨论意见》。次日，员工持股制度工作领导小组对相关意见进行了答复。12 月 23 日，公司召开第一届第七次职工代表大会，通过了《东北制药集团股份有限公司首期员

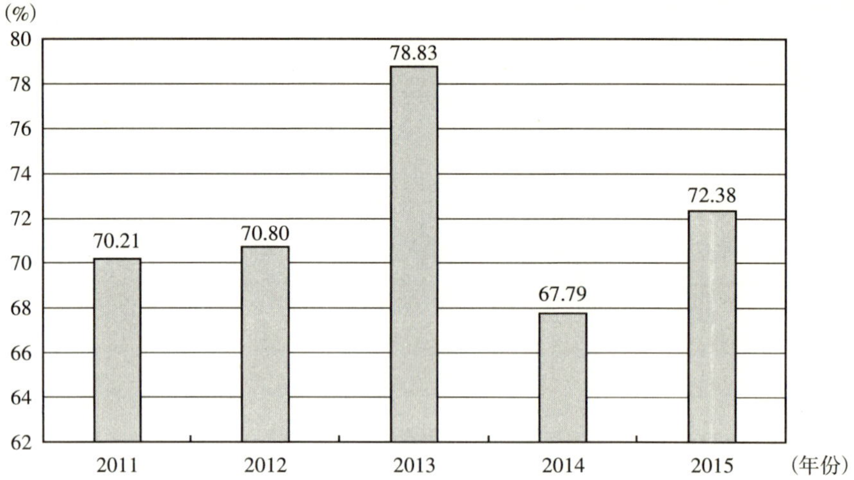

图 6-36　2011~2015 年东北制药资产负债率变化情况

资料来源：笔者根据历年"东北制药年报"整理。

工持股计划（草案）》，标志着公司员工持股制度的推行进一步推进。12 月 24 日，公司员工持股制度的认购申请启动，公司员工持股制度的推行正式进入实施阶段。通过对东北制药员工持股制度进行考察，笔者发现，东北制药员工持股制度对员工持股制度推进的目的、坚持的原则、参与对象范围和确定依据、资金和股票来源、存续期、管理模式、资产管理合同、锁定期、公司融资参与、权益处置办法、期满处置、实施程序以及其他事项等进行了详细的阐述，如表 6-3 所示。

表 6-3　东北制药员工持股制度框架设计和基本内容

编号	基本框架	基本内容
1	目的	• 体制创新，推进上市公司混合所有制改革 • 进一步完善上市公司治理结构，巩固上市公司长期可持续发展的基础
2	坚持原则	• 依法合规原则 • 自愿参与原则 • 风险自担原则
3	参与对象范围和确定依据	• 法律法规要求：依据《公司法》《证券法》《上市公司证券发行管理办法》《指导意见》等有关法律、行政法规、规章、规范性文件及《公司章程》的相关规定而确定 • 对象条件：公司董事（不含独立董事）、监事、高级管理人员；公司的中高层管理人员；正式入职的其他基层员工（且未曾有触犯法律、违反职业道德、泄露公司机密，以及严重违反公司管理制度等行为） • 参与对象：参与对象总人数不超过 1488 人，认购总份额不超过 35231 万份，总金额不超过 35231 万元（董事、监事和高级管理人员共 14 人认购不超过 11342.4 万份，占比 32.19%）

续表

编号	基本框架	基本内容
4	资金和股票来源	• 资金来源：参加对象的合法薪酬和通过法律、行政法规允许的其他方式取得的自筹资金 • 股票来源：非公开发行的股票（股票金额不超过 35231 万元，总份额不超过公司总股本的 10%，单个员工不超过 1%） • 标的股票价格：不低于定价基准日前 20 个交易日公司 A 股股票交易均价的 90%
5	存续期、变更和终止	• 存续期：存续期为 48 个月（前 36 个月为标的股票锁定期，后 12 个月为解锁器） • 变更：存续期内，员工持股计划的变更应经本公司董事会和员工持股计划持有人大会同意 • 终止：锁定期满后，资产均为货币资金时，员工持股计划可提前终止；届满后未有效延期的，员工持股计划自行终止
6	管理模式	• 持有人大会：全体持有人组成 • 管理委员会：由持有人大会民主选举产生（由三名委员组成，设置管理委员会主任一名） • 资产管理机构：由管理委员会授权行使股东权利 • 董事会：拟订和修改员工持股制度计划草案（对员工持股计划资产管理机构进行选任）
7	资产管理合同	• 资产管理计划名称：德邦—东北制药复兴 1 号定向资产管理计划 • 合同当事人：资产委托人（东北制药集团股份有限公司）、资产管理人（德邦证券股份有限公司）、资产托管人（交通银行股份有限公司） • 投资范围：东北制药股票，限制资金可投资于银行活期、货币市场基金、一年期以内国债、七天以内的债券逆回购等现金管理工具 • 资产管理业务费用：管理人的管理费、托管人托管费、其他费用
8	锁定期	• 锁定期为 36 个月
9	公司融资参与	• 持有人大会决定是否参与公司资金解决方案
10	权益处置办法	• 员工持股计划权益处置：存续期内不得转让、退出、用于抵押或质押、担保或偿还债务 • 每个会计年度可以进行收益分配，持有人按所持份额占总份额的比例取得收益 • 股票解锁期内，由资产管理人与管理委员会协商一致确定减持方案，由资产管理人落实减持操作 • 因股票变现所得现金资产，将按照持有人所持份额的比例向全体持有人进行收益分配 • 持有人发生职务变更、丧失劳动能力、退休、死亡、离职等情况的处置
11	期满处置	• 存续期届满或提前终止后 30 个工作日内完成清算

续表

编号	基本框架	基本内容
12	实施程序	• 公司初步拟订员工持股制度草案 • 董事会薪酬与考核委员会审计拟订的草案、独立董事发表意见 • 监事会发表意见 • 董事会审议员工持股制度草案 • 公司公告董事会决议、员工持股制度草案、独立董事和监事会意见 • 职工代表大会征求意见 • 律师事务所出具法律意见书 • 上报辽宁国资委 • 召开股东大会审议员工持股制度，并投票 • 上报证监会核准
13	其他事项	• 包括财务、会计处理以及税收等问题

资料来源：笔者根据《东北制药集团股份有限公司首期员工持股计划（草案）(认购非公开发行股票方式)》整理。

通过对东北制药员工持股制度设计进行分析，可以看到，东北制药员工持股制度涉及员工人数较多，铺设的员工面较广，除了 14 人为公司的董事、监事和高级管理人员之外，其余 1400 余人均为公司的中高层管理人员和其他基层员工。另外，作为员工持股制度设计的基本模式，东北制药员工持股制度也具有完善的组织体系，其中，董事会、员工持股人大会、管理委员会、资产管理人和资产托管人等均承担着各自的角色。并且，尽管东北制药员工持股制度中的资金来源方面局限性较高，但是，在购买价格、股票来源、资金来源、权益处置等方面还是具有相对完善的规定，整体能够保障东北制药员工持股制度正常推进。

四、员工持股制度（预期）成效

东北制药员工持股制度的设计较西宁特钢员工持股制度相比更为深刻，较好地契合了中共十八届三中全会所提出的“允许混合所有制经济实行企业员工持股制度，形成资本所有者和劳动者利益共同体”以及国务院发布的《国务院关于进一步促进资本市场健康发展的若干意见》中所提出的“允许上市公司按规定通过多种形式开展员工持股计划”精神，并且较好地体现了中国证监会发布的《关于上市公司实施员工持股计划试点的指导意见》(以下简称《指导意见》)[①] 所做出的相

① 中国证券监督管理委员会. 关于上市公司实施员工持股计划试点的指导意见［EB/OL］. 法律图书馆，http：//www.law-lib.com/law/law_view.asp？id=457118［EB/OL］，2014-06-20/2016-12-25.

关规定。从成效角度来看，笔者认为，可以收到外部和内部两个层面的积极成效。

在外部成效方面，笔者认为，一方面，东北制药员工持股制度的推行能够为国有企业探索出一条混合所有制企业推进员工持股制度的路子，形成一套混合所有制企业推进员工持股制度的模式，从而通过先行试点取得作为混合所有制企业推进员工持股制度的经验，为广大国有企业尤其是东北地区的国有企业推进员工持股制度提供实践借鉴。另一方面，当前我国东北地区经济整体处于低迷状态，以国有企业混合所有制改革为突破口，通过员工持股制度的引入形成资本所有者和劳动所有者的利益共同体可能是推动东北地区国有企业改革、提振东北地区经济的重要内容之一。所以，对于东北制药员工持股制度的推行来讲，可能形成对其他国有企业的示范和引领作用，从而推动整个东北地区走出经济低迷困境。

在内部成效方面，一方面，由于员工持股制度的推行形成了劳动提供者和资本提供者的统一体，所以对于参与员工持股制度的员工而言，提高了自身的收入。另一方面，混合所有制改革是我国国有企业改革的重要内容，混合所有制企业推进员工持股制度，进一步实现了东北制药股权多元化，从而有利于东北制药完善公司治理机制，打下坚实的推动公司可持续发展的基础。不仅如此，由于东北制药员工持股制度能够实现参与员工的主人翁意识，所以，在某种程度上，员工持股制度的推行形成了对于员工持股制度参与人员的正向激励，从而有利于提高东北制药的劳动生产率，降低东北制药的成本，进而提高东北制药的经济效益。

第五节　四大区域典型企业实践比较

通过对东部地区的山东黄金、中部地区的海螺水泥、西部地区的西宁特钢以及东北地区的东北制药四家混合所有制企业的员工持股制度设计进行考察，可以看到，四大经济区域混合所有制企业的员工持股制度设计既具有相似性，也具有自己的特点。

第一，在员工持股制度设计的目的方面，由于我国混合所有制企业是由国有企业改革、改制而来，所以，推进国有企业混合所有制改革、完善公司治理结构、推进企业可持续发展、增强企业活力等往往是四大经济区域混合所有制企业推进员工持股制度的基本出发点。较国外员工持股制度的主要目标是增加员工的收入、给予员工激励而言，我国混合所有制企业推进员工持股制度的目标更为多样化，这反映了我国社会主义市场经济的特殊性，更反映了我国国有企业改革、改制以及推进混合所有制企业改革的基本情景。

第二，合规性、自愿性、风险自担是我国混合所有制企业员工持股制度设计的主要原则。由于混合所有制企业推进员工持股制度是国有企业改革、改制的重要组成部分，所以，操作不善可能导致国有资产流失等违法、违规问题。从我国20世纪80年代后期以来所开展的几轮员工持股制度实践中不难看出，如果员工持股制度推进不善，也可能导致我国员工持股制度推进受阻。为此，混合所有制企业往往将合规性作为开展员工持股制度设计的基本原则。另外，由于员工持股制度设计涉及员工出资，从我国集资型阶段以募集资金为主要内容的员工持股制度被喊停的经历来看，单纯从员工手中募集资金推进混合所有制企业员工持股制度，违背员工的参与意愿，往往不能发挥员工持股制度理论上的优越性，没有员工的支持和拥护往往遭受失败。所以，在本次的混合所有制企业推进员工持股制度的过程中，相关企业往往将自愿参与作为基本原则之一。不仅如此，通过员工持股制度成为企业的股东毕竟也意味着风险，而这种风险是作为企业的股东在法律意义上所必须承担的。因此，同社会主义市场经济条件下的经济社会环境相适应、与国际经济管理的基本原则相匹配，我国混合所有制企业开展员工持股制度设计也将风险自担作为开展员工持股制度的基本原则。

第三，在参与对象的范围确定方面，公司高层管理人员、技术骨干等人员是混合所有制企业员工持股制度设计的重点人群。由于我国混合所有制企业推进员工持股制度更多的是服务于国有企业的混合所有制改革，完善国有企业的公司治理机制，再加上可能导致国有资产流失，如我国在集资型、正规型以及激励型三个阶段所出现的国有资产流失问题。因此，在综合型阶段，我国混合所有制企业在推进员工持股制度实践中，往往在选择参与员工持股制度的对象时，没有将普遍地惠及所有的员工作为根本的出发点。

第四，在混合所有制企业员工持股制度的持股额度方面，为了规避集资型、正规型以及激励型三个阶段国有企业推进员工持股制度所产生的国有资产流失问题，四个区域的混合所有制企业往往将10%作为非公开发行股票的最高限额，而单个员工持股比例也不能超过公司总股本1%的水平。另外，为了规避激励型阶段所出现的管理层收购问题，对于高层管理人员参与员工持股制度的持股比例，不同的企业也具有不同的要求。

第五，在混合所有制企业员工持股制度的资金来源方面，员工的合法薪酬以及其他自筹资金是唯一的资金来源，从而排除了杠杆型员工持股制度所涉及的外部借款，这一点同发达经济体推行员工持股制度过程中普遍使用的杠杆型操作截然不同。如此一来，推进员工持股制度的混合所有制企业就不需要为员工贷款做担保，从而避免了由于承担风险而可能导致的问题。

第六，在混合所有制企业员工持股制度的行权价格方面，尽管部分作为研究对象的混合所有制企业在员工持股制度设计中并没有将行权价格优惠写入其中，但是大部分企业员工持股制度设计将为员工购买股票提供优惠作为员工持股制度设计的重要组成部分。比如，东北地区的东北制药就将员工购买公司股票的价格限定在最高优惠90%的水平，这在一定程度上显示了我国各地区企业推行员工持股制度过程中所提供的优惠性。不过，需要指出的是，由于我国无论是混合所有制企业推进员工持股制度，还是其他类型的企业推进员工持股制度，均没有我国税收法律、法规所基于的相关背书，这也是我国混合所有制企业推进员工持股制度外部环境不健全的重要方面。

第七，混合所有制企业存续期、变更和终止。尽管不同经济区域员工持股制度的存续期不同，但是各个企业的员工持股制度设计均涉及存续期的概念。尽管在员工持股制度推行的存续期内，员工持股制度的变更受到严格的限制，但是，在员工持股制度存续期之后，或者在存续期之内而锁定期之后，员工持股计划则可以按照一定的程序进行终止。

第八，在混合所有制企业员工持股制度的管理模式方面，尽管四个经济区域并非所有的混合所有制企业在推进员工持股制度的过程中均设计了完善的管理模式，但是多数企业在设计员工持股制度的过程中将持股人大会、员工持股管理委员会、资产管理机构乃至公司的董事会纳入了管理模式之中，这就形成了各个不同的组织协调配合、各司其职的局面，反映了我国混合所有制企业在推进员工持股制度的过程中已经基本形成完善的管理模式。

第九，同混合所有制企业员工持股制度的管理模式相匹配，我国混合所有制企业推进员工持股制度将资产管理合同的概念也纳入其中。在资产管理合同中，员工持股制度首先购买资产管理机构所设置的定向资产管理计划，然后再通过资产委托人、资产管理人和资产托管人的角色定位确定该定向资产的投资范围以及业务费用。

第十，在混合所有制企业员工持股制度的权益处置方面，我国不同地区的混合所有制企业在员工持股制度设计中均将员工持股制度的权益处置作为员工持股制度设计的重要组成部分，比如，要求员工持股制度的股权在存续期内不能转让、不得退出、不可以作为抵押品进行抵押或质押、担保或者偿还债务等。在参与员工持股制度的员工获取收益方面，也要求开展员工持股制度的混合所有制企业在每个会计年度进行收益分配，而持有人则可以根据持有的份额占比取得相应的收益。

第十一，混合所有制企业员工持股制度均设置了逻辑严密的实施程序。对于员工持股制度草案的拟订、员工持股制度草案的修订、独立董事所扮演的角色、监事会扮演的角色、董事会扮演的角色、员工持股大会、律师事务所的作用、证券监督管理部门和国资委的地位等均进行了详细设计。这对于相关混合所有制企业推进员工持股制度的规范推进、获取支持等具有重要的意义。

本章小结

本章包括五节，分别为“东部地区（山东黄金）典型企业实践”“中部地区（海螺水泥）典型企业实践”“西部地区（西宁特钢）典型企业实践”“东北地区（东北制药）典型企业实践”以及“四大区域典型企业实践比较”。其中，在“东部地区（山东黄金）典型企业实践”部分，笔者选择山东黄金作为东部地区混合所有制企业开展员工持股制度的典型案例，分别介绍了山东黄金的公司概况、公司基本情况、员工持股制度设计以及员工持股制度（预期）成效。在山东黄金基本情况方面，笔者认为：山东黄金资产总额稳步增长，但近年来增长速度放缓；

员工规模整体呈现出降低趋势，但降低速度不断放缓；营业收入呈现倒 U 型的变化特点；最近几年营业收入增长率变为负值；利润总额整体呈现出下降趋势；尽管下降速度有所收窄，但是净资产利润率呈现出整体下降趋势；负债总额不断提高，负债总额变化速度呈现出不规则变动；资产负债率体现出不规则变动特点。在山东黄金员工持股制度设计方面，山东黄金员工持股制度设计分别就员工持股制度的目的、坚持的原则、参与对象和确定标准、资金和股票来源、存续期和变更、资产管理合同、持股人会议、管理委员会、员工持股计划参与公司融资、员工持股计划权益处置、开展员工持股计划的程序以及其他事项进行了详细的描述。在山东黄金员工持股制度（预期）成效方面，笔者认为，山东黄金员工持股制度的推行形成了推进混合所有制企业员工持股制度设计的山东黄金经验，提升山东黄金的公司治理水平，进一步增强了职工的凝聚力和公司发展活力，推进了公司长期、持续、健康发展。

在“中部地区（海螺水泥）典型企业实践”部分，笔者选择海螺水泥作为中部地区混合所有制企业开展员工持股制度的典型案例，分别介绍了海螺水泥的公司概况、公司基本情况、员工持股实践以及员工持股制度（预期）成效。在海螺水泥基本情况方面，笔者认为：海螺水泥资产总额不断提升，但是增加速度波动下降；员工人数整体呈现出增长态势，增长速度波动下降；营业收入呈现出不规则变动特点；营业收入增长率呈现出波动下降趋势；利润总额和利润总额变化率均呈现出波动变化特点；净资产利润率波动下降，净利润变化率呈现出波动变化特点；负债总额不断下降，下降速度呈现出 L 型变化特点；资产负债率呈现出下降趋势。在海螺水泥员工持股实践方面，自 2002 年首次推出以来，经过近 15 年的发展，海螺水泥员工持股制度设计不断完善，海螺水泥员工持股制度也取得了丰富的经验。在海螺水泥员工持股制度（预期）成效方面，笔者认为：海螺水泥员工持股制度的推行应对了当年公司所面临的宏观经济政策趋近、资金来源困难压力；海螺水泥员工持股制度的推行推进了公司的发展壮大和经济效益的提高；海螺水泥员工持股制度的推行还为我国混合所有制改革背景之下的员工持股制度试点提供了经验借鉴。

在“西部地区（西宁特钢）典型企业实践”部分，笔者选择西宁特钢作为中部地区混合所有制企业开展员工持股制度的典型案例，分别介绍了西宁特钢的公司概况、公司基本情况、员工持股实践以及员工持股制度（预期）成效。在西宁特钢基本情况方面，笔者认为：西宁特钢资产总额稳步提升；员工人数变化率呈现出波动变化，员工人数也呈现出波动变化特点；营业收入呈现出波动下降趋势；营业收入变化率波动变化；利润总额波动下降；净资产利润率波动下降；负债总额不断增加，反映了风险性不断提高；资产负债率呈现出整体攀升态势。在西宁特钢员工持股制度实践方面，西宁特钢员工持股制度设计对公司员工持股制度的基本原则、员工持股制度规模、员工持股制度持有人认定、员工持股制度资金来源、员工持股制度的股票来源、员工持股制度的锁定期、员工持股制度的存续期、员工持股制度履行程序、员工持股制度的管理、员工持股制度的权益分配、员工持股制度的变更以及其他规定进行了详细的描述。在西宁特钢员工持股制度（预期）成效方面，笔者认为：西宁特钢员工持股制度的推行不仅有利于形成员工劳动提供者和资本所有者身份的统一，增强员工归属感，而且也有利于增强员工的工作积极性、提高企业的活力，并将推进西宁特钢经济绩效的提升；不仅如此，员工持股制度的推行有助于提升西宁特钢参与人员的收入水平。

在“东北地区（东北制药）典型企业实践”部分，笔者选择东北制药作为中部地区混合所有制企业开展员工持股制度的典型案例，分别介绍了东北制药的公司概况、公司基本情况、员工持股实践以及员工持股制度（预期）成效。在东北制药基本情况方面，笔者认为：东北制药资产总额呈现整体增加态势，资产总额变化率波动变化；员工人数不断下降，员工人数变化率呈现出 L 型变化特点；营业收入整体保持基本稳定趋势；营业收入变化率为负值年份占多数；利润总额呈现出波动变化特点；净资产利润率呈现出波动变化特点；负债总额整体保持提升态势，负债总额变化率波动变化；资产负债率呈现出不规则变动特点。在东北制药员工持股实践方面，东北制药员工持股制度对员工持股制度推进的目的、坚持的原则、参与对象范围和确定依据、资金和股票来源、存续期、管理模式、资产管理合同、锁定期、公司融资参与、权益处置办法、期满处置、实施程序以及其他事项等进行了详细的阐述。在东北制药员工持股制度（预期）成效方面，笔者认为，东北制药员工持股制度的推行收到了内部和外部两个层面的成效。

在“四大区域典型企业实践比较”部分，笔者分别从 11 个方面，对四个经济区域的典型企业的员工持股制度设计进行了对比分析。

第七章　中国混合所有制企业员工持股制度体系构建

我国混合所有制企业员工持股制度体系是基于基本概念、员工持股制度基本理论、发展历程、我国推进员工持股制度的制度措施、员工持股制度的国际实践经验、员工持股制度的国内实践等内容所构建的，这些内容共同构成了我国混合所有制企业员工持股制度体系构建的概念前提、理论基础、历史经验、制度政策依据、国际借鉴和国内实践，形成了我国混合所有制企业员工持股制度体系的前置部分、主体部分和后置部分。图 7–1 所示为混合所有制企业员工持股制度体系构建技术路线。

第一节　中国混合所有制企业员工持股制度体系前置部分

前置部分是指混合所有制企业员工持股制度的基本目标和基本原则，它标识了混合所有制企业员工持股制度设计所致力于实现的目标以及坚持的基本原则，这是混合所有制企业推进员工持股制度的基本立足点，统领了我国混合所有制企业员工持股制度设计的基本内容。

一、混合所有制企业员工持股制度体系前置部分概述

前置部分主要是由基本概念理解、员工持股制度基本理论以及我国推进混合所有制企业员工持股制度经验或教训决定的。其中，关于混合所有制企业员工持

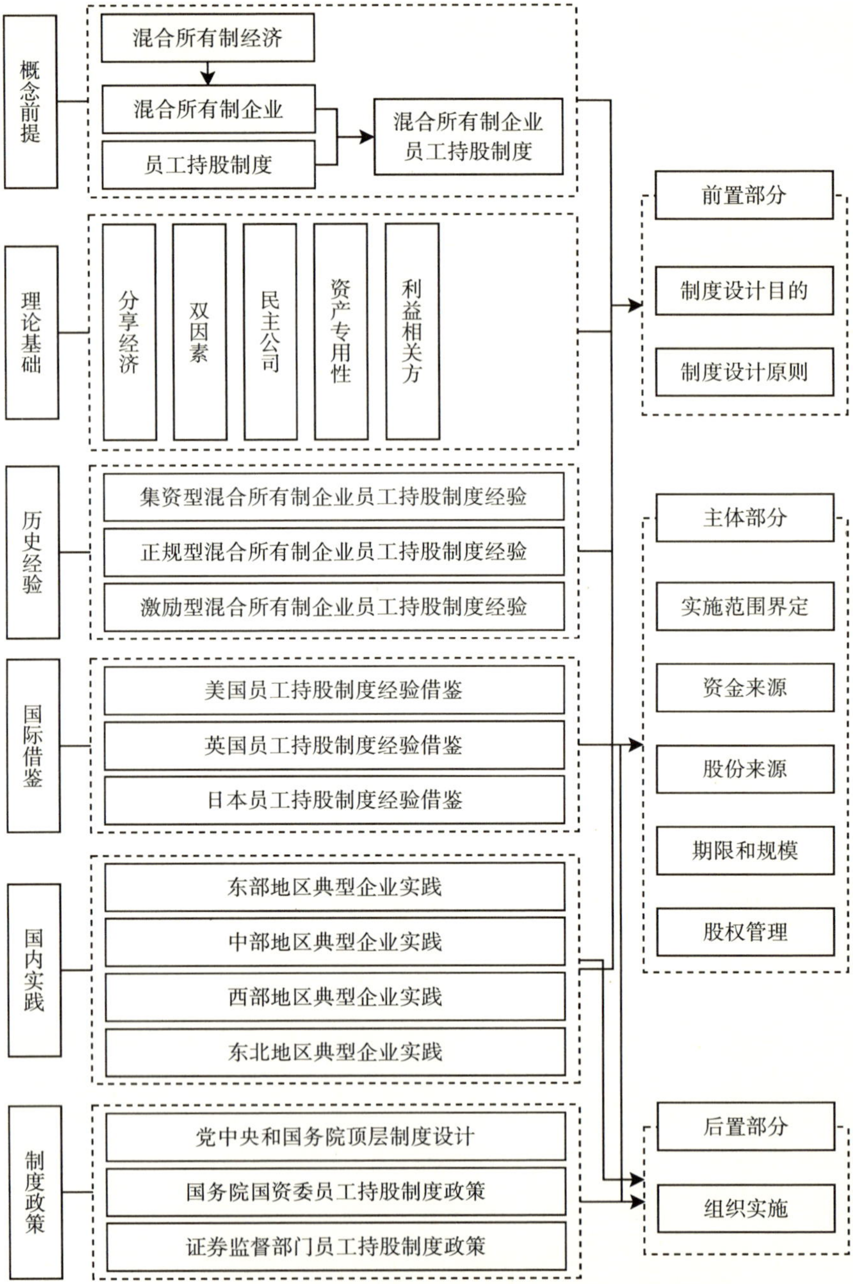

图 7-1 混合所有制企业员工持股制度体系构建技术路线

股制度的理解是建立在严谨的中国经济社会情境的基础之上。从某种意义上说，关于混合所有制企业员工持股制度基本概念的特殊理解决定了我国较其他国家推进员工持股制度本身的目的和原则均不相同。比如，我国混合所有制企业员工持股制度是建立在国有企业改革、改制基础之上的员工持股制度，推进国有企业混合所有制改革是我国推进员工持股制度的基本目标之一，这也决定了我国混合所有制企业员工持股制度必须坚持保证国有资产安全的原则。

混合所有制企业员工持股制度具有员工持股制度的一般性，作为一般企业员工持股制度理论基础的分享经济理论、双因素理论、民主公司理论、资产专用性理论以及利益相关方理论也是混合所有制企业员工持股制度的基本理论，这些理论是确定混合所有制企业员工持股制度目标和原则的重要基础。比如，民主公司理论将企业看作员工民主自治的主体，所以，对于混合所有制企业员工持股制度设计来说，应当坚持推动混合所有制公司治理水平提升的原则。

我国混合所有制企业员工持股制度已经经历了集资型、正规型以及激励型三个阶段，当前正处于综合型阶段，从前三个阶段的经验和教训来看，设定科学的目标、制定合理的原则是推进混合所有制企业员工持股制度的前提或基础。由于目标和原则设置、落实的欠妥，前三个阶段的混合所有制企业员工持股制度的推进遭受了三次重创，这是我国混合所有制企业员工持股制度推行在前三个阶段所吸取的基本教训，这就要求在开展综合型阶段的员工持股制度设计时设置科学、合理的目标和原则。

二、混合所有制企业员工持股制度基本目标

从基本概念角度来看，混合所有制企业员工持股制度的目标可以定位为四个层面，分别为募集生产运营所需要的资金、企业和员工共同分享发展成果、形成对于员工工作的激励、推动员工参与公司治理机制。

从员工持股制度的理论基础角度来看，在双因素理论方面，推进员工持股制度的目标是提高员工整体的收入水平，扭转工业化不断推进背景之下劳动所得越来越少、资本所得越来越多的趋势。在分享经济理论方面，推进员工持股制度不仅使员工能够分享到企业的发展利益，而且更通过员工持股制度打造了员工收入同企业经营状况相匹配的“浮动工资机制”，从而应对经济困难时期可能产生的

社会问题，所以，提高员工的收入水平、建立起事实上的浮动收入机制、应对可能出现的滞胀问题是企业推进员工持股制度的目的。在民主公司理论方面，推进员工持股制度的目的是使员工参与公司的管理，从而使企业成为员工自治的组织。在资产专用性理论方面，推进员工持股制度的目的是建立起员工和企业之间牢固的关系，最大限度地发挥员工的专用性人力资本，提高企业的经济效益。在利益相关方理论方面，推进员工持股制度的目的就是让员工成为企业公司治理的重要主体之一。

从我国典型实践的角度来看，东部地区的山东黄金将推行混合所有制企业员工持股制度的目标定位为增强员工的凝聚力和公司发展活力、提高山东黄金的公司治理水平，以及促进山东黄金长期、持续和健康发展三个方面；东北地区的东北制药将推行混合所有制企业员工持股制度的目标定位为推动东北制药的体制创新，从而推进自身的混合所有改革进程，以及完善东北制药的公司治理结构，巩固自身的长期可持续发展基础两个方面。

结合以上几种对于推进混合所有制企业员工持股制度目的的认识，笔者认为，员工持股制度的目的可以定位为募集资金、提高员工收入、形成长期激励、参与公司治理、推动国有企业混合所有制改革、促进混合所有制企业可持续发展等几个层面。

三、混合所有制企业员工持股制度基本原则

从基本概念角度来看，推行混合所有制企业员工持股制度的基本原则可以定位为长期激励原则、自担风险原则等几个方面。

从理论基础角度来看，双因素理论要求坚持激励原则，分享经济理论要求坚持激励原则、风险原则，资产专用性理论要求坚持激励原则。

从政府政策角度来看，国务院国资委将混合所有制企业员工持股制度试点的原则定位为“依法合规、公开透明，增量引入、利益捆绑，以岗定股、动态调整，严控范围、强化监督”四个方面，其中，混合所有制企业员工持股制度的推进原则主要体现为“依法合规、公开透明，增量引入、利益捆绑，以岗定股、动态调整”三个方面。中国证监会将混合所有制企业推进员工持股制度的原则定位为“依法合规、自愿参与和风险自担”三个方面。

从我国典型实践的角度来看，东部地区的山东黄金、西部地区的西宁特钢、东北地区的东北制药均将推行混合所有制企业员工持股制度的原则定位为“依法合规、自愿参与、风险自担”。显而易见，这是受到中国证监会对于混合所有制企业推进员工持股制度原则的影响。

结合以上几类对于推进混合所有制企业员工持股制度原则的认识，笔者认为，我国混合所有制企业员工持股制度应当坚持守法合规、激励相容、长期激励、增量设股的原则。所谓守法合规，是指由于我国混合所有制企业员工持股制度的特殊性，在推进员工持股制度的过程中，不仅要符合公司法等一般性法律法规的要求，而且还应当防止国有资产流失、遵守党和国家关于混合所有制企业员工持股制度相关政策。所谓激励相容，是指员工持股制度设计必须有利于员工主动参与，企业不能强迫员工参与员工持股制度；员工要承担参与员工持股制度的风险，员工也能够享受到参与员工持股所可能享受到的收益。所谓长期激励，是指混合所有制企业员工持股制度设计必须要形成员工和企业之间利益共同体的目标，形成对于员工积极工作的长期激励。所谓增量设股，是指混合所有制企业员工持股制度的股票来源要主要采取增资设股的方式，以防止国有资产流失。

第二节 中国混合所有制企业员工持股制度体系主体部分

主体部分标识了我国推进混合所有制企业员工持股制度的基本内容，包括实施范围界定、资金来源、股份来源、期限和规模、股权管理等内容。这些基本内容的确定是建立在我国推进混合所有制企业员工持股制度的历史经验、发达国家推进员工持股制度的经验、国内的典型实践以及我国政策当局的政策制定基础之上。

一、混合所有制企业员工持股制度体系主体部分概述

我国集资型、正规型和激励型三个阶段所遇到的困难除了由于目标和原则定

位不明确之外，在基本内容方面也存在不足。比如，集资型阶段在参与员工的范围界定方面要求过于宽泛，而激励型阶段在参与员工的范围界定方面要求又过于倾向于高层管理人员。再如，在期限方面，由于存续期、锁定期等制度的弱化，推行员工持股制度的混合所有制企业一旦公开上市，参与员工持股制度的员工甚至将所持有的员工股直接在交易所出售。

作为员工持股制度的先行国家，美国、英国以及日本的员工持股制度为我国混合所有制企业员工持股制度主体内容的构建也提供了借鉴。比如，在股权管理方面，是否能够引入员工持股会机制；在资金来源方面，是否应当考虑杠杆型员工持股制度所提倡的借款等。

尽管我国混合所有制企业员工持股制度尚未全面推行，但是，部分先行企业已经在我国政策允许的范围之内开展了探索工作，比如，东部地区的山东黄金、中部地区的海螺水泥、西部地区的西宁特钢以及东北地区的东北制药等。这些探索为本研究构建混合所有制企业员工持股制度体系的主体内容提供了重要的国内实践借鉴，比如，混合所有制企业员工持股制度体系的实施范围、资金来源、股份来源、期限和规模以及股权管理等。

发展混合所有制经济是我国经济体制改革的重要方向之一，混合所有制企业是我国国有企业改革、改制的产物，推进混合所有制企业员工持股制度是开展国有企业混合所有制改革的重要抓手之一。因此，较其他国家推进员工持股制度不同，我国推进混合所有制企业员工持股制度体系的内容必然体现我国的特殊国情。无论是党中央和国务院关于混合所有制企业员工持股制度的顶层设计，还是国务院国资委、中国证监会等政府部门推进混合所有制企业员工持股制度的试点意见，均对我国混合所有制企业员工持股制度体系的基本内容进行了充分的阐述，这些也成为笔者构建混合所有制企业员工持股制度体系的重要基础之一。

二、混合所有制企业员工持股制度实施范围

从我国推进混合所有制企业员工持股制度相关政策的角度来看，国务院和中国证监会出台的相关政策对于参与混合所有制企业员工持股制度的人员范围进行了严格的限定。以国务院国资委相关政策为例，国务院国资委所出台的相关政策将混合所有制企业员工持股制度的实施范围限定在关键岗位上的科研人员、经营

管理人员和业务骨干，并且这些科研人员、经营管理人员和业务骨干对于公司的经营业绩和可持续发展具有较大的影响。

从我国典型实践的角度来看，东部地区的典型企业山东黄金将推行混合所有制企业员工持股制度的人员范围限定为公司董事、监事和高级管理人员以及公司和下属单位相关单位员工；东北地区的典型企业东北制药将推行混合所有制企业员工持股制度的人员范围限定为三个层面，第一个层面为公司的董事、监事和高级管理人员，第二个层面是东北制药的中高层管理人员，第三个层面的参与人员为正式入职的其他基层员工。

不仅如此，从国外员工持股制度经验借鉴的角度来看，不同国家对于参与员工持股制度的范围做出了明确的规定，为本研究确定混合所有制企业员工持股制度的实施人员范围提供了借鉴。笔者认为，混合所有制企业员工持股制度的实施范围是对员工持股制度设置目的和设置原则的具体化，有什么样的员工持股制度目的和原则，就有什么样的员工持股制度的实施范围。结合我国当前推进混合所有制企业员工持股制度的整体进度以及笔者所提出的目标和原则，笔者认为，我国混合所有制企业员工持股制度的实施范围可以坚持“先窄后宽”的思路，即开始试点或初步推广的时候将参与范围限定为对于企业的经营业绩和可持续发展具有直接影响或较大影响的科研人员、经营管理人员和业务骨干等；在推广比较成熟之后，再全面推广混合所有制企业员工持股制度，发挥制度对于国有企业改革、员工收入以及社会问题的解决等效果。

三、混合所有制企业员工持股制度资金来源

从推进混合所有制企业员工持股制度相关角度来看，国务院国资委《关于国有控股混合所有制企业开展员工持股试点的意见》[①]（以下简称《试点意见》）要求参与员工必须足额缴纳货币资金，即使是员工凭借科技成果参与混合所有制企业员工持股制度，也必须出具关于科技成果的所有权的证明，并且做出相应的估值。中国证监会《指导意见》也提出了员工参与混合所有制企业员工持股制度的

① 国务院国资委. 关于国有控股混合所有制企业开展员工持股试点的意见［EB/OL］. 中国政府网，http：//www.gov.cn/xinwen/2016-08/19/content_5100563.htm［EB/OL］，2016-08-19/2016-12-25.

资金来源问题，将资金来源限定为两个方面，分别为合法获取的薪酬以及我国法律、行政法规所允许的通过其他方式获取的资金。显而易见，员工参与上市混合所有制企业员工持股制度必须是现金购买。

从我国典型实践角度来看，东部地区的山东黄金将通过杠杆融资的资金排除在外，员工参与山东黄金员工持股制度必须是合法薪酬以及其他合法方式获取的自筹资金；西部地区的西宁特钢要求开展混合所有制企业员工持股制度的公司以及下属公司不能为参与员工提供任何形式的资金支持；东北地区的东北制药也要求混合所有制企业员工持股制度的参与员工必须以合法薪酬或者通过法律、行政法规允许的其他方式获取的资金购股。

笔者认为，为了保证国有资产在推进混合所有制企业员工持股制度的过程中不流失，并且贯彻风险自担原则，在开始推行试点的过程中严格限制混合所有制企业员工持股制度参与员工的资金来源十分必要。不过，从长期来看，将参与混合所有制企业员工持股制度的员工资金来源仅局限在较小的范围之内显然不合适，并且从国际推进员工持股制度的经验来看，对于员工购股资金来源过于严格的限制也不多见。因此，笔者建议：随着我国混合所有制企业员工持股制度的不断完善，在确保混合所有制企业国有资产安全的前提下，我国政策当局可以积极鼓励混合所有制企业允许员工通过多种方式获取资金；不仅如此，为了充分发挥员工持股制度对于参与员工收入的带动效果，在后期不断扩充混合所有制企业员工持股制度覆盖面的同时，推行员工持股制度的混合所有制企业可以积极尝试杠杆方式为员工购股募集资金。

四、混合所有制企业员工持股制度股票来源

从股票来源的角度来看，国务院国资委《试点意见》要求企业采取两种途径作为员工持股制度的股票来源，一种途径是增资扩股，另一种途径是采取出资新设的方式提供开展员工持股制度的股份。中国证监会《指导意见》将上市混合所有制企业员工持股制度的股票来源分为五个方面，分别为回归自身公司发行的股票、在二级市场上购买自身的股票、认购非公开发行的本公司的股票、股东自愿赠予的股票以及法律、行政法规所允许的上市混合所有制企业通过其他方式所获得的股票来源。

从推进混合所有制企业员工持股制度的国内实践来看，东部地区的山东黄金、西部地区的西宁特钢以及东北地区的东北制药混合所有制企业员工持股制度的股票来源均为公司非公开发行的股票，如山东黄金通过设置资产管理人机制，由员工认购资产管理人设立的定向资产管理计划持有山东黄金非公开发行的股票。

显而易见，为了防止国有资产流失问题的出现，增资扩股或出资新设等股票来源形式是我国政策层面和实践层面推进混合所有制企业员工持股制度股票来源的基本方式，这标识了我国员工持股制度同其他国家推进员工持股制度的不同，反映了我国混合所有制企业国有资本的控股地位。

五、混合所有制企业员工持股制度期限和规模

在推进混合所有制企业员工持股制度的政策层面，《试点意见》提出锁定期的概念，要求混合所有制企业应设置超过三年的锁定期；《试点意见》还指出通过推进员工持股制度的总股本不能超过公司总股本的 30%，而单个员工所持有的股票份额不能超过总股本的 1%；而且，为了保证国有资本的控制地位，《试点意见》还提出国有资本的持股比例不能低于 34%的量化指标。《指导意见》提出两种类型的持股期限，对于那些以非公开发行的股票而言，上市混合所有制企业员工持股计划的持股期限不能低于三年，对于其他形式获取的股票而言，员工持股制度的持股期限也不能低于一年；从持股的规模方面，《指导意见》要求混合所有制企业员工持股制度的总体规模不能超过公司股本总量的 10%，而单个参与员工持股制度的员工持有的股份数量不能超过公司总股本的 1%。

在我国的混合所有制企业员工持股制度的实践层面，东部地区的山东黄金规定员工持股制度的标的股份总额不能超过公司股本总量的 10%，单个员工持股的标的股份总量不能超过股份总额的 1%；山东黄金不仅做出三年的锁定期的规定，而且还设置了 84 个月的存续期。西部地区的西宁特钢所提出的锁定期为 36 个月，存续期为 48 个月。东北地区的东北制药员工持股制度设计所提出的员工持股制度的存续期为 48 个月，其中，前三年为员工持股制度的锁定期；并且，在员工持股制度的标的股份规模方面，也设计了总体标的股份规模不能超过公司总股本的 10%，而单个参与员工持股制度的员工的持股规模不能超过公司总股本

1%的要求。

不难看出，员工持股制度设计过程中两个比例的限制有效地保证了员工持股制度的推行不会对国有资本的控股地位造成威胁，也保证了此轮混合所有制企业员工持股制度的推行不会产生激励型阶段因管理层收购而导致的国有资产流失问题。不仅如此，无论是相关政策，还是相关实践，均设有锁定期、存续期等制度，这样不仅保证了我国混合所有制企业员工持股制度在试点过程中遭遇困难之后可能的纠偏，也在某种程度上保证了国有资产不会流失。

六、混合所有制企业员工持股制度股权管理

股权管理是混合所有制企业员工持股制度设计的重要环节，主要涉及以下几个方面的主体，分别为：董事会、员工持股人大会、员工持股管理委员会、资产管理机构（信托公司、保险管理公司、股权公司、基金公司等）、资产托管机构等。其中，资产管理机构为或有主体，混合所有制企业员工持股制度设计可以将员工所持有的标的股份委托给资产管理机构进行管理，也可以自行管理。

董事会在混合所有制企业员工持股制度设计中，是提出员工持股制度草案并且组织第一次员工持股人大会的组织机构。员工持股大会是最高权力机构，由全体参与员工持股制度的员工构成。员工持股管理委员会是员工持股人大会的日常管理部门，组成人员均为参与员工，具体人员由员工持股人大会选举产生，代表所有员工持股人的利益开展员工持股的日常管理。员工持股管理委员会可以将员工股权委托给资产管理机构进行管理，资产管理机构按照员工持股制度设计开展员工持股制度设计资产的管理。资产托管机构为负责托管员工持股制度所涉及资产的银行等部门。通过一系列员工持股制度股权管理机制的设计，混合所有制企业员工持股制度才可以正常运转。

第三节 中国混合所有制企业员工持股制度体系后置部分

后置部分主要是指混合所有制企业员工持股制度的组织实施。

一、混合所有制企业员工持股制度体系后置部分概述

从实践层面看，在本书中，笔者所选择的东部地区、中部地区、西部地区和东北地区推进混合所有制企业员工持股制度的典型企业中均设计了较为翔实的员工持股制度组织实施机制，这为本书构建混合所有制企业员工持股制度体系提供了重要的参考。

从政策层面看，无论是国务院国资委对于以中央企业为主体的混合所有制企业推进员工持股制度试点政策，还是中国证监会对于包括上市混合所有制企业在内的混合所有制企业推进员工持股制度试点政策，都提出了组织实施流程，这是本书构建混合所有制企业员工持股制度体系的重要借鉴。

二、混合所有制企业员工持股制度体系后置部分

由于混合所有制企业的特殊性，我国推进混合所有制企业员工持股制度所涉及的利益群体较多。因此，无论是在政策层面，还是在实践层面，为了保障各方利益群体的利益不会受到损害，我国混合所有制企业员工持股制度设置了组织程序。

以东北地区的东北制药的组织实施程序为例，第一，东北制药拟订了员工持股制度的实施草案，员工持股制度实施草案对于员工持股制度推行的一系列问题进行了规定，是指导混合所有制企业开展员工持股制度的蓝本。第二，员工持股制度草案交由董事会薪酬和考核委员会进行审计，而独立董事也需要对员工持股制度草案的内容发表意见，以使员工持股制度符合相关的要求或规定。第三，监事会需要对员工持股制度草案进行审议，并提出可能的修改意见。第四，经过各

方的审议之后，就需要将员工持股制度草案、董事会会议决议、独立董事和监事会的意见进行公布。第五，召开职工代表大会，听取证券职工代表对于员工持股制度方案的意见。第六，通过职工代表大会之后，还需要律师事务所出具对于员工持股制度的法律意见书。第七，由于混合所有制企业推进员工持股制度的特殊性，员工持股制度方案上报国资委、证监会等都是需要完成的组织程序。

通过对东北地区的东北制药员工持股制度的组织实施过程进行考察，不难看出，为了保障员工持股制度合法、合规地向前推进，必须设置严密的组织程序。而组织程序的设计需要以国务院国资委《试点意见》以及中国证监会的《指导意见》为基本的蓝本。

本章小结

本章包括三节，分别为“中国混合所有制企业员工持股制度体系前置部分”“中国混合所有制企业员工持股制度体系主体部分”以及“中国混合所有制企业员工持股制度体系后置部分”。

在“中国混合所有制企业员工持股制度体系前置部分”中，笔者在对前置部分所涉及的基本目标和基本原则进行概述的基础上，着重分析了混合所有制企业员工持股制度的基本目标和基本原则。在“中国混合所有制企业员工持股制度体系主体部分”中，笔者在对主体部分所涉及的混合所有制企业员工持股制度实施范围、资金来源、股票来源、期限和规模以及股权管理进行概述之后，全面分析了混合所有制企业员工持股制度的实施范围、资金来源、股票来源、期限和规模以及股权管理等问题。在“中国混合所有制企业员工持股制度体系后置部分”中，笔者着重探讨了混合所有制企业员工持股制度的组织实施程序。

第八章　主要结论、政策建议

本书围绕混合所有制企业员工持股制度问题，从基本概念入手，通过全面梳理混合所有制企业员工持股制度所涉及的基本概念、理论基础，深度分析我国的发展历程，科学概括当前我国基本状况，着力辨析我国的政策环境，重点探讨发达国家推进员工持股制度的经验借鉴，深入总结我国的典型实践，科学构建我国混合所有制企业员工持股制度体系。笔者得出了本书的主要结论，并提出了相关的政策建议。

第一节　主要结论

通过对我国混合所有制企业员工持股制度相关问题进行全面的分析，笔者得出以下 7 个方面的结论。

一、混合所有制企业员工持股制度具有一般企业员工持股制度的一般性，更具有混合所有制企业的特殊性

混合所有制企业员工持股制度是以混合所有制企业为主体的员工持股制度。从一般性的角度来讲，混合所有制企业员工持股制度是员工持股制度的重要类型之一，是四类机制的统一，即资金募集机制、利益分享机制、长期激励机制和公司治理的参与机制。通过使参与员工持股制度的员工在作为劳动提供者的同时，也成为资本提供者，员工持股制度的参与人员不仅在一定程度上为企业运营提供了资金，而且也分享了企业的经济效益。从企业的角度来看，通过员工持股制度

的推进，形成了对于参与员工持股制度的员工的长期激励，参与员工持股制度的员工通过公司治理机制参与企业管理的过程也在一定程度上完善了公司治理水平。所以，混合所有制企业员工持股制度作为员工持股制度的一个类型，具有一般企业员工持股制度的一般性。

不过，由于混合所有制企业员工持股制度是在混合所有制企业中推行的员工持股制度，而在我国混合所有制企业又是国有企业改革、改制的产物，具有同资本主义混合所有制企业截然不同的特点，因此，我国混合所有制企业员工持股制度的推行具有特殊性。这种特殊性集中表现为：在推行员工持股制度的过程中，务必保证以国有资产的安全为前提；更加注重员工持股制度对于参与员工的激励机制；更加注重员工持股制度对于全面深化国有企业改革的推进效果等。

二、我国混合所有制企业员工持股制度的发展已经经历了三个阶段，正在进入全面发展和推进的第四个阶段

我国混合所有制企业员工持股制度的发展已经经历了三个阶段，分别为：1984~1993 年的集资型混合所有制企业员工持股阶段，1993~2002 年的正规型混合所有制企业员工持股阶段，2003~2012 年的激励型混合所有制企业员工持股阶段。在集资型阶段，混合所有制企业推进员工持股制度的主要目的是从内部员工募集资金，解决公司在生产运营过程中的资金缺口，主要开展企业是早期进行股份制试点的国有企业。在正规型阶段，“混合所有制”这一术语首次见诸党和国家的重要政策文件，混合所有制企业推行员工持股制度不仅聚焦于募集资金发展生产，更重要的是通过推动员工参与员工持股制度设计提高员工的收入，提升员工工作的积极性；不仅如此，在正规型阶段，以深圳为代表的我国地方政府对于混合所有制企业员工持股制度的支持力度尤为突出，党中央和国务院层面并没有出台正式的推进混合所有制企业员工持股制度的正式政策文件。在激励型阶段，无论是在政策层面，还是在国有企业的实践层面，均更加注重形成对于员工持股制度的参与人员的长期激励，因此，以管理层为核心目标群体成为激励型阶段的重要特点。

2013 年，中共十八届三中全会明确提出“允许混合所有制经济实行企业员工持股制度”的政策主张，“混合所有制”和“企业员工持股制度”首次结合在

一起，标志着我国新一轮混合所有制企业员工持股制度建设拉开了序幕，也开启了我国混合所有制企业员工持股制度演进的第四个阶段——综合型阶段。在综合型阶段，我国混合所有制企业员工持股制度的发展不断深化，必将成为我国混合所有制企业改革乃至全面深化国有企业改革的重要“助推器”。

三、我国混合所有制经济在量上已经成为我国国民经济的重要部分，但是在质上依然存在巨大的改革、发展空间，混合所有制企业员工持股制度的推进整体处于较低水平

改革开放以来，我国整体国民经济中混合所有制经济成分不断提升，从量的角度来讲，混合所有制经济已经成为我国国民经济的重要组成部分。以规模以上工业企业为研究样本，通过对规模以上工业企业混合所有制经济发展状况进行考察，笔者发现：2014 年，混合所有制规模以上工业企业数量占所有规模以上工业企业数量的比例已经达到将近 30%，混合所有制规模以上工业企业资产总额占所有规模以上工业企业资产总额的比例将近五成，混合所有制规模以上工业企业营业收入总额占所有规模以上工业企业营业收入总额的比例超过 40%（41.43%），混合所有制规模以上工业企业利润总额占所有规模以上工业企业利润总额的比例达到 43.36%。

不过，从质的角度来看，不仅我国没有进行混合所有制改革的国有企业存在巨大的改革和发展空间，而且我国已经推进混合所有制改革的混合所有制企业也依然存在极大的改革空间，如公司治理机制不健全、缺乏对于公司员工尤其是经营管理层有效的激励约束、国有企业领导人薪酬设计不合理等。作为深化国有企业混合所有制改革的重要内容，混合所有制企业员工持股制度在中共十八届三中全会之后成为实现国有企业混合所有制改革的重要抓手。不过，通过对我国混合所有制企业员工持股制度的推进状况进行研究，笔者得出不容乐观的结论，即我国混合所有制企业员工持股制度的推进整体处于较低水平。以我国上市混合所有制企业推进员工持股制度为例，1998 年我国上市混合所有制企业员工持股数量相对最高，涉及股份有 51.7 亿股，之后就一直处于下降态势，尽管 2010 年通过混合所有制企业员工持股制度持有的股份在前一年的基础上增加到 9.15 亿股，但是 2011 年，再次降低为 0.01 亿股；从企业数量来看，我国上市混合所有制企

业中推进员工持股制度的企业数量也处于较低的水平。

四、我国推进混合所有制企业员工持股制度的顶层设计已经基本完成，相关试点工作也已经着手开始，但是全面推进依然任重而道远

2013 年、2014 年和 2015 年，党中央和国务院分别通过了《中共中央关于全面深化改革若干重大问题的决定》（2013）、《国务院关于进一步促进资本市场健康发展的若干意见》（2014）和《中共中央、国务院关于深化国有企业改革的指导意见》（2015）三个政策文件，三个政策文件在“混合所有制企业员工持股制度”方面分别提出政策主张，对“混合所有制企业员工持股制度”做出顶层制度设计，随着三个文件的发布和落实，我国混合所有制企业员工持股制度的顶层设计也已经基本完成。

2014 年，结合党中央和国务院对于“混合所有制企业员工持股制度”的顶层设计，中国证监会发布了《关于上市公司实施员工持股计划试点的指导意见》（2014），标志着在党中央和国务院的顶层设计指导下，以上市公司为主体的员工持股制度试点工作开启；2016 年，国务院国资委也发布了《关于国有控股混合所有制企业开展员工持股试点的意见》，标志着以中央企业为主体的员工持股制度试点工作正式开启。在两个政策文件的具体指导下，我国上市公司以及中央企业在主管部门的统一部署下，不断加快混合所有制企业员工持股制度实践步伐。

不过，需要指出的是，尽管我国混合所有制企业员工持股制度的顶层设计已经基本完成，以上市公司和中央企业为主体的混合所有制企业员工持股制度的试点方案也已经出台，并且部分企业已经开启了试点工作，但是，总体来看，由于我国混合所有制企业的特殊性以及开展员工持股制度的复杂性，我国混合所有制企业员工持股制度的推进依然任重而道远，有待在前期试点的基础上，汲取经验，制定正式的推进政策，全面推进我国混合所有制企业员工持股制度的发展。

五、不同发达国家员工持股制度具有各自不同的特点，我国需要探索适合我国国情和混合所有制企业实际的员工持股制度设计

发达国家推进员工持股制度整体处于领先的地位，但是，由于不同国家的基本国情不同，发达国家推进员工持股制度也并非千篇一律，而是具有自身的特

色。比如，美国在推进员工持股制度的过程中特别注重通过税收优惠政策激励企业实施员工持股制度，在企业员工持股制度的具体操作方面，美国企业也往往结合自身财务状况相机抉择；英国将员工持股制度的推进同英国的国有企业改革结合在一起，再通过发挥国有企业员工持股制度的示范和引领效应，带动所有的英国企业开展员工持股制度；日本推进员工持股制度将高层管理人员排除在制度的设计之外，更倾向于最大限度地减少政府对于企业推进员工持股制度的干预等。

因此，我国在推进混合所有制企业员工持股制度的过程中也不能照搬国外的经验，而应当结合自己的实际，选择适合自身国情的员工持股制度。比如，发达国家推进员工持股制度是建立在资本主义市场经济基本经济制度之下，而我国推进员工持股制度则是建立在社会主义市场经济基本经济制度之下，为此，我国推进企业员工持股制度具有鲜明的混合所有制企业员工持股制度的特点，这就要求我国混合所有制企业员工持股制度的推行要保证国有资产安全，要有利于国有企业改革等。

六、我国部分上市混合所有制企业员工持股制度的推行已经展开，员工持股制度的设计同质化有余、探索性不足，有待进一步深化

随着中国证监会于2014年发布了指导上市公司开展员工持股制度试点的《指导意见》，我国上市混合所有制企业开始不断推进员工持股制度实践的试点工作。通过对东部地区的典型企业山东黄金、中部地区的典型企业海螺水泥、西部地区的典型企业西宁特钢以及东北地区的典型企业东北制药的混合所有制企业员工持股制度实践进行研究，笔者发现，我国员工持股制度设计同质化有余、探索性不足。比如，无论是山东黄金，还是西宁特钢，抑或是东北制药，在原则的设计、内容的构建以及组织过程的构思等方面均具有较高的同质性，缺乏结合自身实际所进行的开创性探索。显而易见，这不利于我国混合所有制企业通过开展员工持股制度实践总结经验，从而进一步完善我国混合所有制企业员工持股制度，最终在政府层面形成正式文件。所以，对于上市公司而言，具有混合所有制企业性质的企业需要进一步加强探索力度，真正为推进混合所有制企业员工持股制度取得经验；对于以中央企业为主体的国务院国资委监管的企业而言，要结合2016年国务院国资委所出台的《试点意见》，结合自身的实际，继续探索非上

市混合所有制企业员工持股制度机制或体系。

七、我国混合所有制企业员工持股制度体系的构建需要基于坚实的理论基础、深度的政策分析、重要的国际经验以及典型的国内实践

构建混合所有制企业员工持股制度体系是本书的核心目标，通过对相关基本概念进行深入剖析、对员工持股制度理论基础进行深入的探索，结合我国推进混合所有制企业员工持股制度的顶层设计和试点政策，在积极吸收国际经验和国内典型企业的有益做法的基础上，笔者构建了以前置部分、主体部分和后置部分为基本框架的混合所有制企业员工持股制度体系框架。其中，前置部分包括设计的目的和设计的原则两个方面；主体部分包括实施范围界定、资金来源、股份来源、期限和规模、股权管理等内容；后置部分主要是组织实施过程。

第二节　政策建议

为了更好地推进我国混合所有制企业员工持股制度的健康发展，结合本书所得出的主要结论，笔者提出以下三个层面的政策建议。

一、政府政策层面

第一，持续深入推进混合所有制企业的员工持股制度试点工作。要持续深入推进混合所有制企业员工持股制度的试点工作，在前期选择试点单位开展试点的基础上，结合混合所有制企业的行业特点、规模特点、地域特点等扩大试点范围。

第二，及时总结混合所有制企业员工持股制度试点经验和教训。我国上市公司已经试点了两年时间，2016 年也开启了以中央国有企业为主体的混合所有制企业员工持股制度试点。随着试点工作的不断推进，我国试点工作可能取得的经验会不断涌现、所存在的问题会不断保留。中国证监会、国务院国资委等政府部门需要及时总结我国试点的经验和教训，为制定更加完善的试点政策打下坚实的

实践基础。

第三，适时制定推进混合所有制企业员工持股制度的正式政策。当前，我国党中央和国务院层面对混合所有制企业员工持股制度的推进所做出的顶层设计已经完成，中国证监会和国务院国资委也分别对混合所有制企业员工持股制度的推进发布试点意见。所以，鉴于我国政府当局相关推进工作已经停留在试点阶段，距离全面推进依然存在一定的距离。我国政府政策当局需要在对试点工作进行总结的基础上，进一步完善相关政策制定，适时制定正式政策，全面推进我国混合所有制企业员工持股制度的发展，进一步发挥混合所有制企业员工持股制度对于我国全面深化国有企业改革的推进作用，服务于我国国有企业混合所有制改革。

第四，提升混合所有制企业员工持股制度在全面深化国有企业改革、改制过程中的地位。积极推进国有企业发展员工持股制度可能成为推进国有企业改革、完善国有企业公司治理机制、提升国有企业生产效率的重要途径。当前，混合所有制企业员工持股制度的推进在党中央和国务院的顶层设计层面已经明确，从定位角度来看，混合所有制企业员工持股制度也成为国有企业混合所有制改革的重要抓手。但是，由于员工持股制度所涉及的利益相关方群体较为广泛，对于国有企业公司治理机制的联系较为紧密，又同国有企业改革和改制紧密相连，因此，政策当局需要进一步提升对于员工持股制度在推进国有企业全面深化改革中的地位和作用的认识，从而从更高的层次为混合所有制企业员工持股制度做出定位，提升混合所有制企业员工持股制度在全面深化国有企业改革、改制过程中的地位。

第五，鼓励和引导地方政府积极推进混合所有制企业员工持股制度。混合所有制企业员工持股制度是我国推进员工持股制度的独特类型，由于我国国有企业的监督管理体制包括中央监督管理的国有企业，还有地方监督管理的国有企业，而地方国有企业的数量和行业分布更为广泛，因此，随着我国国有企业混合所有制改革的不断推进，由我国地方国有企业改革、改制而来的混合所有制企业无论在数量，还是在行业分布方面也更为庞杂。为此，我国政策层面在积极推进上市混合所有制企业员工持股制度以及以中央国有企业为主体的混合所有制企业员工持股的同时，也需要积极鼓励和引导地方政府积极推进混合所有制企业员工持股制度，从而实现我国多层次的混合所有制企业员工持股制度，最终发挥对于我国国有企业全面深化改革的推进作用。比如，在中国证监会和国务院国资委积极推进混合所有制企业员工持股制度试点的示范和引领下，浙江省国资委也将选择5~10家混合所有制企业启动员工持股制度的试点工作（浙江省国资委，[①] 2016）。

二、企业实践层面

一方面，对于开展混合所有制企业员工持股制度试点的企业而言，要按照方案设计的基本内容，按部就班推进员工持股制度的试点工作。在开展试点过程中要及时总结经验，通过员工持股制度组织设计，积极应对员工持股制度试点过程中所遇到的困难或问题，不断完善混合所有制企业员工持股制度。比如，在参与员工持股制度的员工范围方面，试点企业要在政策允许的范围内不断扩大参与人员的范围；在员工持股制度的资金来源方面，在保证国有资产安全的前提下，要在政策允许的范围内不断探索员工获取购股资金的多种渠道或方式；在员工持股制度所涉及股权的管理方面，要积极引入多种资产管理机构参与混合所有制企业员工持股制度所涉及股权的管理。

另一方面，对于尚未开展混合所有制企业员工持股制度试点的企业而言，既要积极关注试点企业推进混合所有制企业员工持股制度试点的基本情况，又要积极关注主管单位的政策导向。通过积极关注试点企业的最新进展，从外部视角对试点企业做出评判并吸收经验，为自身下一步开展员工持股制度的试点工作做准备；通过积极关注主管单位的政策导向，选择合适的时机申请参与员工持股制度的试点工作。

不仅如此，无论是对于已经开展员工持股制度的试点企业，还是尚未开展员工持股制度的试点企业，均需要加强国外员工持股制度实践的学习工作，积极吸收推进员工持股制度先进国家的先进企业的有益经验为我所用。

三、学术研究层面

第一，需要进一步开展混合所有制企业员工持股制度相关政策研究，为党中

① 浙江省国资委. 将选择5~10家企业启动员工持股试点［EB/OL］. 新浪财经，http：//finance.sina.com.cn/roll/2016-12-28/doc-ifxyxvcr7869079.shtml［EB/OL］，2016-12-28/2016-12-28.

央和国务院以及各级政府部门进一步深化相关工作提供理论支撑。比如，积极开展对员工持股制度同混合所有制企业结合的形式和内容的研究，混合所有制企业员工持股制度对于全面深化国有企业改革以及国有企业混合所有制改革的意义和价值的研究，深化混合所有制企业员工持股制度的方式、方法研究等。

第二，需要进一步开展我国混合所有制企业员工持股制度实践的案例研究，对我国试点工作做出全面的分析和总结，指出我国相关实践的不足之处，提出更加完善我国实践的意见和建议，推进我国混合所有制企业员工持股制度实践健康、稳定发展。

第三，需要进一步加强中国特色的混合所有制企业员工持股制度理论体系构建，形成符合员工持股制度基本理论，契合我国混合所有制企业基本特点，同我国经济社会发展阶段相适应的理论体系，为形成具有中国特色的混合所有制企业员工持股制度理论体系做出贡献。

第四，需要进一步加强对全球各国员工持股制度实践和最新理论进展的研究，积极吸纳国外开展员工持股制度实践的有益经验，及时引入国外关于员工持股制度理论研究的最新进展，为我国政策当局制定员工持股制度相关政策、企业实践层面探索混合所有制企业员工持股制度实践提供新的思路借鉴。

本章小结

本章包括两节，分别为“主要结论”和“政策建议”。

在第一节“主要结论”部分，通过对混合所有制企业员工持股制度这一话题进行全面深入的研究，笔者得出七个方面的主要结论，分别为：混合所有制企业员工持股制度具有一般企业员工持股制度的一般性，更具有混合所有制企业的特殊性；我国混合所有制企业员工持股制度的发展已经经历了三个阶段，正在进入全面发展和推进的第四个阶段；我国混合所有制经济在量上已经成为我国国民经济的重要部分，但是在质上依然存在巨大的改革、发展空间，混合所有制企业员工持股制度的推进整体处于较低水平；我国推进混合所有制企业员工持股制度的顶层设计已经基本完成，相关试点工作也已经着手开始，但是混合所有制企业员工持股制度的推进依然任重而道远；不同发达国家员工持股制度具有各自不同的特点，我国需要探索适合我国国情和混合所有制企业实际的员工持股制度设计；我国部分上市混合所有制企业员工持股制度的推行已经展开，员工持股制度的设计同质化有余、探索性不足，有待进一步深化；我国混合所有制企业员工持股制度体系的构建需要基于坚实的理论基础、深度的政策分析、重要的国际经验以及典型的国内实践。

在第二节“政策建议”部分，笔者分别从政府政策层面、企业实践层面以及学术研究层面提出了相应的政策建议，以期进一步推进我国政府层面制定更加完善的混合所有制企业员工持股制度政策，进一步提升混合所有制企业员工持股制度的建设水平，进一步推动我国学术界深化混合所有制企业员工持股制度的研究。

参考文献

[1] Ellerman D. P. Property and contract in economics: The case for economic democracy [M]. Cambridge USA: Blackwell, 1992.

[2] Ellerman D. P., Pitegoff P. The democratic corporation: The new worker cooperative statute in Massachusetts [J]. Review of Law and Social Change, 1983, 11 (3): 441-472.

[3] Freeman R. E. Stakeholer management: A Strategic approach [M]. Boston: Pitman, 1984.

[4] Gates J. The ownership solution: Toward a shared capitalism for the 21st century [M]. Harper Collins Publishers, 2000.

[5] Giddens A. Beyond left and right: The future of radical politics [M]. Cambridge: Polity Press, 1994.

[6] Giddens A. The third way: The renewal of social democracy [M]. Cambridge: Polity Press, 1998.

[7] Jensen M. C. Value maximization and the corporate objective function [R]. Harward Business School, 2000 (2).

[8] Jensen M. C., Meckling W. H. Theory of the firm: Managerial behavior, agency costs and ownership structure [J]. Journal of Financial Economics, 1976: 3 (4): 305-360.

[9] Kelso L. O., Adler M. J. The capitalist manifesto [M]. New York: Random House, 1958.

[10] Kelso L. O., Heter P. Two-factor theory: The economics of reality [M]. New York: Vintage Books, 1967.

[11] Kelso L. O., Kelso P. H. Democracy and economic power [M]. Cambridge: Ballinger, 1986.

[12] MaCarthy D., Palcic D. The impact of large-scale employee share ownership plans on labour productivity: The case of Eircom [J]. The International Journal of Human Resource Management, 2012, 23 (17): 3710-3724.

[13] Williamson O. E. Credible commitments: Using hostages to support exchange [J]. American Economic Review, 1983 (73).

[14] Williamson O. E. Markets and hierarchies: Analysis and antitrust implications [M]. New York: Collier Macmillan, 1975.

[15] Williamson O. E. The economic institutions of Capitalism [M]. New York: The Free Press, 1985.

[16] Wright M., Pendleton A., Robbie K. Employee ownership in enterprises in Africa and Asia [J]. The International Journal of Human Resource Management, 2000, 11 (1): 90-111.

[17] 白永秀，吴振磊. 我国 30 年经济体制改革的历史回顾与经验总结 [J]. 改革与战略，2008 (11).

[18] 陈家女. 中国保险公司员工持股制度被叫停的原因及发展趋势分析 [D]. 吉林大学硕士学位论文，2011.

[19] 陈梦旖. 曲线 MBO 问题研究——以双汇改制为例 [D]. 西南财经大学硕士学位论文，2012.

[20] 陈志恒. 失去的 10 年：日本经济的长期低迷及其成因 [J]. 现代日本经济，2007 (1).

[21] 程斌宏，张璐. 张裕集团 MBO 之路——一个有效解决国有企业代理问题的成功案例 [J]. 经济导刊，2006 (11).

[22] 程恩富，谢长安. 论资本主义和社会主义的混合所有制 [J]. 马克思主义研究，2015 (1).

[23] 迟福林. 国有企业改革中的劳动力产权问题 [J]. 改革，1995 (1).

[24] 崔大勇. 混合所有制企业党组织功能研究 [D]. 山东农业大学硕士学位论文，2015.

［25］邓小平. 邓小平文选［M］. 北京：人民出版社，1993.

［26］丁巍. 美国 ESOPs 评析——兼论我国员工持股制度立法完善［D］. 吉林大学硕士学位论文，2007.

［27］丁长发. 员工持股制度（ESOP）的理论研究与实证分析［D］. 厦门大学博士学位论文，2002.

［28］段志伟. 员工持股计划与企业绩效之间关系的理论分析［D］. 吉林：吉林大学硕士学位论文，2004.

［29］［法］让—多米尼克·拉费，雅克·勒卡荣. 混合经济［M］. 北京：商务印刷馆，1995.

［30］［法］施伟泽. 我的雷诺岁月［M］. 杨文千译. 青岛：青岛出版社，2009.

［31］冯邦彦，叶穗瑜. 员工持股制度在我国的适用性研究［J］. 江汉论坛，2003（7）.

［32］冯瑞云. 简评美国占领日本初期的政策［J］. 历史教学，1987（4）.

［33］高闯. 员工持股制——确立职工主体地位的重要途径［J］. 经济体制改革，1996（3）：21–23.

［34］高云星. 从繁荣走向萧条　试论美国经济的发展趋势［J］. 公用事业财会，2009（1）.

［35］郭飞. 发展混合所有制经济与国有企业改革［N］. 光明日报，2014-04-02.

［36］国务院体制改革办公室. 中国经济体制改革年鉴（1992）［M］. 北京：中国财政经济出版社，1992（1）.

［37］黄鸿珊. 社会主义制度下股份制度的探讨［J］. 上海金融研究，1984（7）.

［38］黄群慧，余菁，王欣等. 新时期中国员工持股制度研究［J］. 中国工业经济，2014（7）：5–16.

［39］黄群慧，余菁. 新时期的新思路：国有企业分类改革与治理［J］. 中国工业经济，2013（11）.

［40］黄速建，余菁. 企业员工持股的制度性质及其中国实践［J］. 经济管理，2015（4）：1–12.

［41］黄速建. 中国国有企业混合所有制改革研究［J］. 经济管理，2014（7）.

［42］黄燕芬. 西方员工持股的基本经验及其理论意义［J］. 中国物价，2002（12）.

［43］季晓南. 发展混合所有制是深化国企改革的突破口和加速器［J］. 上海经济，2014（5）.

［44］贾王君. 英国工业革命研究概览［J］. 中学历史教学参考，2005（2）.

［45］蒋一苇. 经济民主论——纪念党的十一届三中全会召开十周年［J］. 改革，1989（1）.

［46］蒋一苇. 职工主体论［J］. 中国劳动科学，1991（5）：3-8.

［47］剧锦文. 员工持股制度于国有企业的产权改革［J］. 管理世界，2000（6）：85-92.

［48］孔锦，徐永翃. 员工持股计划激励作用的实证研究——基于陕西省非上市中小企业的历史数据［J］. 广西大学学报（哲学社会科学版），2015（2）.

［49］孔庆国. 英国国有企业私有化探讨［D］. 华中师范大学博士学位论文，2001.

［50］李大光. 美国员工持股计划［J］. 中国集体经济，1999（2）.

［51］李攻，相晓冬. 垄断电企员工持股遇红灯　三部委紧急叫停事出有因［N］. 经理日报，2003-09-08（A01）.

［52］李少宇. 计划经济的特征与计划体制的改革［J］. 西南师范学院学报，1984（3）.

［53］李维安. 深化国企改革与发展混合所有制［J］. 南开管理评论，2014（3）.

［54］李扬. 国企产权改革的推进器——员工持股制度（ESOP）［J］. 管理与财富，2006（6）：71-72.

［55］厉以宁. 中国道路与混合所有制经济［J］. 中国市场，2014（23）.

［56］梁爱云. 美国员工持股制度评介［J］. 广西社会科学，2002（6）.

［57］梁慧瑜. 企业员工持股法律问题研究［M］. 北京：法律出版社，2012.

［58］梁慧瑜. 员工持股制度探源——从晋商票号的身股制说起［J］. 晋阳学刊，2007（3）.

［59］林晓光. "员工持股"在日本［J］. 党校科研信息，1993（10）.

［60］凌克. 论简历有中国特色的内部员工持股制度［J］. 社会主义研究，

1998 (3).

[61] 刘芳. 项目利益相关方的动态治理关系研究 [D]. 山东大学博士学位论文.

[62] 刘金雄，寇纪淞，李敏强. 论员工持股制度的缺陷性——兼评国有资产流失的原因 [J]. 天津大学学报 (社会科学版)，2000，2 (3).

[63] 刘文江. 日本企业的员工持股制度 [J]. 现代日本经济，1985 (1).

[64] 刘雨青，傅帅雄. 混合所有制中的员工持股探索 [J]. 中国流通经济，2015 (3).

[65] 鲁志勇，于良春. 银行激励相容监管的机制设计 [J]. 经济理论与经济管理，2005 (5).

[66] 陆洁. 借鉴日本经验建立新型的员工持股制度 [J]. 开放潮，1995 (3).

[67] 罗智渊. 中国员工持股制度研究 [D]. 首都经济贸易大学博士学位论文，2011.

[68] [美] 德鲁克. 管理的实践 [M]. 齐若兰译. 北京：机械工业出版社，2009.

[69] [美] 马丁·魏茨曼. 分享经济——用分享制代替工资制 [M]. 林青松，何家成，华生译. 北京：中国经济出版社，1988.

[70] [美] 玛格丽特·M. 布莱尔. 所有权与控制——面向 21 世纪的公司治理机制 [M]. 张荣刚译. 北京：中国社会科学出版社，1999.

[71] 美国国家雇员持股中心 [EB/OL]. http：//www.nceo.org/articles/statistical-profile-employee-ownership.

[72] 美国员工持股协会 [EB/OL]. http：//www.esopassociation.org/explore/how-esops-work/what-is.

[73] 宁向东，高文瑾. 内部员工持股：目的与结果 [J]. 管理世界，2004 (1).

[74] 瞿晓华. 缩小贫富差距离不开良好的金融运行——日本战后金融运行与实现社会公平的启示 [J]. 理论导报，2011 (3).

[75] 阙君蓉，杨洋，李文鹑. 美国员工持股制度及对我国的启示 [J]. 经济管理，1998 (9).

[76] 任婷钰，王彩霞. 混合所有制企业员工持股制度财务问题探讨 [J]. 陕西

行政学院学报，2015（2）.

［77］三工. 深圳“金地”——员工持股［J］. 经贸导刊，1997（12）.

［78］申秀逸. 日本企业终身雇佣制与年功序列制的历史渊源［J］. 燕山大学学报（哲学社会科学版），2007（1）.

［79］深劳. 深圳市内部员工持股制度试点聚焦［J］. 创业者，1998（7）.

［80］石宏伟. 员工持股交易制度问题探讨［J］. 证券市场导报，2015（2）.

［81］孙毅. 控制性股东专用性资产投资行为研究［D］. 南开大学博士学位论文，2013.

［82］唐烨. 日本“失去的20年”，告诉中国什么［N］. 解放日报，2010-04-24（014）.

［83］王晋斌. 解析内部员工持股制度制度设计［J］. 经济研究，2001（7）.

［84］王玫. 发达国家的职工持股制评析［J］. 当代世界与社会主义，2003（5）.

［85］王文兵，干胜道，段华友. 员工持股制度：值得期待的一种尝试［J］. 现代经济探讨，2012（11）.

［86］王莹，李荣健. 美国的“拿来主义”与早期工业革命［J］. 武汉大学学报（人文科学版），2007，60（1）.

［87］吴家俊. 日本的股份公司与中国的企业改革［M］. 北京：经济管理出版社，1994.

［88］吴建国. 利益共同体与知识资本化［J］. IT世界经理，2004（5）.

［89］吴志斌. 转型时期混合所有制企业组织模式研究［D］. 北京理工大学硕士学位论文，2014.

［90］习近平. 中共中央关于全面深化改革若干重大问题的决定［EB/OL］. http：//www.chinanews.com/gn/2013/11-15/5509681.shtml，2013-11-15/2014-08-06.

［91］萧冬连. 国有企业改革之路：从“放权让利”到“制度创新”［J］. 中共党史研究，2014（3）.

［92］谢军. 中国混合所有制企业国有产权管理研究［D］. 武汉理工大学博士学位论文，2013.

［93］辛宇，吕长江. 激励、福利还是奖励：薪酬管制背景下国有企业股权激励的定位困境——基于泸州老窖的案例分析［J］. 会计研究，2012（6）.

[94] 邢雪艳. 论日本"年功序列制"的历史变迁 [J]. 日本学论坛，2007（3）.

[95] 许艳芳. 管理层收购中的非伦理行为——基于张裕集团管理层收购的案例分析 [J]. 财务与会计·理财版，2006（4）.

[96] 许珍. 日本的终身雇佣制 [J]. 中外企业家，2013（20）.

[97] 严复海，燕洪国，宋玉. 我国员工持股计划制度设计的整体思路研究 [J]. 价值工程，2006（2）.

[98] 杨欢亮. 西方员工持股制度理论综述 [J]. 经济学动态，2003（7）.

[99] 杨欢亮. 员工持股在中国的发展——理论、实践与对策 [D]. 四川大学博士学位论文，2004.

[100] 袁田. 我国上市公司员工持股制度的信托建构 [J]. 证券市场导报，2013（10）.

[101] 袁月. 我国上市公司曲线 MBO 问题研究——以张裕集团改制为例[D]. 西南财经大学硕士学位论文，2013.

[102] 张敬峰. 华为员工持股的做法与启示 [N]. 中国航空报，2013-07-18（007）.

[103] 张仁德，王文创. 美日 ESOP 制度比较及其启示 [J]. 经济学动态，2000（12）.

[104] 张衔，胡茂. 我国企业员工持股的发展困境与现实选择——员工持股的再思考 [J]. 社会科学研究，2015（1）.

[105] 张翔鹏. 员工持股制度研究 [D]. 中国社会科学院研究生院博士学位论文，2001.

[106] 张小宁. 分享企业激励制度的比较——利润分成、员工持股、EVA、分配权等的比较分析 [J]. 中国工业经济，2003（10）.

[107] 张孝梅. 混合所有制改革背景的员工持股境况 [J]. 改革，2016（1）.

[108] 赵振元. 员工持股计划在国有高科技企业改制中的激励机制研究 [D]. 电子科技大学博士学位论文，2005.

[109] 郑蛰. "电力员工持股"再遭清理整顿 [N]. 华夏时报，2008-03-22（002）.

[110] 周放生. 哪些企业可引入员工持股 [J]. 上海国资，2008（8）.

[111] 朱斌，马晔华，张新安. 员工持股制度及其在中国实践的思考 [J]. 经济问题探索，2000 (4).

[112] 朱效平. 混合所有制企业国有资产刑法保护研究 [D]. 山东大学博士学位论文，2008.

[113] 邹海峰. 中国员工持股制度研究 [M]. 北京：中国经济出版社，2011.

[114] 邹升平. 近期国内混合所有制经济研究：综述及展望 [J]. 中共南京市委党校学报，2016 (2).